TEACH FOR INNOVATION

为创新而教

——一场从未来起跑的教育革命

傅荣 著

知识产权出版社
全国百佳图书出版单位

图书在版编目（CIP）数据

为创新而教:一场从未来起跑的教育革命/傅荣著.—北京:知识产权出版社, 2019.5
ISBN 978-7-5130-5991-6

Ⅰ.①为… Ⅱ.①傅… Ⅲ.①信息技术 —应用—教学研究 Ⅳ.① G43

中国版本图书馆 CIP 数据核字（2018）第 275254 号

内容提要

本书将教学过程解读为一种创新过程，将课堂学习解读为一种知识运动，提出以激发、支持、探索和分享为核心要件的“为创新而教”的方法与体系，对互联网技术支持下教学过程的理论模型进行了探讨，也对包括学校、家庭和职场等各个情境下的教学过程给出了具体可行的建议。

责任编辑：龙　文　　**责任校对：**谷　洋
装帧设计：王睿志　肖永幸　　**责任印制：**刘译文

为创新而教

一场从未来起跑的教育革命

傅　荣　著

出版发行：知识产权出版社有限责任公司　网　址：http://www.ipph.cn
社　址：北京市海淀区气象路50号院　邮　编：100081
责编电话：010-82000860 转 8123　责编邮箱：longwen@cnipr.com
发行电话：010-82000860 转 8101/8102　发行传真：010-82000893/82005070
印　刷：天津市银博印刷集团有限公司　经　销：各大网上书店、新华书店及相关专业书店
开　本：889mm×1230mm　1/20　印　张：20.25
版　次：2019年5月第1版　印　次：2019年5月第1次印刷
字　数：330千字　定　价：98.00元

ISBN 978-7-5130-5991-6

前言

创新是当今时代的最强音！无论大国竞争，还是大众创新、万众创业，或者是我们每个人都必须面对的急速变化的生活环境，创新都成为核心议题。对于人类的未来，创新的重要性也尤为凸显，在信息处理方面，机器已经比人更快、更准、更大规模，而随着人工智能、机器学习等技术的发展，机器也可能比人更聪明，也许我们不知不觉已经把自己置于与机器共同竞争未来的起跑线上，而创新无疑是决定这场比赛结果的重要因素。

然而，创新并非只事关科技、资本，更有关于教育！教育本身就是关于知识创造和知识传承的，任何创新可能都源于新知识的产生。但多年以来，社会发展所引发的教育需求以及技术进步给教育变革带来的可能性，在各个领域与缓慢的教育变革形成鲜明对比，一些已经沿用达200多年的标准化、灌输式的教学方式依然保持主流地位。落后于时代发展的教学方式可能已经开始在很大程度上禁锢人们的创新思维与实践，可以说，尽管市场需求和技术供给都已经为教育方式的飞跃准备了条件，但我们可能仍未做好变革的准备。

时光永恒流逝，“未来”总会以各种形式超出前人的设想与我们相遇，教育却只能以过往的经历为由，用源于人类过往经历的“成见”去武装那些必将面对未来的后来者！也许这确有无奈的成分，因为教育者不可能像个先知者，自以为是地把“未来”都安排好，但教育者终归不能像个垂死者，讲完过去的事情，就留下后来者独自面对未来。既然教育是面向未来的，而未来就源自当下的创新，至少我们应该承认，我们必须为创新而教。在这一点上，教育者义不容辞，绝不能无所作为！正如让・皮亚杰（瑞士）所说：“教育的首要目的在于造就有所创新、有所发明和有所发现的人，而不是简单重复前人做过的事情。”伴随许多先贤智者的探索，“为创新而教”的呼喊或许早已在一定范围内振聋发聩。

然而，“为创新而教”像许多“深入浅出”的说法一样，看起来逻辑简单，事实上又极易让人困惑。“为创新而教”的说法在现实中可能被转化为各种培养学生创造能力的口号，顶着用这些“口号”装点的美丽华冠，有的人大行“为考试而教”之实，有的人大行“为就业而教”之实，更有甚者，有人大行“为金钱而教”之实。

也许有人会说，“为考试而教”“为就业而教”“为金钱而教”不也很好吗？你看社会不还是在创新中前行吗？但是我们还是必须要知道，创新是社会进步的永恒主题，不管是教与不教，学习者都会以各种方式来学习创新，这使得“为考试而教”“为就业而教”“为金钱而教”的人，仍然可以用人类社会最终的进步与胜利来佐证他们这些“倒行逆施”行径的可取之处。实际上，这些仅仅为达成“考试”“职业”以及“金钱”目标的教学活动，仿佛就是某种鸦片，让吸食的学习者在短暂的快感中，泯灭自己的创新天性，进而伤害民族、国家甚至人类的未来发展。

因此，除了再次振臂高呼：“为创新而教”，我们急需展开更深入的思考，从更系统的视角，提供更坚实的理论，找到更具体而行之有效的方法，本书仅仅是这种行动的开始。我们将从一些切实的教学故事出发，展开“为创新而教”的理论思考，提出基于激发、支持、探索和分享的实践体系。

正如本书所述及的一样：人们在现实生活中，不仅仅是终身学习者，也往往成为别人学习的对象，只不过我们并不谙熟“教”的方法，因此我希望“为创新而教”的理论思考和实践体系能够和更广泛的读者形成共鸣。如果你是专业的教学工作者，或许你可以受到启发，发现新的教学规律；如果你为人父母，或许你会重新发现自己的孩子，以及你所承担的教育责任；如果你是企业或其他组织的管理者，你可能获得为员工赋能和激发创新的全新理念和方法。

因为上述直观的理由，本书没有从宏大的视角进入，反而选择从细微处入手，在诸如一个课堂、一门课、一个专业的“微小”视角中发现“为创新而教”理论的内在逻辑与实践的可取之处。“一沙一世界”，如果细微处尚不能自圆其说，又如何去触及关于教育的宏大问题；如果一线的践行者尚不能从改变自己开始，岂不又一次将“为创新而教”奉上了高不可及的神坛！

本书也没有选择更严肃的学术专著的形态，而选择让本书呈现现在这样简单而“花哨”的样子，我可以暂时卸下分析各种术语界定以及阐述各种理论源流的负担，对它们采取一种“指摘自如”的态度，尽量真实呈现我想表述的东西。这样做或许是因为我急于将一些想法展示出来，宁愿有人批评它们，也不愿让它们长久地留在思维的深处，但我更希望人们哪怕从只言片语或一图一画开始，产生更多的思考，引发更多的行动。当然，有识之士能将这些思考和行动再带回到教育学的理论殿堂，对我而言就更应是一种深深的欢喜。

诚然，这些选择带来的坏处不言自明，但我还是希望这些选择不会变成我与读者之间思想谋和的障碍，这样，关于“为创新而教”的理想就将在这种思想交汇之中变得更为强大和切实！

目录

CONTENTS

第一章

为创新而教：从何而来

1.1

揭秘一种教与学的模式

经历，无论精彩还是平淡，总会给人一个机会，让人们从中展开思考，感悟别样的精彩，对我而言，过去20多年的高校经历给我的思考聚焦于“教与学”的过程。2003年，我正式成为一名大学教师，以此为分界点，从上大学开始，我大约有10年的时间作为学习者，另外10年的时间则作为教学者，在三所知名大学校园里经历着“教与学”的反复锤炼。

在我的记忆里，教室里学生“排排坐”洗耳恭听；讲台上教师旁征博引、口若悬河；学生们的课后作业还没有来得及完成，期末考试已经在虎视眈眈了，这些熟悉的场景年复一年在校园重演。虽然各类信息技术不断出现，例如：投影仪、电子黑板、手持式设备等，或多或少让教室变得有了些许新鲜感觉，但总的来说教学过程并没有发生什么天翻地覆的变化。

那么，是不是学生和教师都喜欢这样一种相对稳定的教学模式呢？若想讨论人之好恶，首先还是应先看看它有什么样的特征。从我的求学经历来看，这一模式的特征在于：

教学内容：

有人帮助我们选择了学习的内容，并且将其分解为各门课程，课程中也往往具有更细的体系，我们只需要面对一个严密的体系展开学习。

教学方法：

有人通过一系列制度和标准为我们定义了学习的过程细节，例如：年级划分、班级制、课堂、作业等。

教学考核：

有人为我们定义了以各种考试为主要形态的学习考核标准和制度，只要通过这些考试，我们得以不断升级，直至进入职场。

正是教学者用这种方式改变了我懵懂无知的状态，不仅使我轻易迈入了大学之门，最终还获取博士学位，我是否可以算作这一模式的受益者？然而，受益的可能远远不仅仅是我，当前的教学模式至少可以追溯到普鲁士颁布第一部义务教育法的时代[1]，这种类似的方法为普鲁士培养了大量社会急需的工程技术人员，为其后国家的崛起奠定了坚实的基础，其后美国的平民教育也借鉴普鲁士的模式取得极大进步，可以说，这一模式为现代教育的发展作出了巨大贡献。

注解

【1】1763年8月12日，普鲁士国王签署了世界上第一个义务教育法，规定受教育和服兵役一样是普鲁士公民必须的义务，而国家则为它的公民提供免费教育，通过教育全面提高国民的素质。

在我开始自己教学生涯的前面几年，我自然地希望将这一模式的成功要素予以复制，例如：

教学内容：

为每一门课程选择教材，制定尽量详尽的教学大纲。

教学方法：

按照星期为单位，每星期安排课时；每周上课的内容也基本上由教学大纲予以确定，上课的方式以教师讲授为主。

教学考核：

考试是促进学生学习，教师教学总结的主流方式。

我教授过的课程大多属于管理学领域，例如，《管理信息系统》《电子商务》《项目管理》《供应链管理》等，偶尔也涉及计算机领域的课程，例如《计算机网络》，但是我发现，至少在我教授的课程中，这一模式的“成功因素”越来越失去了威力，那么是什么使得“成功的因素”看起来并不是总带来成功呢？

教学材料

我认为原因主要来自“教”与“学”的天然矛盾。

自现代意义的学校诞生以来，人们可以单独分割出一段时间来作为“学习期”，在这段时间内人们的主要任务是学习，学习的内容似乎也按照社会的要求给予安排。由此，“教”与“学”在时空上耦合成完整的“教学过程”，就像一条条既定的“传送带”，朝着既定的方向前进，沿途会补充所有必须的“零件”，学习者只需要按照划定的传送带前进就能到达终点。由此，我们总是希望对学习者加以分类，按照学习者的类别将他们推入适当的“教学”传送带，只要我们能保证传送带运转正常，就可以实现满足社会需求的高效学习。

“教”与“学”的矛盾

但是，学习者的兴趣、智能模式和学习方法千差万别，常常使得“教”的制度和方法的安排总是处于供给不足的状态，也就是说，就像学习者喜欢在辽阔的旷野纵情奔驰，而负责“教”的人却只能提供既定的“传送带”，“教”与“学”之间确乎产生了类似供需的矛盾。

困难的“教”

学习可能是人们生存的必须手段，好的“学习”是特定情境下，学习内容与学习者个性、兴趣、情绪协同一致的生理和心理活动的产物。正如孔子所说的“三人行，必有我师焉”，作为好学者，我们常常会向周边的人学习，这使得从社会层面看，学习是每个人都会的基本技能，并且大多数人在这方面卓有成效。

事情的另一面是，作为父母、朋友、领导等不同的角色，我们都或多或少会充当施教者的角色，也就是说，被周围人学习的那个人也常常可能是我们自己。然而“教”并不是千篇一律的事，要做到因材施教，卓有成效，我们却并不曾系统掌握“如何教”的方法，这使得从“教”这个视角，人们似乎感到更为不得其法的困难。

谁也无法判断一个人的成功来自“教”与“学”两个方面的多大贡献或怎样的组合。

于我而言，在过去20多年中，作为学习者的我似乎比作为教学者的我更有成就感，这或许用一种简单的方式告诉我：“教”比“学”难！

事实上，教学模式总是与特定的社会经济条件相适应，也就是说，人们总是试图找到适应的模式并付诸行动，培养出适合当时社会经济和历史条件的人。普鲁士模式为代表的现代教学的成功就在于它所包含的制度、规则以及效率不仅适应了当时知识发展水平的基础条件，也满足了当时社会经济发展的需求。而今，在互联网为代表的技术飞速发展的背景下，我们是不是又一次处于应该积极展开适应性变革的时代了？这种适应性变革应该带来什么样的教学模式呢？

这些问题及一些相关的主题成为我和本书一些重要贡献者之间常常讨论的内容，当一位教师形容她和学生们一起探索的经历为“破茧而出”时，我感受到一种变革的强大内在驱动，以下来自裘丽老师的讲述。

一个教师的困惑与改变

十二年的高校教师经历，我感觉在精力、经验、知识、技能以及对教学的感悟等方面都达到了教学生涯的顶端，直到我从一次关于教学的困惑中走出来，我才意识到教学行动上的“创新”永无止境。

当我将教学计划准备得越来越周详，教授内容设计得越来越精彩，课堂表现越来越引人入胜，课后安排越来越具有启发性，甚至当我邀请学生一起讨论或将课堂“翻转”交予他们的时候，我发现，学生对于学习的兴趣依然不及他们对待社交聚会、手机App，以及各种各样的证书考试的兴趣。这些实在难以让人接受，每到这时，我觉得教学工作只是一种无奈的职业选择，当年选择这一职业时的豪情逐渐消磨。

我并不反对教学过程中成文和不成文的规定或者约定，但有些部分真的是完全符合逻辑的吗？我产生了一系列“为什么”的问题：

- **为什么在不了解学生的情况下，就一定要在课前推荐和拟定教材、教学大纲？**
- **为什么教学计划和教学内容一旦确定，就不能更改，即使已经发现它们与学生的状态不太吻合？**
- **为什么课中一定要采用以教师讲解为主，而且还要求教师的讲解结合“表演式”的新颖沟通方式，以吸引学生的注意力、关注度或思考度？**
- **为什么学生习惯于教师给定问题、推荐资料和回馈答案？**

A：一个学期的尝试

2016年春季学期，我决心冲破这层困惑，大胆尝试，从正在任教的三门课程入手，系统思考与实践更接近内心真实想法的教学模式。

其时，我教授的是社会科学领域相关的专业课程，分别是《非营利组织管理》（本科生）、《可持续发展理论与实践》（研究生）、《项目管理与评估》（MPA公共管理硕士研究生）。我想，专业课程的教和学自由度较大，可深可浅，可宽可窄，关键是能否“学以致用”，不是学了之后要“去用”“能用”，而是知行合一的“实用”，因此无论学生对象是本科、硕士或是在职的工作人员，即使学习的场所是在课堂上，都应该能够促使他们充分地展开想象，将他们带入应用情境中进行教和学。我的课程就是在这样的设想之下展开了。

B：教学大纲转变为问题树

教科书和教学大纲是相对格式化的，学生在上课前一般会参考，这是他们对一门课的最初印象。但很多学生看了这些后，对于生僻概念会望而生畏，对于知道的或大致了解的部分就会掉以轻心，很少有人看到教科书和教学大纲会像看到一本喜欢的小说或诗集那样魂不守舍或爱不释手。或许您会反对说，科学本来就比文学生涩，但我想说，从态度和兴趣看，如果没有某种能真正驱动学习的东西，科学也好文学也好，生涩也好有趣也好，学习者都很难真正投入。所以，如果我们坚持按照刻板的计划执行教学，而不去了解学生真正的想法，岂不是在一条无趣的道路上刻意地制造学习的假象？

我做的是：将我理解的教科书和教学大纲的内容，结合更多的参考书籍与实践情境，用自己理解的结构与表述进行梳理，首先得到问题集，然后在此基础上提出自己的思考，以及相关的困惑，以此“抛砖引玉”，引导学生也按照这样的思路展开学习。我想，能引起学生好奇、激起他们浓厚兴趣和互动欲望的是对问题的探索，而且不是个别问题，而是一连串，相互间有联系、层层展开的问题。

内容大纲

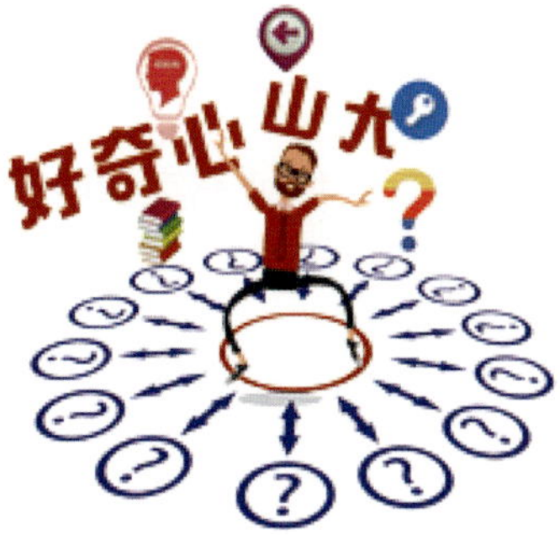

问题列表

C：激动的课堂与学习过程

课堂来了，当我按照自己的理解，以问题树—思考集—困惑点的方式首先将一门课的纵览展现在学生面前之后，学生们好像掉进了一个难以自拔的“求知情境”，他们有的继续寻找问题，有的在我的思考基础上继续思考，有的跃跃欲试来“解困”，无论是问题还是议题，他们都有了学习的起点和目标，并且愿意协作，愿意期待和观摩其他同学的学习，这样的课堂是令人激动的。甚至是课堂之外的学习过程也令人有欲罢不能的冲动，学生反馈说，他们会趁去食堂吃饭的时间商讨问题，会主动成立微信群或QQ群分享资料与想法，会认领各自喜欢或擅长的任务，他们甚至会在课间争吵。

D：继续学习的渴望

对问题的解答和对议题的探究，促使学生们畅所欲言，不再拘泥于教科书的概念和自身的经验，课程结束的时候，他们交出了阶段性的答案，但这些答案并没有让他们满足，反而激起了更多问题或探究更深议题的兴趣。他们渴望继续学习，不仅仅是这门课程的继续，而是对所有相关学习的继续，对“实用”的演练。而我，教学互长，也渴望着下一期的惊喜与发现，继续充实我自己对于本门课程的“建构”。

E：破茧而出

不同的课程，不同阶段的学生，但我用了“神似”的工具或方法，得到了期望的结果。一学期实践下来发现，**教学的方法不是某种固化的模式，而是由置于群体互动情境中的一系列适合教师与学生共同实践与不断改进的工具或行动策略组成。**我感受到了“破茧而出”的快乐。

我不是故意地寻找某种不同或新意，更不是一味地要改变个人的心智走到一个新状态或新境界，我只是尝试让学生们更多地去发现，发现已有的，发现未知的，然后探究事物的本质和事实的真相，即求真求实、实事求是。我想，这或许正是教育的本质之一。

以上是当事者的叙述，其中许多细节的省略，可能使得我们以为这种教学的改变仅仅只是将教学大纲变成了问题树，但我想，那仅仅只是一个开始，如果这个故事中蕴含着什么秘密的话，那这个秘密一定与三个重大的问题相关：

问题一：

教学者教什么？

问题二：

教学者怎么教？

问题三：

教学者为什么教？

我该如何得到这些问题的答案？如果我是裘丽老师的学生，按照她的方式，我不可能会马上得到她给出的答案，她反而会问我：“你思考的这些问题的本质是什么？你是怎么想的？”也就是说，她是一位要求我们思索问题本质，而不是满足于当前问题答案的老师。好吧，我就好好按照裘丽老师的指引做吧！我需要先从上述问题集出发展开分析，不仅仅从具体的案例出发，也需要将其提升到抽象的一般意义下：

问题一的答案看上去会显而易见，学习者学的是知识，教学者教的也是知识。但很显然这个答案不是我们真正想要的，除非我们真正理解知识是什么？

问题二的答案似乎能从裘丽老师的叙述中得到，“教学的方法由置于群体互动情境的一系列适合教师与学生共同实践与不断改进的工具或行动策略组成”。那么这种“工具和行动策略的组合”的内在逻辑是什么呢？

问题三是最容易的吗？因为看起来答案就是：为了学生教！可惜这又不是我们真正在想的问题，具体而言，为了学生的什么而教呢？如何判断我们的行为是对学生有利的呢？

问题树—思考集—困惑点

按照裘丽老师的思路，我得到了一个问题树—思考集—困惑点的图，这样做我也能感受到这种方法的益处。

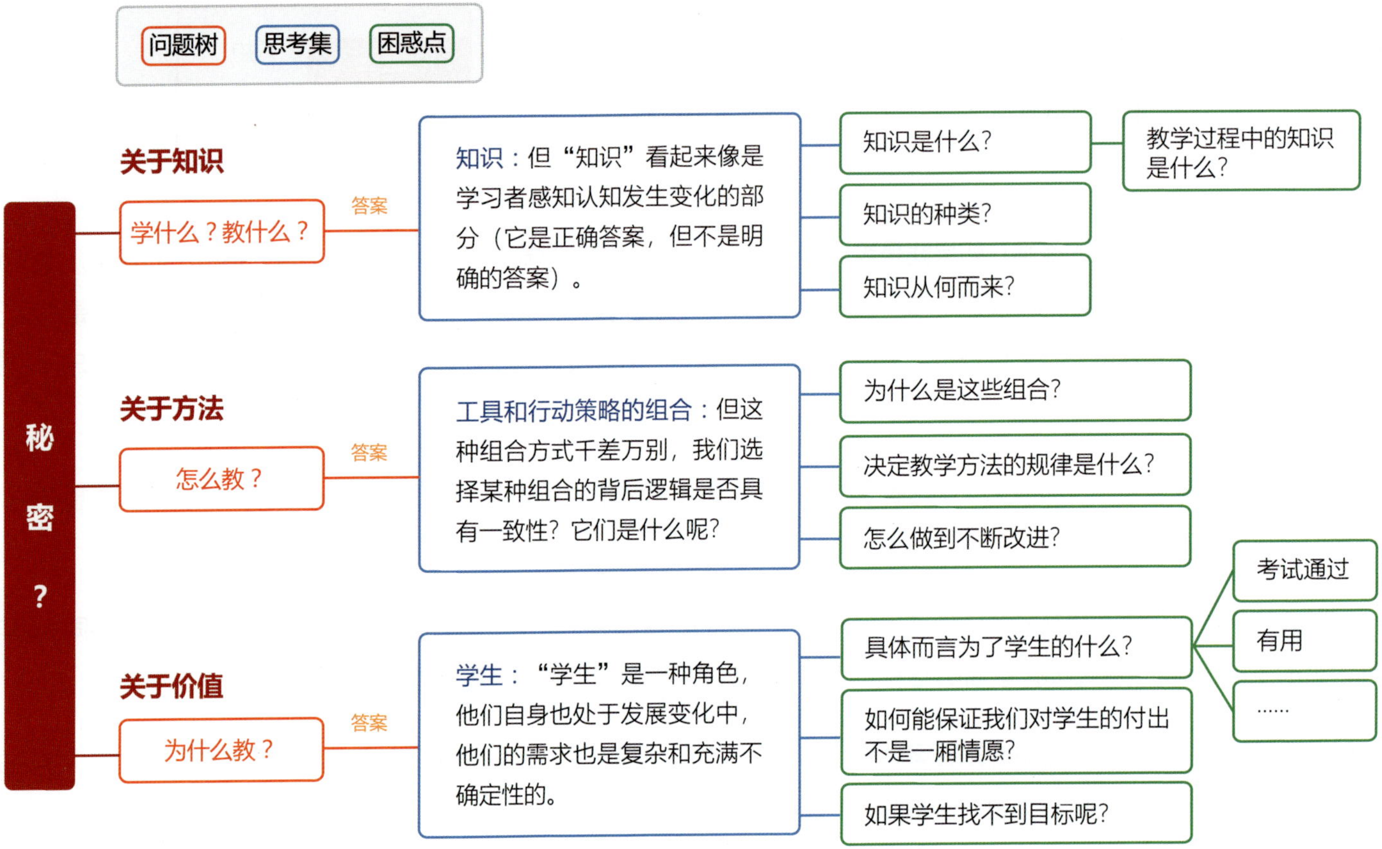

那么，接下来，我将要出发寻找这三个重大问题的答案，并且试图通过这些答案揭开最后的秘密。

◇ 教什么：关于知识的问题

在展开“教学者教什么？”的讨论之前，我们马上会被一个看似平常，但又涉及深厚哲学思考的概念纠缠不止，这一概念就是“知识”。关于知识的最早的阐述可以追溯到柏拉图的观点，他认为知识是“经过验证的真实信念”，认为应该摒除感官对知识的影响，要用纯粹、绝对的理性去探索纯粹、绝对的本质，他由此开创了“唯理主义”的知识观，同时也开启了一场至今没有完全停歇的争论，而这场争论从柏拉图自己的学生亚里士多德就开始发展。亚里士多德认为知识不是来自于推理，而是来自于经验，于是开创了“经验主义”的知识观。

笛卡尔把唯理主义推向高潮，他提出了认知活动的主体与被认知的客体截然分开的两分法，用今天的技术来理解，或许有一种独立于我们身体之外的“智能体”，也就是他说的“思考我”（Thinking-Self），这个智能体能思考，通过思考能带来知识，而客观世界是不会自动思考的，所以他说：“我思故我在”。而经验主义者仍然非常坚定地认为经验才是供给领会理念的基础，知识来自于经验，不管什么“智能体”也不能无中生有地产生知识。

关于“知识”是什么的问题确实难以一蹴而就地给予哲学或者科学的答案，但从教与学的直接体验出发，在“知识理论[1]”宏伟理论大厦中，关于知识的暗默性的见解可能是重要而易于被忽视的部分。知识的暗默性由科学家波拉尼（1964）[2]发现，他曾写道：“We can know more than we can tell（我们所知道的要比我们所能言传的多）”，也就是说，除了我们能够表述的知识，我们知道的其实更多。暗默知识（Tacit Knowledge）是一种与特定情景相关的个人知识，人们很难就暗默知识进行交流；与此相对应的是形式知识（Explicit Knowledge），它由形式、系统的语言表达，方便进行人际间传递。

正如其名，“形式知识”在教学过程中容易被教学者和学习者感知到，而“暗默知识”却总是处于教学活动的背后，不容易为人们所感知。然而就“知识”的整体性而言，他们却是不可分割的，也就是说，如果我们教给学习者的是“知识”，那么就意味着我们不能仅仅满足于将形式知识教给他们，还必须考虑暗默知识是如何为学习者所有的问题。

注解

【1】“知识理论”可以被认为是哲学研究的重要领域，涉及其中的问题可以参阅《知识论》（金岳霖，中国人民大学出版社，2010年4月)以及国外“knowledge theory”相关的教科书。

【2】关于暗默知识可以参阅《The Tacit Demension》(Polanyi,M.London：Routledge & Kegan Paul,1966)，《内隐知识》（李莉，科学出版社，2015年3月）等著作。本书中未就暗默知识、隐性知识、默会知识等概念进行区分。

我想通过一个比喻来说明，人们的知识就像是一颗一半透明一半不透明的胶囊，透明可见的部分是形式知识，而不透明的部分就像是暗默知识，而且它们在内部是可以相互转化的，都会在学习过程中发生显性的或者潜移默化的改变。

个体知识

以一本书为例，图中每个圆圈表示某个阅读者从书中获得的知识，其中重叠的部分指的是可以由阅读者共有的知识，这些知识大部分是形式化的部分。没有重叠的部分是个体知识，其中大部分不易直接用语言表述，人们如果不去阅读原书，这一部分知识无法从其他阅读者的转述而获得，而且即使阅读原书，不同的阅读者也会形成不同的理解，这一部分就更像是波兰尼说的暗默知识。如果围绕这本书组织一场测试，那么对于共有知识部分，通过标准化的试题可以得到测试结果。但对于属于个体的暗默知识部分，出题者依然希望有标准的答案，这对阅读者而言是极为不公平的。

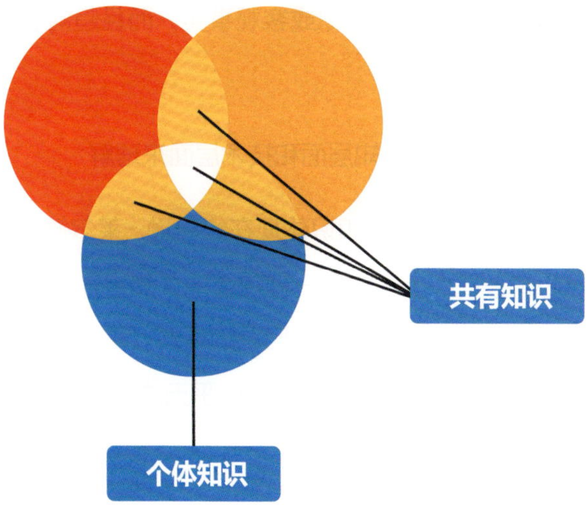

野中郁次郎和竹内弘高进一步整理了暗默知识和形式知识的主要区别[1]，体现在：

主观与客观、身体与精神：有关经验的知识具有暗默的、身体的和主观的倾向，而理性的知识趋向于明示的、形而上的和客观的一面。

此时此地与彼时彼处：暗默知识是在特定的、实践的场合下，在“此时此地”创造出来的，个体之间共享暗默知识是一个模拟过程，参与交流的个体必须对共同的复杂问题进行“并行处理”。形式知识则是关于“彼时彼处”的过去事物或客观事实，而且趋向于与情境没有关联的理论导向。

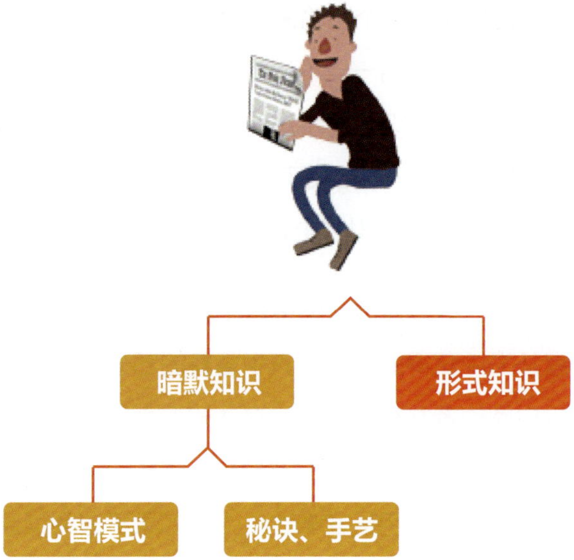

暗默知识又可以从认知层面和技术层面来理解：

在认知层面看，暗默知识体现在约翰逊-莱尔德（Johnson-Larid）提出的“心智模式”上，它是一种综合地认知世界的方法模式，尽管有时我们可以观测到趋同性的思考问题的模式（这种趋同性可能更容易在双胞胎身上观测到），但本质上我们几乎无法复制“心智模式”。

注解

【1】关于暗默知识与形式知识的区别以及暗默知识的分类整理自：《创造知识的企业：日美企业持续创新的动力》（野中郁次郎，竹内弘高著，李萌，高飞译，知识产权出版社，2006年4月），详情可进一步参阅。

除却可以标准化的形式知识，对教学这一动态过程形成更大影响的是学习者的暗默知识。暗默知识几乎不可能标准化，它们很难用统一的“答案”来涵盖，却可以在多样化的问题中被映射。所以，裘丽老师用“问题树—思考集—困惑点”的方式巧妙开启了教学这一动态过程，由此，充分考虑了暗默知识的作用，调动了学习者全面参与围绕领域而形成的知识运动。在此过程中，我们或许很难再看到“教学大纲”上规定的知识点，但究其深入问题的程度恐怕远远胜过了教学大纲上的形式化知识。

对于教学者而言，他们对于教学过程所涉及的知识（主要是形式知识）是非常熟悉的，传统上说，正因为他们熟悉这些知识，他们才成为教学者，他们的工作像是要把他们熟悉的知识“传递”给学习者，但他们或许可以转变一下观点，意识到知识并不是由自己传递给学习者的，而是学习者自己创造的，教学者应该擅长促进这种知识创造的活动而已。

由此，“教学者教什么？”是由教学过程参与者的暗默知识和形式知识的运动来决定的，它是教学这一人际动态过程的产物。另一个角度来看，“学习者学的”和“教学者教的”是在彼此交互中逐步明了的，它虽然没有被统一定义，但是它们由“过程”而实现了分布式、具有分歧性的定义，形象地说，它们就像某种“客体”派生的与认知主体相融合的多种形态的“替身”，这些“替身”潜移默化、润物无声，与主体的整个认知体系融为一体。

教学者在教的过程中所体现的知识也分成形式知识和暗默知识，他们的形式知识更多体现为对领域知识的娴熟，关于“如何教”的知识大多是暗默知识，虽然，一个教学过程或许改变不了太多教学者的形式知识，但暗默知识部分却发生着变化，使得教学者最终成为富有经验的教学者。例如，我教授电子商务的课程，必须多多少少了解一些电子商务，而真正对课程教学有巨大影响的并不是“我多么懂电子商务”，而是我懂得“如何教”。

也许哲学家关注的是在整个人类层面上，知识是什么，知识从何而来，但我考虑的是对于每个个体，或者说更具体而言，在教学的过程中，我的学生们，他们的知识是什么？从何而来呢？很显然，因为生命有限，注意力有限，学习者不可能自己在有生之年仅仅依据几条公理就推导出关于世界的所有知识，也不可能依靠自己去体验一切事物，从而在经验中获得关于世界的所有知识。或许，作为教学者，我们不必像哲学家那样去思考知识的本源，思考知识是如何从自然或者客体世界中进入人类思维世界，我们只需要关注知识是如何被个体掌握的相关规律，考虑知识是如何在人与人之间传承，又如何在人与人之间发生变化（创造新知）就可以了。而这种人际的知识流动，以及基于人群活动的知识创造就与我们考虑的第二个重大问题相关了，即如何教的问题。

如何教：关于方法论的问题

20多年在大学校园里的生活，我接触到许多优秀的教学者，他们在我的面前呈现了极其丰富的教学方法，有些方法可以从教科书上找到，有些方法就是教学者自己发展出来的充满个人特色的创造。然而，正如我们面对裘丽老师的教学方法一样，我们并不是想仅仅止步于探讨优秀教学方法独特的窍门和手法，更激起我们兴趣的问题在于，什么是我们选择好的“工具和行动策略”以达成教学过程的依据呢？即关于“方法论”的问题，否则，我们就极易满足于对某些准则的直接应用，或者直接模仿某些教学的手段。

这一问题事关上述关于知识的问题，如果教学是“使人致知”的过程，那么学习者与教学者是参与这一“过程”的人，我们应该关心的就不是“知识”的单向流动，而是某种互动，或者说“知识运动”就应当成为真正的焦点。就像化学反应一样，两种物质相遇，在特定的条件下，新的物质会脱颖而出，如果想了解新的事物是如何产生的，需要关注的当然不仅仅是初始物质本身了。看起来知识运动的过程不比化学过程、物理过程更为简单，那么知识过程的参与者，在特定的环境中，会发生什么样的变化呢？关于这些问题，至少，我们不能只从教学者单方面来考虑所谓“方法”。因此，裘丽老师真正强调的是“一系列适合教师与学生共同实践与不断改进的”这一定语，也就是说，教学方法的选择并不是依据某种先验的准则，而是由教学过程的知识运动来决定的，那么如果我想了解“秘密”中关于“如何教”的部分，就应当真正去理解知识运动的规律，即方法论本身。

说到知识运动，SECI模型是最有影响力的知识运动模型之一，由被誉为世界“知识运动之父”的野中郁次郎和竹内弘高提出。他们给出了SECI模型的基本假设：“人类知识是通过暗默知识与形式知识之间的社会化相互作用而创造和扩展出来的，我们称这种相互作用为‘知识转换（knowledge conversion)’，知识转换是一个发生在个体之间，而不是局限于个体自身的‘社会化’的过程”[1]。

SECI模型揭示了暗默知识和形式知识相互转化的过程，通过暗默知识与形式知识的互动形成螺旋结构，使得知识逐步在组织中被创造出来。SECI分别是四个知识转换过程的首字母：

- **共同化（Socialization）**：
  从暗默知识到暗默知识，“共享体验并由此创造暗默知识的过程”。
- **表出化 (Externalization)**：
  从暗默知识到形式知识，“将暗默知识表述为形式概念的过程”。
- **联结化 (Combination)**：
  从形式知识到形式知识，“将各种概念总和为知识体系的过程”。
- **内在化 (Internalization)**：
  从形式知识到暗默知识，“使形式知识体现到暗默知识之上的过程”。

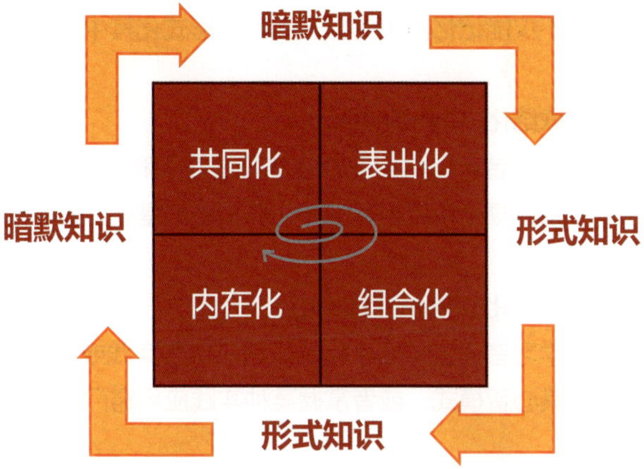

组织中知识创造的螺旋模型（SECI）

注解

【1】关于SECI模型以及野中郁次郎和竹内弘高关于知识的理解整理自于：《创造知识的企业：日美企业持续创新的动力》（野中郁次郎，竹内弘高著，李萌，高飞译，知识产权出版社，2006年4月）第三章的内容，详情可以进一步参阅。

SECI是从观察日本企业的创新过程总结而来，虽然现代学校为教学而创设的班级或课堂等组织形态不完全等同于企业这样的组织，但在教学过程中，发生于班级或课堂的知识运动还是可以用SECI模型得到解释：

- **共同化（Socialization）：**
  学习者之间通过交互和体验的分享而彼此共享某些暗默知识。

- **表出化 (Externalization)：**
  学习者接触到学习材料的时候，根据其暗默知识，特别是心智模式，形成对形式知识的理解，如果让他们自行阅读材料，他们不仅能记忆其中的部分，也能形式化其中的部分。

- **联结化 (Combination)：**
  学习者可以将业已存在的形式知识和新接触的形式知识建立广泛关联，例如，新学习的数学定理会和以往学习的内容建立联系，甚至可以相互推导，在关联的基础上进而形成知识体系。

- **内在化 (Internalization)：**
  学习者通过将体系化的知识应用于实践或者某种模拟的场景中，领会隐藏在形式知识背后的某些东西，或者在一定程度上修正其心智模式，或者掌握某种实践应用窍门（考试的窍门也可以算是一种暗默知识）。

SECI是一个不断循环进行的过程，因此随着教学内容的不断叠加，这些过程也可能会重叠，从而呈现出比企业中围绕某种产品而进行的知识运动更为复杂的表象。

野中郁次郎和竹内弘高这样定义知识："知识是验证个人信念接近于真实的人际动态过程（a dynamic human process of justifying personal beliefs toward the truth）"[1]，因此在他们看来，知识与其说是某种"东西"，不如说是某种"过程"，这不是"词性"的简单变化，它进一步强调了知识的动态性。对于教学过程而言，这种对于知识的理解无疑更具有解释力，也就是说，正是在教学者创造的互动情境中，知识才能作为一种抽象概念被产生。"教与学"的过程就是主体与客体之间一个连续和辩证的相互适应的过程，在此过程中，大部分时候作为被知者的"客体"是一种综合形态的存在，它是书本、是讲义、是教师的表述、是其他学习者的理解，甚至是环境的暗示，而主体对"客体"的理解是由在"教学"这一时空中交错的人际交互来决定的。

进一步来看，对于学习者而言，SECI模型可以很好地指导他们知识创造的过程，我使用了"指导"一词，是因为我发现虽然SECI模型的确可以解释知识如何被创造的过程，不管是在企业还是在学校，但对于大多数学习者而言他们并没有意识到应该主动这样去做，而我们的教学者也远没有推动这一过程。或者对于教学者而言，学习者即将接触的知识（主要是形式知识）确实不是"新"的，它们可能已经日复一日出现在特定的教学中；但对于学习者而言，这些知识就是"新"的，在接下来的教学过程中，学习者将获得"新知"，并且知识并不是从外界主体流向他们的，而是他们自己通过参与知识运动而创造出来的。

也就是说，学习者是通过将自己"寓居"[2]于某种与客体连接的过程以及由此而产生的知识运动过程中而获得知识的。

注解

【1】 详情可进一步参阅《创造知识的企业：日美企业持续创新的动力》（野中郁次郎，竹内弘高著，李萌，高飞译，知识产权出版社，2006年4月）第65页。

【2】 "寓居"（indwelling）的概念是有波拉尼提出来的，他不再纠结于主体与客体的问题，而是认为主体、客体二者的融合是创造知识的途径，主张人类创造知识是通过自身成为客体的一部分，即通过自我包含（self-involvement）和投入来实现的。因此，"寓居"的概念打破了精神与身体、理性与感性、主观与客观，以及认知者与被认知物之间的两分法，详情可以参阅《创造知识的企业：日美企业持续创新的动力》（野中郁次郎，竹内弘高著，李萌，高飞译，知识产权出版社，2006年4月）第68页，以及《人类知识的默会维度》（郁振华，北京大学出版社，2012年9月）第44-64页。

科学的客观性并不是知识的唯一来源，人们所拥有的大多数智慧是他们在与世界打交道的过程中，有目的努力的结果。因此，创造一种让学习者的身心与周边世界的具体细节融为一体的情境，促使学习者对某些事物及其具体细节进行暗默地知识整合，从而创造出对该事物的理解或识别为某种模式，这或许是教学过程在知识运动维度下的本质特征。

简单来看，假设我们能够将暗默知识和形式知识简单区划，延续知识胶囊的比喻，把教学过程看做是一个黑箱过程，那么经过教学过程中知识运动产生的影响后，用三个胶囊表示三个学习者可能出现A-D四种状态，个体知识的变化如图所示：

其中：S表示初始状态，A、B、C、D分别表示四种经过教学后的状态。A表示胶囊的知识状态没有任何改变，说明从S到A的过程是一个无效教学过程；B表示学习者形式知识保持一致，但暗默知识存在差异，现实中，不少的教学过程在追求掌握形式知识的所谓公平上可能付出了超额的努力，因此这可能是成本与效益不对等的结果，因此除非情境要求，这并不是教学者一定追求的状态。C是比B更为一般的状态，经过教学过程后，学习者的知识状态发生了变化，但形式知识或者知识整体上并不完全一致。D是一种几乎不可能会达成的状态，也就是说，不同学习者的暗默知识和形式知识不会因为一个教学过程而完全趋同。

显然，通过教学学习者知识的状态会改变，但因为有暗默知识的作用，特别是心智模式的作用，教学者并不能完全左右教学活动的结果。此时，非要用标准的测试来衡量结果，或者通过规定教学过程步骤流程的方式来保证某种固定的产出，只是管理部门无奈的做法，并且对学习者和教学者都是不公平的。

通过分析学习者和教学者二者在教学过程中知识运动的特征，我想我已经得到一个结论，那就是：决定使用何种教学方法的依据是教学中的知识运动特征，更为具体地说，我们需要选择能够最大地促进知识运动的方法，也就是推动SECI知识螺旋的方法，并且这些方法并不限于课堂的范围。

于是，我可以将裘丽老师的案例看得更为清晰，她至少在如下几个方面推动了SECI的螺旋发展：

- 通过鼓励学习者将与实际紧密相连的问题带入课堂，并延伸到课堂外予以讨论，促进学习者脱离僵化死板的教室环境，更多地共享暗默知识，有效调动学习者将自己的暗默知识参与互动，形成对即将学习的内容的内在理解，这是共同化的过程。
- 通过问题树的导入，针对问题深入分析，而不是急于给出问题的答案，促进学习者对课本、资料的阅读，并尽可能将他们所想、所学表达出来，这是表出化的过程。
- 通过思考集的引入，促进学习者将各种资料、文本进行整合，这是组合化的过程。
- 通过困惑点的引入，让学习者各自发现自己的问题，这种问题不是一般性的领域问题，而往往是学习者思维尽头的问题，探索这些问题是学习者暗默知识与形式知识进行重新整合的过程，也就是一种内在化的过程。

至于裘丽老师是通过什么样的具体工具和行动策略达成上述目的已经不是我探讨的重点了，她遵循了知识运动的规律，以推动学习者知识的创造为目的，这或许才是“秘密”中的又一重点吧。

◇◇ 为什么教：关于价值的问题

关于“为什么教？”的问题，我发现学习者与教学者经常有不同的理解。在我们的一次调查中，大学生被问及“为什么来上大学？”时，较多的回答包括：“找个好工作”“爸爸妈妈希望我上大学”“不知道，上高中不就是为了上大学吗？”也许这些回答没有一个是应该被质疑的，但我原以为关于理想、探索未知、满足好奇、创新、甚至认识朋友等动机都应该被提及。可见，教学者与学习者对教学活动动机的分歧确实存在，而且这种分歧对他们在教学活动过程中的行为模式产生巨大影响。

实际上，关于“为什么教”的问题是关于教学活动的价值的问题，而且这种“价值”对于学习者和教学者都应该是成立的。由此，教学过程也是一种价值创造的过程，但正如“价值”这一术语所包含的复杂含义一样，我们似乎难以对其进行确切的描述或者说找到一种具有一致性的衡量方法。所以，问题又转变成为：作为教学者，我们怎么知道教学过程为学习者创造了价值呢？根据“观察者效应”的原理，我们几乎没办法做到不影响我们观察的事物，只不过是程度高低不同而已。也就是说，如果教学者想要观察学习者有没有实现价值，而他们的观察本身就深刻影响了学习者，因此，他们获得的对学习价值的观察往往并不真实，例如，组织学业考试就是教学者典型采用的观察方式。

所以我想有必要换一个角度来看问题。约瑟夫·熊彼特在研究经济发展问题的时候，他的思路可以理解为：首先，构造了一个“循环流转”的假设模型，在这个模型中经济是没有发展的，每个阶段、每个生产者的产出都会被消费掉，每个消费者也正好能获得满足。其次，将外来环境变化带来的“数据的改变”从发展问题中剔除，例如，战争减少了人口、新发现的金矿扩充了通货虽然或许带来了循环流转的体量和计价规则的变化，并且循环流转的经济体也会适应这一变化，但并不带来新的东西，也不是经济体自身发展的结果。再次，考虑在企业家精神的驱动下，新的生产组合（他归纳了5种可能性）将循环流转中“旧”的生产组合挤出，然后经济体重新进入新的一种更高形态的循环流转状态，他指出：“我们所说的发展可以定义为执行新的组合。”[1]

我想将“知识”和“教学过程”纳入到这一分析框架中来，考虑在循环流转状态、新的数据出现的状态以及发展状态下的人们知识的需求，由此我们便不难发现教育过程是一个价值创造的过程，此言不虚！

注解

【1】 参阅《经济发展理论——对于利润、资本、信贷、利息和经济周期的考察》（约瑟夫·熊彼特著，何畏、易家详等译，商务印书馆，2011年6月）第一、二章的有关论述。

在循环流转状态下，生产与消费达到均衡，支撑这一均衡的知识构成也是固定的，因此，身处其中的人的知识需求也是固定的，知识物化为人的体能和劳动，只要每天都按照昨天的方式行事就好了。

在数据改变的状态下，环境的变化或许会对新知识产生需求，但如果循环流转系统能够产生适应性的行为，使得环境变化的数据能够被吸收消除，也就是说，人们依然还是用既有的知识体系来应对变化。在没有新的知识进入时，循环流转即使在环境变化的情况下也会达成既有的均衡，虽然在适应数据的方面发生了一些变化，但总体上不会产生新的东西，人们总是用已有的知识组合来满足每天的需求。

在发展的状态下，新的知识进入循环流转系统，由这些知识所支配的行为方式就会出现，即使生活的需求（环境）并没有改变，新的生产过程也就启动了。这样，个体将主动重构自身知识，从而实现新的知识组合，并将其应用于生活中，转化成为新的行为方式。

正如熊彼特所说的，“发明”和“发现”如果不能转化成为生产领域的新组合恐怕也很难带来经济的发展，知识具有这方面明显的特征，也就是说，知识即使产生了新的组合，也未必会进入生产领域，为学习者带来直接的改变。为了解决这一问题，我们必须将利用知识来进行价值创造的时间跨度考虑进来。为此，从价值创造的角度将学习者的情境与企业的情境进行对比，企业是一种“价值创造体”，在其内部的个体知识、组织知识都被卷入以特定产品为目标的价值创造活动中去，而教学组织可以被理解为是一种“前价值创造体”，“前”体现为：知识看起来并没有直接卷入某种集体价值的创造中，它将成为学习者的某种属性，在后续他们将接触的其他价值创造体中发挥作用。这使得“前价值创造体”中的当事者处于一种价值创造的准备阶段，但如果可以将折现的方法应用于其中，我们会发现“前价值创造体”并没有不同于“价值创造体”。

另外，“知识”并不仅仅是用来产生社会生产新组合的“生产资料”，它也是人类精神生活的消费品，例如，好奇心的满足。正是这种精神消费的不可探知性，我们只能去描绘它们的性质，而不方便去强调这种消费的具体形式，“效用”概念的引入正是这样一种智慧的表现，早期，哲学家和经济学家曾经轻率地将效用当作一个人整体福利的指标，效用还一度被认为是个人快乐的数学测度。现在经济学一般认为效用是指对于消费者通过消费或者享受闲暇等使自己的需求、欲望等得到满足的一个度量。而学习并不一定仅仅是因为它可以在未来为人的发展或者整个社会的发展带来“新的组合”的可能性，它还直接修改人们的效用函数，也就是说，在循环流转的状态下，因为新知识的引入，虽然知识的“生产”用途没有转化为发展，但依然可能给人带来价值。简单地说，即使世界一点没有改变，但看待和理解世界的方式发生了改变，学习者还是可能产生满足感，针对学习者的价值还是被创造出来了。子曰：“朝闻道，夕可死矣。”[1] 或许正是体现了对这种价值的高度认可。

在裘丽老师的教学过程中，价值体现在两个方面：

一方面，学习者将实际生活中的问题、疑惑带入课程学习中，这使得他们对这些问题产生了新的见解，尽管还不能直接产生改变世界的方法，但已经产生了强大的“代入感”，从而减少了学习与生活（工作）的割裂感，增强了嵌入性，体现了“前价值创造”的特征，只要条件成熟，这些见解和方案就会转变成为学习者的行为。

另一方面，学习者感受到学习本身的快乐，他们在群体互动中，不断思考问题，群体给学习者带来了社交的快乐。同时学习者能将自己擅长的能力与学习内容相结合，体会到学习过程中的成就感。

总体而言，在“教什么”“怎么教”“为什么教”这三个重大问题都得到探讨以后，裘丽老师教学的秘密也许就浮出水面了。

注解

【1】 出自《论语·里仁》第四章。

这是一种具有鲜明特征的教学方式，其特点为：

- **教什么**：以暗默知识的共享为重点[1]
- **怎么教**：以促进教与学过程中的知识运动为基本手段
- **为什么教**：以学习者、教学者群体的价值创造为使命

进一步总结，我发现这是“为创新而教”的方法论基础，这三大特征也正构成本书讨论的“为创新而教”的教学模式的三大基石，而“为创新而教”的具体内涵包括两个方面：

服务于知识创造：教与学过程关注学习者自身的知识创造，特别是暗默知识，通过促进更具效率的知识运动过程，将教与学的过程打造为一个创新的过程，而教学的方法就是为这一创新过程服务的。

服务于价值创造：教与学关注学习者创新价值的创造，它并不过多强调学习者通过学习对“循环流转”的静态环境的适应，而是强调学习者对变化的环境以及改变世界的“生产新组合”方式的探索。

简单地说，“为创新而教”就是为学习者知识创新而教，也是为学习者将新的知识组合转变成为改变世界的手段而教！

注解

【1】在学习过程中，暗默知识较形式知识具有优先性，波兰尼认为“所有知识不是默会知识就是植根于默会知识。”墨兰德则论证“我们理解与行动，在某种意义下是默会的，是它们赋予文字的意义，结果，所有的知识在根本上是默会的。”所以，虽然形式知识和暗默知识都交织于教学过程，“为创新而教”还是更强调暗默知识对教学的作用。详情请参阅《人类知识的默会维度》（郁振华著，北京大学出版社，2012年9月）第1、2章。

1.2

为什么教学不像创新？

关于“为创新而教”相关观点的理解，众多大师如是说：

教育的首要目的在于造就有所创新、有所发明和有所发现的人，而不是简单重复前人做过的事情。

我们所期望的教师不仅仅是一个讲授者，仅仅满足于传达现成的答案，而是善于激发学生主动探究未知事物的导师。

让·皮亚杰（瑞士）

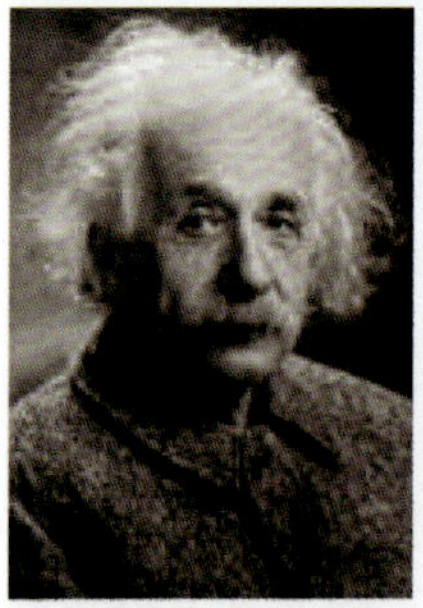

提出一个问题往往比解决一个问题更重要，因为解决问题也许仅仅是一个数学上或实验上的技能而已。而提出新的问题新的可能性，从新的角度去看旧的问题，都需要有创造性的想象力，而且标志着科学的真正进步。

爱因斯坦（美国）

教学的艺术不在于传授本领，而在善于激励唤醒和鼓舞。

第斯多惠（德国）

在我看来，教给学生能借助已有的知识去获取知识，这是最高的教学技巧之所在。

苏霍姆林斯基（苏联）

我以为好的先生不是教书，不是教学生，乃是教学生学。

叶圣陶（中国）

我们要活的书，不要死的书；要真的书，不要假的书；要动的书，不要静的书；要用的书，不要读的书。总的来说，我们要以生活为中心的教学做指导，不要以文字为中心的教科书。

陶行知（中国）

（大师照片均来源于网络）

从实际观察的结果看，教学过程往往看起来不像实现“新组合”的过程，而像习得某种“旧组合”的过程。那么，我们看到的教学为什么不像是一种创新活动呢？我觉得，造成这一现象的原因在于人们对于“分歧”的态度。教学过程的参与者应该被理解为是具有不同社会角色，带有不同观点的个体，他们的知识体系处于“分歧”状态，这种“分歧”置于社会活动过程中，要么融合成为共有知识，要么演化成为更为独特的某种东西。但在当前的教学情境中，人们更容易理解趋同的趋势，也就是说个体知识融合成为共有知识的趋势，即人们致力于通过教学让共有知识尽可能广泛为人们所有，成为社会标配，并且总量上看，还希望人们拥有得越多越好。但我想，在另一个方向上的趋势也是值得关注的，也就是说，教育可以让“分歧”变得更大，变得更明显，促进人们更大规模地获得个体知识，更深入地理解个体知识，也就是说，教学也可以使人们变得更为不同。

在教学过程中，教学者与学习者，包括学习者之间在三个方面都可能扩大分歧，正是在对待这些分歧的立场上，人们选择了求同，才引致了错觉，这些分歧产生的原因包括：

- 由“教”与“学”的内在逻辑而产生的分歧
- 由多元智能而产生的分歧
- 由知识运动复杂性而产生的分歧

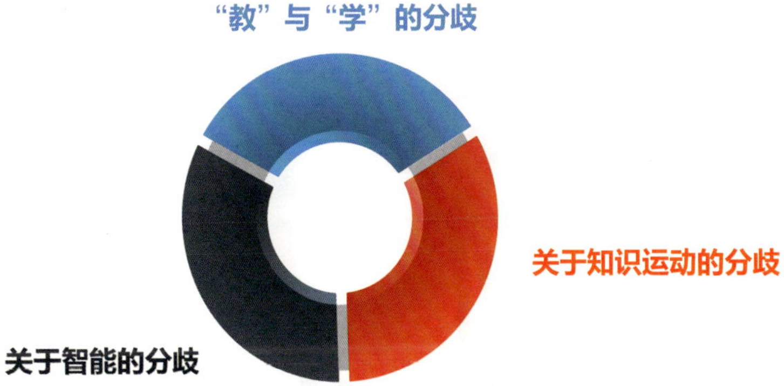

◇ “教”与“学”的分歧

“教”的活动与“学”的活动在时空中相遇而构成教学过程，看起来，“教”与“学”密不可分，甚至可以说“教”和“学”只是一种活动的两个视角，但细究起来，它们却是按照不同逻辑来运行的两类活动，简单而言，“学”为自己致知，“教”为他人致知，这两种逻辑体现在学习者和教学者的两个主体意识之中。

教学者：
我教的你都要掌握！
学习者：
我要的不仅仅是解决问题。我需要建构自己的知识体系。
VS
“教”还是“学”？

从学习者视角看，按照建构主义的理解，学习是学习者个人主动建构意义的过程，它不能由他人代替，学习的结果是围绕着关键概念建构起的网络状的知识体系。以罗杰斯为代表的人本主义更是认为，不能“指导”学生如何去想，如何去做，而必须顺从学生内心的自然规则，教育必然是“非指导”的。因此，是学习者对自己的终身学习负责，他们当前接触的领域知识只是他们建构的知识大厦的一部分，他们完成了前序知识与当前内容的对接，又努力促成当前内容与后续学习内容的连接。对于他们而言，教学者只是一定阶段学习的帮助者，学习者看到的是更大视野和范围的学习，而当前的教学过程反而是局部的。

例如，在大学中的某个课堂，学习者几乎是带着未知来到课堂，即使已经预习了教学内容，他们依然无法预知这些教学内容与他们自身的知识体系相结合以后会产生什么样的结果，他们需要通过教学的过程，完成对自身知识体系的重构。在大学中，学习者大抵都清楚知道等下课铃声响起，这一门课程的任课老师就会飘然而去，留下自己去整理、思考所有与课程相关的线索，相比课堂，自己课后的付出才更可能是使得自己成长为某个领域专业人士的重要因素。

从教学者视角看，因为对领域知识的熟悉，教学者往往认为自己了解当前学习的内容在整体中的地位，清楚知识之间的前后关联，因而极易想象学习者只不过是在逐块学习经由教学者分解后的知识模块。因此，掌握学习全局性的是教学者，教学者当然是教学过程的主导者。最重要的是，教学者往往掌握了“考核”的权力，这为他们的“知识权威”地位更添筹码，虽然教学者常常告诫学习者：“你们才是学习的主体”，但事实上，学习者的主体地位却仅仅保留在口头上。

例如，每次上课，教学者几乎都带着必须要解决的问题（教学任务、教学大纲）走进课堂，对他们而言，他们的任务看起来像要把一个知识列表塞给学习者，他们甚至感受不到自己在传授什么新的东西，只不过日复一日在解决同样一个问题。

关于智能的分歧

霍华德·加德纳[1]提出，人类的智能是多种多样的，至少可以分成七个类别（后来增加至八个，再后来又增为九个）：

- 语言 (Verbal/Linguistic)
- 数理逻辑 (Logical/Mathematical)
- 空间 (Visual/Spatial)
- 身体-运动 (Bodily/Kinesthetic)
- 音乐 (Musical/Rhythmic)
- 人际 (Inter-personal/Social)
- 内省 (Intra-personal/Introspective)
- 自然探索 (Naturalist，加德纳在1995年补充)
- 存在（Existentialist Intelligence，加德纳后来又补充，2013年7月13日 ）

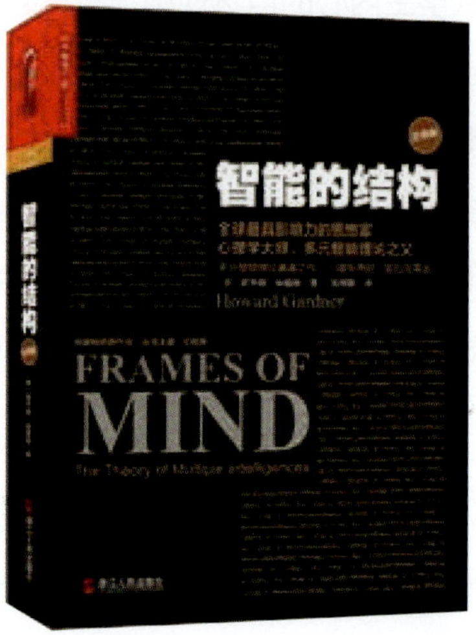

注解

【1】 整理自《智能的结构》（霍华德·加德纳 （Howard Gardner） 著，沈致隆译，浙江人民出版社，2013年7月）的部分内容。

言语–语言智能

用语言进行思考和表达复杂意义的能力

逻辑–数理智能

计算、量化、验证定理与假设，进行复杂数学演算的能力

自知–自省智能

准确进行自我认知的能力，并根据这种认识规划和指导自己的人生

交往–交流智能

理解他人并交流情感的能力

存在智能

表现为对人类生存、死亡、终极问题的思考能力

视觉–空间智能

进行三维思考的能力，能进行外部和内部成像，能重塑、转换和修改图像，能在空间中操控自己，能创造或者图解图像信息

身体–动觉智能

灵活操作物体，协调身体的能力，善用身体来表达思想和情感

音乐–节奏智能

辨别和创造音调、旋律、节奏和音色的能力

自然探索

观察自然，认识自然界的事物并进行归类，能理解自然与人造系统的能力

正如多元智能理论所说：智能是在某种社会或文化环境的价值标准下，个体用以解决自己遇到的真正难题或生产及创造出有效产品所需要的能力。根据加德纳提出的多元智能理论，作为个体，每个学习者都同时拥有相对独立的多种智能，而且每个人身上的这些智能在现实生活中并不是绝对孤立、毫不相干的，而是以不同方式、不同程度有机地组合在一起，正是这种组合使得每个人的智能总体上各具特点。

多元智能理论对教育的直接贡献可能就在于，它告诉人们当某种教育方式能够与个体的智能优势和天赋进行匹配的时候，学习就会变得更加容易，学习者也会有更多的学习热情，至少学习者觉得自己在干一件自己擅长的事情，从而体会到学习的乐趣。互联网上流传的学习金字塔模型[1]也揭示，较之别人教我们的时候，我们在教别人的时候自己反而学得更好，或许是因为我们试图将知识按照自己的智能模式进行转化，因此我们更能掌握。

很显然，学习不是来重复某些人的智能，无论这种智能模式多么杰出和令人羡慕，学习者还是在自身智能结构的框架内完成知识建构。虽然，这些道理对于教学者并不难理解，但传统的课堂总体上还是一位教学者面对多位学习者，这就相当于形成了用一种智能模式面对多种智能模式的情境。

这种“一对多”的情境会形成一种分歧，也就是说，如果假设智能模式在人群中的分布是均匀的，则总有大部分的学习者的智能模式与教学者的智能模式是不相一致的，他们不能在智能模式上达成共振。教学者或许会莫名地发现总有人不能很好地理解领域知识，而学习者中也只有少数人会与自己的老师想得一样。只要多元智能是真实存在的，这种分歧就会在学习者与教学者之间存在，并不因为教学者更为努力考虑学习者的情况，或者学习者更为努力地学习就彻底消除。

注解

【1】 据说，该模型由美国缅因州的国家训练实验室的埃德加·戴尔（Edgar Dale）于1946年提出的，但网上无法搜到相关研究论文，这个假说之所以如此令人信服并广为流传，可能是因为它在某种程度上符合人们的常识。

因为多元智能的存在，人们对于事物、知识、规律以及面临的难题有不同角度的理解，我们不能自欺欺人地否认“分歧”的存在，相反，更应该看到这种分歧带来的好处，分歧往往包括了学习者与“书本上相对可靠的假设”认知的不同、与自己先验假设的不同、与教师以及其他学习者之间假设的不同，当人们将这些不同理解放到一起进行勾兑和交互的时候，很多意想不到的效果可能会达成：差异化的理解带来了解决问题的新方向，也会驱动学习者利用自身的智能优势进行创新尝试，这些尝试客观上成为各种创意的来源。我们有时把“消除分歧”作为手段，但其实我们也可以期待“分歧”能开放创新的花朵。

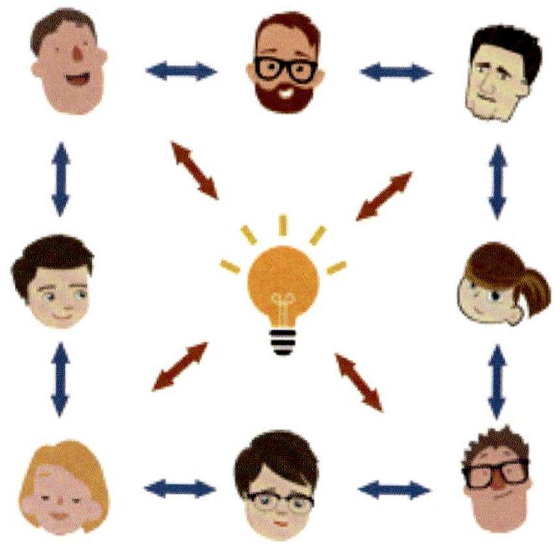

◇ 关于知识运动的分歧

建构主义有一种观点将学习分为初级学习和高级学习，初级学习是一种学习的低级阶段，面向知识结构性好的领域。结构性良好的知识类似于野中郁次郎等人提出的形式知识，它们往往是普遍而抽象的事实、概念和原理，学习者需要将这些结构性知识内化。而高级学习则主要是获得非结构性知识和经验的过程，学习者由此获得的是与具体情境相关联的知识，这些知识是在解决问题的过程中不断建构出来的，这类似于学习者对暗默知识的建构。

人本主义教学的代表者罗杰斯则认为，学生的学习分为认知学习和经验学习。认知学习可以用行为主义的S—R学习理论（刺激—反应学习理论）来解释，认知学习受到“外部强制力”的制约，重记忆，因而没有什么意义。经验学习以学习的经验生长为中心，把学习与学生的愿望、兴趣、需要有机的结合起来，因而是一种趣味盎然的、有意义的学习。

虽然建构主义与人本主义的观点都一定程度上涉及了知识运动的类型，但并没有直接突出对暗默知识的分析，并且原本综合形式知识和暗默知识两个方面作为一个有机整体的知识运动过程，通过分类的方式容易被机械地分割为不同类型，仿佛一种类型的学习只会有一种类型的知识运动与其配合，这实际上失去了对知识运动整体性的认知。

我所经历的从小学到大学的求学过程，主要的目标还在于获取共有的形式知识，在这过程中，教材和课堂讲授起到主要的作用，伴随着自己成为考试机器，我也意识到考试就是检验获取知识的良好机制。但到现在为止，我对自己的个体知识宝库都还知之甚少，也就是说，我无法清晰地识别自己的心智模式，也不敢确信自己找到了某个方面的秘诀、手艺和独特技能，除非我进入某种情境下，对照自己知识运用与其他人不同时，我才能感受到个体知识的存在。这种体验正验证了野中郁次郎和竹内弘高给出的关于知识的理解："知识是验证个人信念接近于'真实'的人际动态过程"。但SECI总体上还是描述组织中的知识螺旋，正如它所描绘的形式知识和暗默知识会相互转化，当把模型用来研究个体学习的时候，这种形式知识和暗默知识的界限就会模糊，可能A的形式知识对于B而言可能还是暗默知识。从组织视角看SECI是螺旋运动的，但从个体来看，人们很有可能是将知识的表出化、组合化、内化和共同化叠加在一起的。

现实的教育过程中，教学者对于形式知识（结构良好的、可认知的）总是容易给予更多重视，可能因为这样能够促进教学过程的标准化、定量化管理，是一种可以促进效率的手段。对于暗默知识部分，即使教学者有所认知，但大多数时候只能听任它们自由发展，很少能施以干预。形式知识与暗默知识共同参与的复杂知识运动使得初级学习与高级学习，或者是认知学习与经验学习的界限并不明确，加之每个人都有过获取知识的切身体验，也会形成关于知识运动一定程度的主观判断，更因为这些切身体验和主观判断本身往往是暗默的，人们甚至都不能清晰地对自己所处的知识运动状态形成判断，因此教学者就更加无法准确把握教学过程中知识运动的状态，并形成对策了。

如前所述，“为什么教学过程看起来不像创新”的答案就在于人们对待上述“分歧”的求同态度。很多时候，教学的设计者希望把不确定性转化成为某种确定性，以便有效率地开展教学工作，他们常常的做法包括：

- 教学者用“传递知识”代替了学习者“创造知识”，前者是消灭分歧的过程，而后者则是可能产生分歧的过程。
- 教学者的智能模式成为某一教学过程的主体智能模式，学习者只能尽量与之适应，消灭了学习者创新的多样性。
- 教学者用统一的教学设计掩盖了知识运动复杂多样性的本质。

教学者通过知识权威、地位权威或者其他某种权威，事实上使得关于“教”的主体意识经常性地侵犯学习者关于“学”的主体意识，这种侵犯就体现在对学习者学习内容（包括进度）和学习方法选择的干预上：

- 教学计划规定了学习的内容范围和进度，但即使这一计划基于其丰富的经验和精心设计，终归还是在大概率下满足一般群体的需求，总有超前或落后的学习者会不满足于这样的计划，但大多数时候，这些计划都会被强制要求执行。在大学中，一些新兴的或者处于变革中的专业，整体的培养计划或者课程计划都有可能处于变动中，而教学管理部门并不轻易接受这种变动的计划，导致固化下来的计划可能更加难以具有可靠性、科学性和可执行性。
- 在方法上，大部分时候，学习者的学习方法也被计划规定，例如，学习者被要求在规定时间、到达规定地点，听规定内容的课堂讲述，无论这些是不是适合他们的智能模式或者进度需求，也就是说，一门课程的学习方法不能基于学习者的特征来灵活决定，而是基于并不具有完全可靠性的教师经验来制定的计划的一部分。

学习者对于这种主体意识的侵犯并非没有反击，在我学习和工作的大学中，很多的学生都会选择对课程或者课堂进行敷衍，他们总是非常关心教学者设定的计划中的“里程碑”，也就是说，何时要提交何种质量的作业或者报告，只要能交上，那么其余的事情就不是教学者可以管的了。教学者的前期付出在这种敷衍中付诸东流，而学习者也等于放弃利用大学的资源而选择了自行其道，于是，我们看到大量的教学资源被浪费。

总体而言，大多数时候，强大的固有模式和刻板的管理要求，使得教学者总是按照固化的思路安排教学计划，而学习者即使能够觉醒，也往往采取消极对抗的态度，这使得教学过程看起来越来越不像创新了。

由于参与者至少在角色定位、智能模式和知识运动三个方面存在分歧，教学过程实际上处于多重的不确定性状态，形象地说，教学者在开始教学过程的时候，会发现自己面对的情境是这样的：学习者的需求、价值取向是不确定的（角色的差异），学习者的智能模式是不确定的，也不知道他们的暗默知识状态，无法准确把握他们的知识运动状态。由此看来，教学活动是一种处于复杂情境下的常见而微妙的创新活动。

正如德鲁克所言：“创新可以作为一门学科，一种学术或者一种实践”，虽然充满不确定性，创新却并非不可捉摸。如前所述，努力消灭分歧和不确定性的态度并不能使得教学更具效率，反之，如果我们能够转换态度，将参与者的分歧作为教学的基本属性，并且视其为重要的资源，那么，我们期待的教学过程是什么样子的呢？

我们看到的学习者群体不是等待灌输的一群坛坛罐罐，而是一群各具角色定位、独特智能模式和知识模式的智能体，这一群体不仅仅共同接收信息，更重要的是共同创造新知，他们就是一个创新群体，也是独特的社交网络。“为创新而教”正是基于这些不确定性和分歧来展开讨论，希望由此来建构一种思路或者方法论，以期将教学活动还原成为创新活动应该的样子。

1.3

回归创新：分析与解释的融合

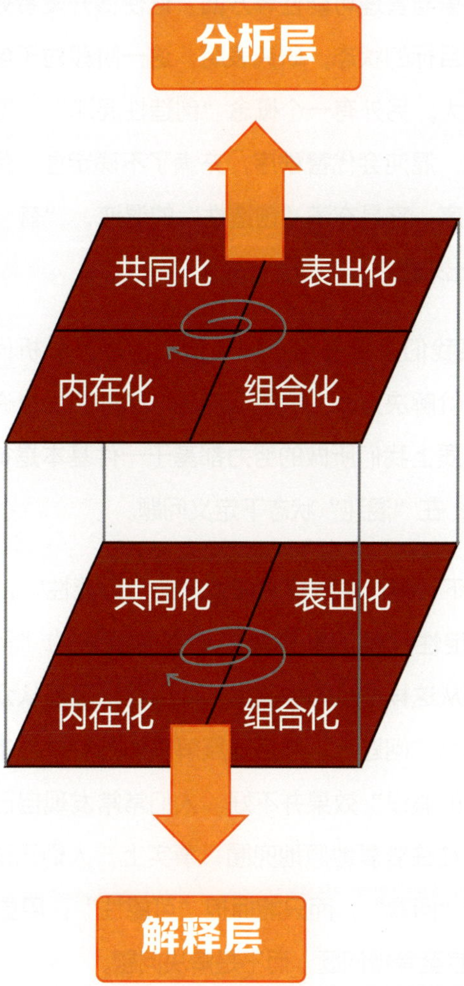

在新产品开发之前，存在一个被称为“模糊前端”的阶段，“模糊”是这个阶段的主要特征，体现在模糊的客户需求、模糊的技术路线、模糊的竞争与管理可能性等方面，这使得开发者处于一种有方向但没确切目标的状态。研究表明，这一阶段对于创新成败的影响却日趋增大。另外有一个概念“创造性混沌”，指的是在创新的某个阶段，混沌会代替秩序，充满了不确定性，但这种混沌不是完全的无序，它是充满“创造性”的混沌，“有序”正是从混沌中演化出来的。

在此情境下，如果我们坚持使用一种“定义问题、分析问题、制定解决方案、评价解决方案、决策、实施”的思路，也许就会感到受挫，因为本质上我们所做的努力都基于一件基本是徒劳无功的事情，那就是：在“混沌”状态下定义问题。

在“混沌”的状态下，整个系统蕴藏着太多的“可能性”，人们无法在众多不确定性包裹的事物中找到需要解决的“问题”。但人们可能急于从这样的状态中脱离，所以往往轻易从众多可能性中定义其一作为“问题”，然后施展解决问题的卓越本领。不过，这样“莽撞的假设”效果并不好，人们常常发现自己在不确定性的引导下，往往复复地原地兜圈，事实上，人们无法去“解决”并不存在的“问题”，而只能拥抱“可能性”，用更多的耐心去找寻问题，甚至等待问题，而不是解决问题。

如前所述，教学也处于多种不确定性交织的状态，也具有模糊或者混沌的性质，但除了已经述及的来自教学过程参与者分歧产生的不确定性以外，与新产品开发类比，这种模糊和混沌还体现在一些教学过程的外部因素上，一些类似市场的因素。一方面，市场因素是一种连学习者自己都无法清晰理解的变化因素，学习者以市场需求为导向来激发自己学习的过程，就是多变的市场需求折射为学习者复杂而善变的学习动机的过程。另一方面，领域知识的更新速度超过教学内容的更新速度、颠覆式技术出现的可能性等，又都可能使得学习者对教学内容产生怀疑，这些都增加了教学过程的不确定性。这或许来自于学习的功利主义特征，当学习者希望通过学习某种技能以换取社会、经济的回报，他们就必须面对这种不确定性，犹如我们考虑一款新产品是不是能获得市场回报一样。

由此看来，正如新产品开发需要面临来自企业内部和外部的不确定因素的影响一样，教学也面临来自教学组织内部和外部的因素影响，内部因素来自于已经述及的三种分歧，外部因素则来自于市场需求的不确定性。那么关于企业创新不确定性的理论和方法是否也能为教学情境下类似的问题提供思路呢？

理查德·莱斯特和迈克尔·皮奥雷一起构建了创新的解释性（Interpretation）维度的理解，并指出解释性和分析性是创新的两个维度，要根据创新活动的具体情境综合考虑分析性和解释性两个维度的方法。那些不清晰的问题定义、充满可能性的未来、大量存在的分歧等正是创新的解释性维度所描绘的部分[1]。如果我们能够承认教学是一种不确定性环境下的创新活动，那么关于解释性与分析性的理论就很好解决我们的困惑，为了加深对这两个维度的理解，这里先以新产品的开发为例对其进行比较说明：

分析性观点认为新产品的研发过程就是解决问题的过程，新产品就是一种载体用来解决老的或者还不存在的产品面临的可以清晰地定义的难题，例如：SpaceX公司要制造更为廉价的民用太空穿梭机，那么“更为廉价”“民用”等则应该转化为可以定义清晰的问题，例如明确多少造价才是“更为廉价”的，而设计与开发就是针对这些具体问题和指标提出方案。

解释性观点认为产品的开发过程不仅仅是一个寻求解决方案的过程，还是一个“寻求问题”本身的过程，也就是说，创新没有具体靶向，并不指向一个清晰的终点，反而指向更开放性的结果，例如：SpaceX公司要制造更为廉价的民用太空穿梭机，但并不急于将“更为廉价”“民用”等概念转化为清晰问题的，开发应当始于对这些概念背后的问题进行探寻，例如，为什么要“更为廉价”，谁定义了“廉价”以及为什么等问题。另外，当SpaceX公司的廉价民用太空穿梭机被研发出来以后，接下来人们能去太空干什么？这一问题的结果是开放性的，思考这一问题也许会引出许多应用太空穿梭机的奇思妙想，而这些奇思妙想只有在转化为需要解决的问题的时候，创新才转入分析性阶段，也就是说，对不确定性的探究能为分析性创新提供起点。

注解

【1】 关于创新的解释性和分析性维度的相关观点从《破译创新的前端:构建创新的解释性维度》（理查德·莱斯特，迈克尔·皮奥雷著；寿涌毅，郑刚译，知识产权出版社，2006年1月）整理而来。

关于“解释性”对应的英文用词是Interpretation，这一英语单词在不同的情境中有多种应用，例如，在语言学中是“翻译”的意思，但更多指口译；在数学或者逻辑学中，它是将一种逻辑结构在新的结构中表述的技术。在创新的情境中，我想翻译者更多考虑的是这一词汇的哲学含义，即“the assignment of meanings to various concepts, symbols, or objects under consideration（根据Wikipedia提供）”，我理解它是指审慎地为概念、符号或客体指定某种意义的过程。将这一语义应用于“创造性混沌”或者“模糊前端”的情境下，它指的是存在理解上、行为上分歧的各方参与者，各自为共同使用的概念、符号或客体的意义进行说明阐述的过程，这一过程不仅仅限于语言，也可以是行为方面的，因此，“解释性”这一词汇虽然看起来比较晦涩，但将其用于说明创新的这一过程或性质还是比较贴切的。

虽然理查德·莱斯特著作标题中使用了“创新的前端”，但我不认为解释性维度只出现在创新的前端，分析和解释贯穿于创新全过程，就像太极的阴阳一样，是对立统一的一对矛盾，它们有时像一个硬币的两面，彼此蕴含，有时互为前提，互为结果，又相互转化。

不是说处于模糊前端或者创造性混沌中的组织、个人或某个过程就不会出现分析性的情境，而是说在这一状态下，也许主导事物发展方向的是矛盾中解释性的一方面。当然也不是说，在分析性的过程中不会蕴含解释的因素。以创造新的产品为例，分析与解释之间的对立统一关系会更加明了：虽然研发并提交一款有确切功能定义的产品给消费者对企业而言是分析性的创新，但从全过程看，客户拿到产品以后，通过使用而产生了不同的意见，进而又与企业形成对话，推动新一款产品迭代上线，这又是一个解释性的过程。

解释与分析是一对矛盾，分析性方法就是我们常常用来追求效率的方法，是一般性问题求解办法；而解释性的方法导向更多可能性，导向未知。事实上，“情境”是选择分析性方法还是解释性方法的关键，也就是说，解释性情境不适宜使用分析性方法；同理，分析性情境也不适宜使用解释性方法。应该说，“寻求问题”的方法与“解决问题”的方法是完全不同的，我们不能削足适履地套用“解决问题”的模式到“寻找问题”的过程中去，反之亦然。

一般而言，我们面对的情境是动态的，也是立体的，因此分析性方法和解释性方法应当更加彼此融合，才能更好导向创新。

方法的融合：分析性与解释性

通过SECI模型来观察教学中的知识运动，很容易发现分析性情境与解释性情境的并存：

分析层：分析性情境看作是知识运动的表现层，也就是说，要完成知识螺旋所要完成的各项任务，例如，对于企业产品创新，野中郁次郎等就提出了五阶段任务：（1）共享暗默知识；（2）创造概念；（3）验证概念；（4）建造原型；（5）转移知识。其中第（2）（3）（4）都是具有分析性特征的明确任务。在本书后续关于“为创新而教”的具体方法中也会涉及一系列的任务。

解释层：解释性情境是知识运动的暗默层，即使是与形式知识相关的“表出化”“组合化”，但只要涉及多个个体的参与都有解释性情境存在，例如，表出化过程中个体的暗默知识在表出的时候可能有多种形态，这就是个体暗默知识分歧的表现，也是他们智能模式分歧的表现，需要解释性方法才更能促成这种知识的运动。而“内在化”“共同化”则因为本身就涉及暗默知识，则更加依赖解释性方法的引入。

现实的情境是分析层和解释层叠加在一起的，看起来就好像分析性的任务嵌套在解释性的对话中，仿佛珍珠穿在主线上一样。我们可不能被珍珠长久地吸引，以致忽略了主线的存在啊！

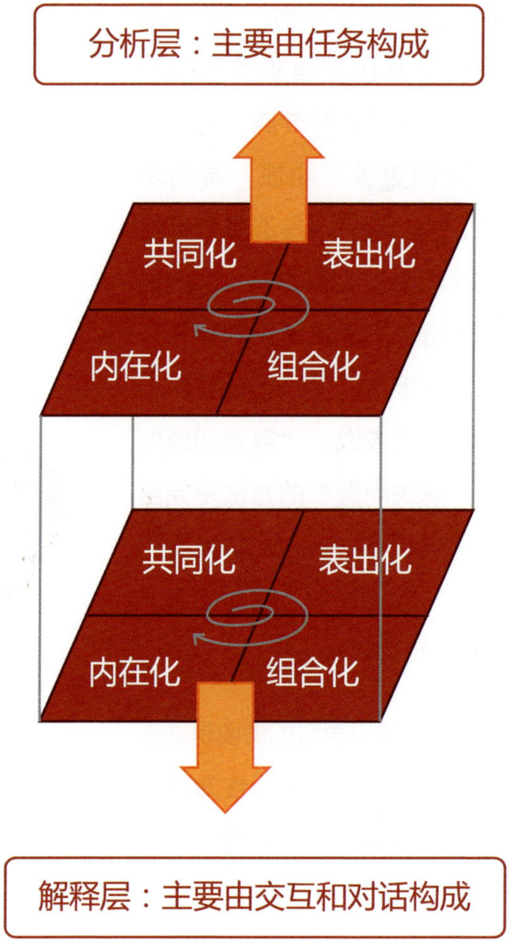
分析层：主要由任务构成
共同化
表出化
内在化
组合化
共同化
表出化
内在化
组合化
解释层：主要由交互和对话构成

虽然教学过程一样也是分析性和解释性并存的过程，同样受到这一对矛盾的影响，但就我的观察，当前分析性的方法在教学中占据主流，并且根深蒂固。

大幅度地使用分析性方法而边缘化解释性方法，掩盖了教学与创新的天然联系，使得原本应该是在不同的大脑中创新知识的过程看起来像是从一个大脑向另一个大脑复制知识的过程，教学者也就自然地将“为学习者灌输某种需要的知识”作为目标，他们总希望定义教学过程需要解决的问题，这样他们就只需要针对这一问题给出解决方案并实施他们，这无疑就是我们看到的“教学大纲”“教学进度表”以及按教学周来安排课时等做法的缘由。“自负”的教学者甚至会认为“问题已经完全明了”，而当遭遇到不理想的教学结果，他们总是习惯抱怨环境，例如，学习者动机不足、教学内容组织不好等，但在我看来，环境与教学者、学习者都不是造成不良结果的根本原因，根本的原因来自如下几个方面：

- 教学者更习惯于用分析性的思维来看待教学；
- 教学者对教学情境的误判；
- 教学者即使意识到教学具有的解释性特征，但他们对分析性方法轻车驾熟，对解释性方法感到陌生。

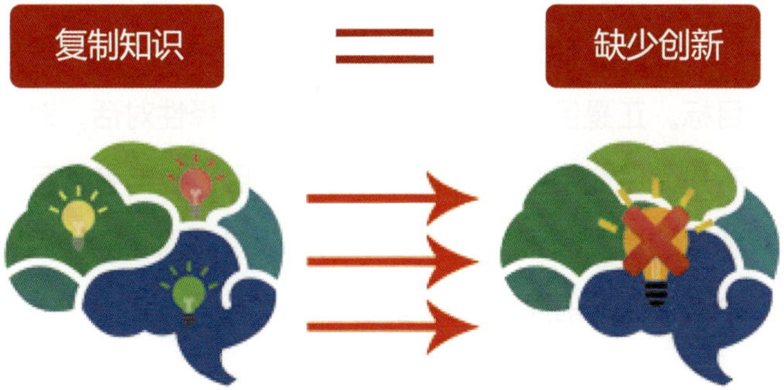

分析性方法的过度使用

分析性的方法已经在各种类型的教学指导书中得到充分的论证，而解释性方法的特征还相对让人感到陌生，实际上，解释性方法承担了将问题、知识、多元智能进行社会化的重要职责，其特点在于：

解释性方法通过一系列开放式的对话过程，持续进行。这种对话并不一定达成某种形式的共识，与解决问题的分析性对话不同，对话中语义是不够明确的，参与人在开始对话的时候可能并不知道要谈的内容，他们甚至无法准确知道是什么时候跑题的。

解释性方法包容各种形式的分歧，并不以消除分歧作为目标。正是因为存在分歧，才需要解释性对话，对话的目的不是为了交换众所周知的信息，并且，参与者认可分歧是产生创意的重要来源，原创性来源于分歧，因此能够坦然地在各种分歧存在的前提下展开对话。

简单地说，通过解释性方法的应用，人们不再把好的想法、奇怪的想法憋在心里，而是乐于将其置于对话中，通过教学者与学习者的共同努力，创造出一种类似“液态网络”的学习环境，学习者在这种交互中的环境中建构自我，同时也按照自己的智能模式来帮助他人学习和创新。

解释性方法

总体而言，解释性方法是一种发散式的方法，也可以说教学的目的是使得学习者的思维可以彼此不同，大家可以保持分歧，并彼此融入，从而从更多角度为现实世界的问题提供创新解答，而分析性方法则驱动大家尽快寻求共识。

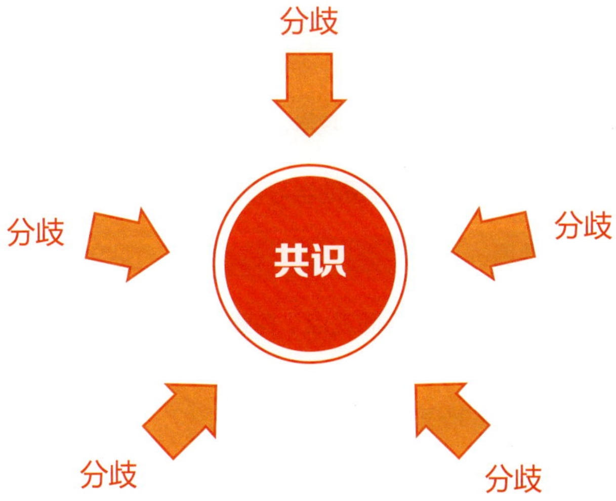

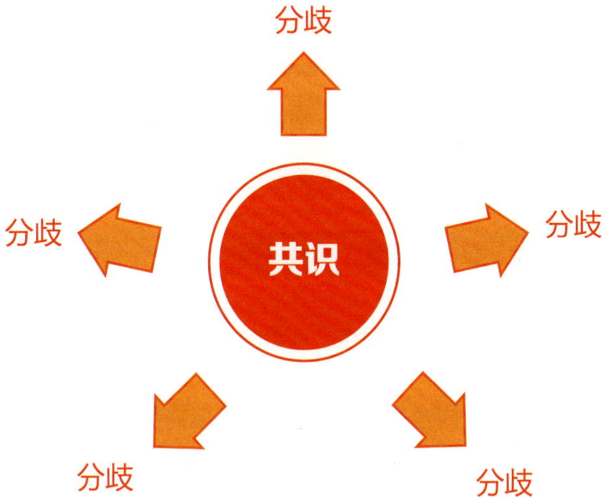

分析性教学方法，从各个维度推动学习者达成共识（“可能是更可信的假设”）。因此，可能更高效率地实现共识的传递。

解释性教学方法，从学习者自身认可的知识（从群体看这些知识可能是分歧点）出发，推动学习者在各个维度就分歧展开探索，它可能推动更高效率的创新。

教学中分析性与解释性的情境彼此交融，那么这两种方法也应该根据情境的转换自然地走向融合。将教学中分析性方法和解释性方法进行简单对照，我希望能帮助教学者更清晰地判定使用这两种方法的情境[1]。

分析性教学的方法与情境特征	解释性教学的方法与情境特征
关注的焦点是教学目标，有明确的开始点和结束点	关注焦点是一个持续、开放的教学过程
目的是解决问题	目的是发现新事物，特别是帮助学习者发现
教学者（教育管理者）设定目标	教学者创设情境
教学者或灌输统一观点，消除分歧	教学者组织对话，鼓励不同观点，探索不确定因素，努力将分歧导向知识建构和创新
沟通是预设内容的，是关于大量信息的精确交流	沟通是动态的、依赖语境的、不确定的
教学者通过分类的方法提炼群体性的学习者需求	教学者以学习者为中心，尊重每个个体的学习者需求，“因人施教”
采用因果分析模型，明确区分教学的目的和手段	无法明确区分教学的目的和手段，教学的过程可以成为目的

注解

【1】 根据《破译创新的前端：构建创新的解释性维度》（理查德·莱斯特，迈克尔·皮奥雷著；寿涌毅，郑刚译，知识产权出版社，2006年1月）书中第五章（第80页）相关结论来分析教学过程，归纳得到。

在教学过程中，教师与学生很大程度上知识的不对等使得“歧义”一直会保留在师生之间，理解这种分歧的情境是属于解释性的。在尝试强化解释性方法，进而构造解释性方法与分析性方法并重的教学方法的过程中，我发现，将教学中“分歧”纳入解释性对话是必要的也是可能的。

由“教”与“学”的内在逻辑而产生的分歧：在我看来，对教学者而言，教学的内容只是一种用于教学过程关于“教”的“道具”，抛却了教学的内容不能完成教学过程，但仅仅只有教学内容也是无法完成这一过程的，无论如何教学过程的目的不可能仅仅在道具本身。正如叶圣陶先生所提醒的：“我以为好的先生不是教书，不是教学生，乃是教学生学”，教学者不能仅仅专注于所教习的内容，却忽视了需要教的是“人”这一事实，教学者应当回归到对学习的支持地位，而学习者则主动承担建构知识的主体责任，也就是说，教学者和学习者是一种紧密的合作关系，就像足球场上的队员，球可以不断传递，目标却是射门，主导教学的责任可以在教学者和学习者之间传递，但大家都是为了学习这一共同的目标。

由多元智能而产生的分歧：只要是能够完善解释性对话的对等结构，使得参与者有机会按照自己的方式定义问题、分析问题、表达观点，避免某种权威意识主导解释性空间的氛围，那么人们就会自动地将各种智能结构的长处发挥出来。

由知识运动复杂性而产生的分歧：如果教学者以及学习者彼此能够尊重各自的知识运动，确保各自按照各自的进度展开，同时又能相互合作，合力推动群体知识螺旋的运动，那么这类分歧就不会成为教学的障碍。当然，个体知识大多数情况下难以简单沟通，它需要通过复杂的社交过程才能实现彼此交汇、碰撞，这也依赖高质量的解释性对话，否则那些连学习者自己都无法感知的知识运动过程就极易被打断，造成学习的障碍。

要将解释性的方法真正与我们熟知的分析性方法融会贯通，并在现实的情境中交织，读者会和我一样感知到困难，这些困难显然超越了改变一节课堂的组织方式，或者范围大一点，改变一门课程的组织方式的难度，它引导我们思索，我们是否需要一种更体系化的模式？

我想，答案是肯定的。并且创造这种体系化模式的关键点就在于：**将各种类型的解释性对话贯穿于教学活动中，与人们熟悉的分析性方法融会贯通，促成个体脑力贡献与群体智力激荡的均衡。**如下图所示，我们将充分考虑教学情境中的“分歧”，将这些“分歧”纳入相应的解释性对话中，然后结合分析性方法，从而构造一个分析与解释相融合的教学体系。这也正是构造“为创新而教”的方法论和体系的整体思路。

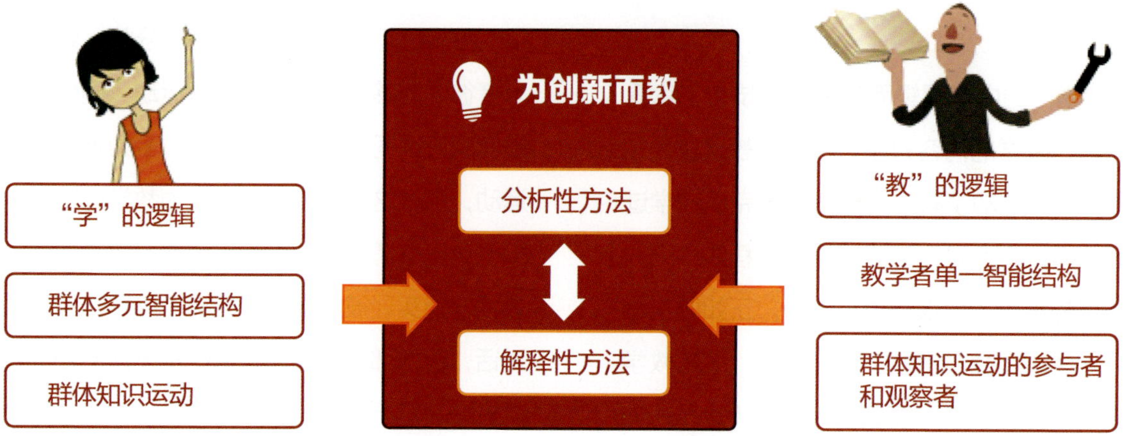

如前所述，总结而言，我们从创新视角下的教学过程开始，明确了“为创新而教”以暗默知识共享核心、以知识运动为基础、以价值创造为导向的三大特征，揭示了分析性方法主导教学活动产生的不良后果，主张将解释性的创新观念引入教学活动，并且提出了以构建解释性对话为核心的方法路线。

接下来，我们将围绕教学的情境，逐步深入到教学的细节中，通过在教学活动的各个环节中强化解释性方法的应用，使其与分析性方法融会贯通，探讨一整套“为创新而教”的机制和方法。

第二章 为创新而教：4S模式

这一章中，我将在上一章裘丽老师教学故事的基础上，引入一些其他教学的案例，这些案例所涉及的课程、情境不尽相同，透过这些不同，从林林总总关于“教”的情境中，我希望用“一沙一世界”的视角，去寻找故事中某些共同的做法。

我把教学过程按照流程的视角进行分解，探寻这些教学案例在流程上的特征，基于这种分解后的视角，我发现激发（Stimulate）、支持（Support），探索（Search），分享（Share）往往就存在于优秀的教学过程中，我将其提炼为“为创新而教”的4S模式。

事实上，4S作为“为创新而教”的流程要件，也是教学过程中丰富而灵动的知识运动的推手，它们刚好与SECI的四个部分融为一体，正好体现了“为创新而教”以知识运动规律为基础的内在逻辑的一致性。

2.1

给予启发的几个故事

十二岁男孩与机器人

美术学院的观摩教学

一个专业的培养计划

为创新而教

十二岁男孩与机器人

朋友杨凯是一个“工科男”父亲，曾在一家全球知名的大公司从事产品研发的工作，这是一段关于他如何将工作中历练的创新精神和方法，结合孩子的兴趣而展开的一段教学过程，下面就是他的叙述。

2016年的寒假比往年长，我们也没有任何旅游出行的计划，这就意味着我12岁的小儿子需要用大量的电子游戏、桌游和阅读来打发他的“无聊”。我不得不思考如何给他有趣的任务，让他远离电子游戏，既动手又动脑。恰逢电影《星球大战之原力崛起》热映，里面的BB8机器人引起了孩子的兴趣，在一来一往的讨价还价中，我们达成了DIY一个BB8机器人的共识。

经过调研，我们对机器人制作逐步形成了规划：BB8圆圆的身体用地球仪，脑袋用圣诞装饰彩球的半球，内部则使用一辆遥控小车提供扭力，用磁铁吸住头部。

真正实施DIY一个BB8机器人的计划其实还是存在困难的，但对我而言，并非需要直接解决问题，而是我需要将孩子的注意力牢牢抓住，希望他能够克服困难，并有所进步。

解决问题的办法总是存在的，但我想这些办法不能仅仅从我的教导中获得，它们应该从孩子的反复尝试和思考中得到。我发现，困难有时候是孩子最好的老师，它们会指引孩子不断学习。

困难一：

地球仪太大，扭力根本不够，转不动，重心也很容易失控，打开地球仪再合起来也很麻烦。

困难二：

春节临近，网购停顿，超出我们制作规划的材料将无法获得供应。

困难三：

头部摩擦力与磁力的矛盾，磁力过大，摩擦力就大，身体就走不动。磁力太小，头部又会经常掉下来。

解决问题

1. 我们把轮子从四个减少到两个，把控制头部运动的舵机从两个减少到一个，把所有的支撑结构都去掉。最后所有的内部结构被整合变小，放进了原来做头部用的装饰球。而头部则简单用泡沫塑料切割涂装。体积重量都变小了，重心，扭力等所有的问题都好解决了。

2. 仅仅使用家里能找的材料，比如坏了的抽屉滑轨的滚珠，圆珠笔弹簧等。

3. 用圆珠笔弹簧支撑头部。

R&D　**Learning by doing**　**杜威五步教学**

创新思维训练　**无所不用的教学方法**　**……**

随着制造BB8的工作不断向前推进，我发现孩子有时会来参与劳动，有时又会去电脑旁待一待，他似乎很难长时间专注于当前的事情，特别是当这件事情被他认为是没有技术含量的时候，他期望我来为他解决问题，但如果他不参与，其实就可能把一些重要的过程当成是无趣的重复而忽略，这意味着一整块关于这一活动的知识、技能和由此可能诞生的灵感会一起消失。

我意识到，我们需要一个故事，需要一个可以将孩子拉回到“专注”状态的故事。所以，为了进一步增加趣味性，我们请孩子的哥哥策划情节，编写了一个故事：

“BB8被困在一个废弃的空间站中，电池即将耗尽，它向地球上的朋友发出了求救的信号……”

此时，看起来我们不仅仅是制作一个机器人，我们在做某种更值得期待和有点宏大气质的事情，孩子们的热情再次燃起。

故事开始编写的时候，孩子们会一直问：然后呢？是的，坦率地说，我也进入一种追寻故事下文的渴望中，似乎所有的人都有操纵BB8命运的动机。孩子们已经主动把这些和网络游戏建立了联系，那么好吧，既然大家都有了设计一个游戏的动机，我们就开始尝试一起制作与BB8相关的3D游戏吧，我乘机将相关的游戏引擎的知识推给他们；后来孩子们又想把整个过程制作成一个视频，我们又一起学习各种软件、工具的使用，整个过程都充满了挑战与乐趣，我感到欣慰的是，孩子的学习热情在不断的挑战中一步一步地提升。

其后，孩子们一再让我把视频放到网络上去，然后让朋友们来点赞。小家伙甚至想好了，视频如果火爆，获得的广告收入可以如何进账，如何花……看来，孩子们的学习还在继续。

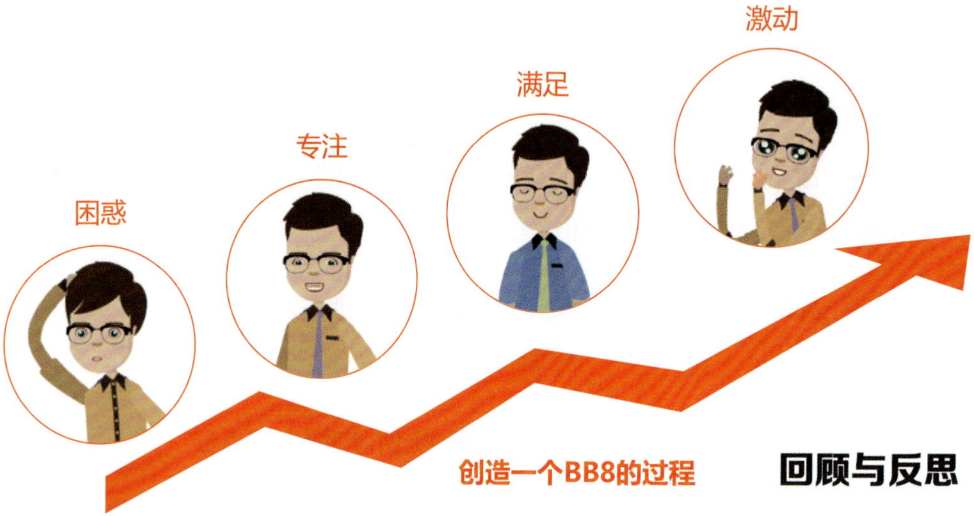

在经历了困惑、专注、满足和激动等复杂的情感后，我满脑子都是克服困难的成就感和陪伴孩子成长的快乐。而孩子呢？我希望，在今后的学习中他们会在某个类似的场景中突然顿悟到这段经历带给他的灵感、知识、技能以及智慧，我们将这段经历视为我们创新之路的起点，希望我们能越走越远。

◇ 美术学院的观摩教学

这个故事来自地处祖国北方的内蒙古师范大学美术学院，在机缘巧合之下，我有幸访问了这所学院，正值冬天，院长领着我无意中进入了一个正在进行的课堂，使我有幸目睹了一个有趣的教学场景：这是一门叫作《商业插画》的课程，教室里通常摆放讲台的位置上，放置了一条长长的课桌，几位老师端坐在课桌一边，而学生们则三五成群地挤在一起，宽阔的教室里堆满了学生的作品……

如果这些还不足以引人注意，那么老师们课桌前摆放的一叠钞票瞬间激起我的好奇，难道这不是课堂吗？难道这是一场交易会？各种念头在我脑海中交织……其后我找到学院的老师，恳请他们给我详细讲讲这个故事，下面就是来自美术学院提供的故事。

美术学院把这种方法称为**“教学观摩法”**，他们给我提供了我看到的课程的详细情况。

课程：商业插画课程　　**教师**：闫老师

教学特色：

- 要求学习者制作商业插画，与商家携手，根据实际需要设置选题，学生通过完成这些选题来展开学习；
- 所有学生及作品都需要参加“观摩会”，并由观摩会评定成绩；
- 观摩会后被选定的方案将直接提供给企业应用，作者将获得企业的设计款作为奖励。

商业插画课程（照片来源于当天课程）

在美术学院，这样的课程并不是个例，例如《原画动画》的课程。

课程：原画动画　　　**教师**：王老师

教学特色：

- 按照出版的要求来引导学生进行原画创作；
- 学生及作品必须参加“观摩会”，由观摩会形成成绩评定；
- 与出版社达成协议，选中的优秀原画作品由商家印刷出版，获得版税。

这些是学生的作品，其中有些已经正式出版了

观摩法已经成为美术学院惯常使用的方法，广泛使用在各个课程之中（后文我还会提到美术学院观摩法的启发意义）。我得以了解了他们关于观摩教学法的组织过程，如图所示：

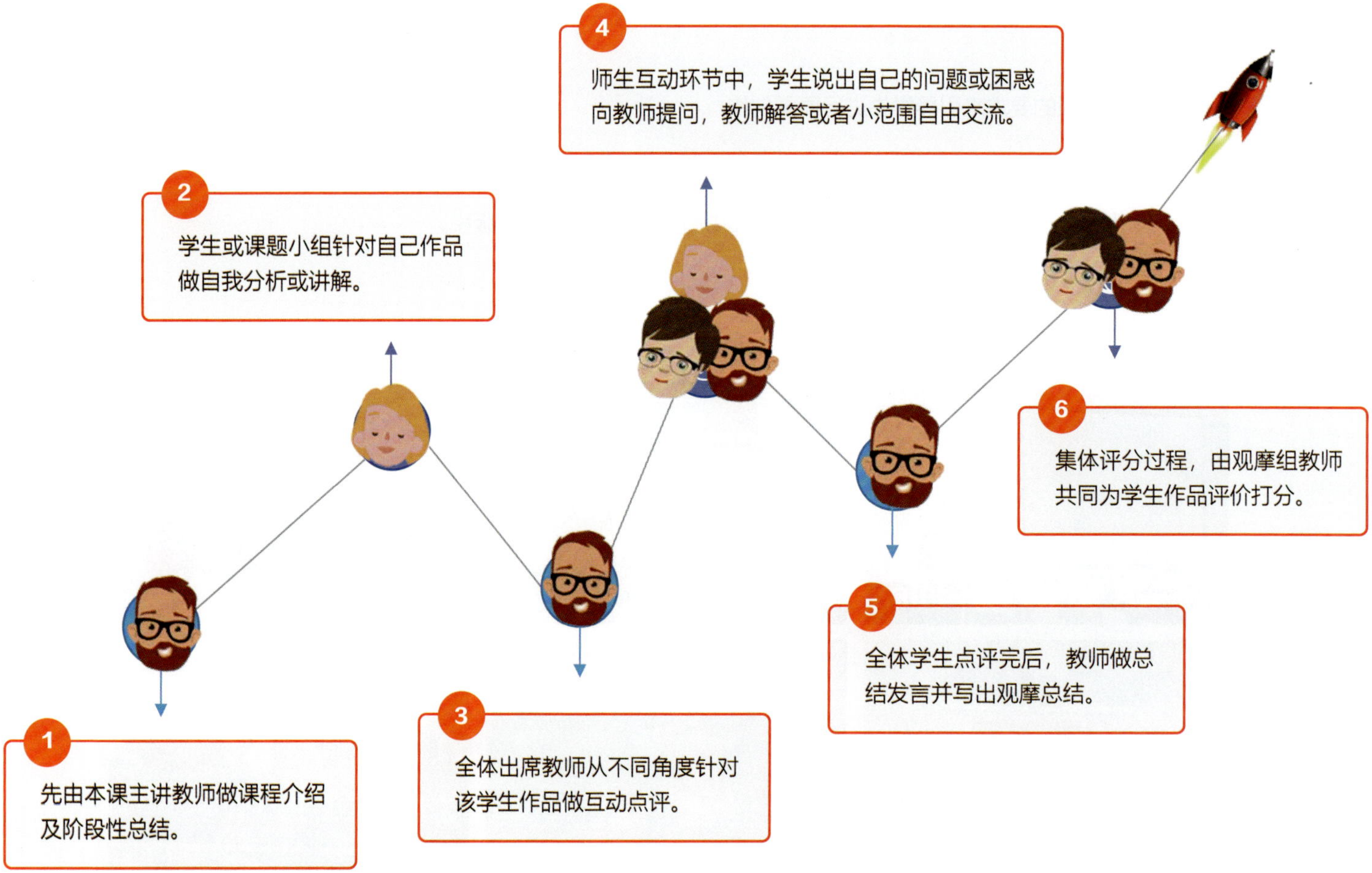
1
先由本课主讲教师做课程介绍及阶段性总结。
2
学生或课题小组针对自己作品做自我分析或讲解。
3
全体出席教师从不同角度针对该学生作品做互动点评。
4
师生互动环节中，学生说出自己的问题或困惑向教师提问，教师解答或者小范围自由交流。
5
全体学生点评完后，教师做总结发言并写出观摩总结。
6
集体评分过程，由观摩组教师共同为学生作品评价打分。

一个专业的培养计划

2000年后，广播电视编导专业成为一个非常热门的办学增长点。在一所大学里，一群教师开始了探索和努力，他们从零开始创办了广播电视编导专业，2001年该专业招收了第一届专科生，2002年，该专业招收了第一届本科生。下面是一位参与其中的教师给我讲述的故事，他参与了最初的人才培养方案的制定工作，同时也成为第一届本科生的班主任。

在当时，高校的广播电视编导专业刚刚开始办学，而广播电影电视行业也还颇为神秘，大多数学生和家长都不清楚这个专业要学些什么、毕业后去做些什么。

该专业的第一届本科生招收的全部是理科生，而且是在扩招的背景下调剂专业志愿而进入的理科生。这些理科生早已习惯了数学、物理、化学等课程，对“文科”课程学习他们的印象就是：“死记硬背”，他们中有些甚至对文学、文艺没有丝毫的兴趣，连“文艺青年”都算不上。这就是说，多数学生不但对这个专业没有兴趣，甚至连培养兴趣都缺乏良好基础。

为什么我不是文艺青年？

按照专业招生审批程序，我们需要首先设计广播电视编导专业的人才培养方案。为此，我们参考了多所同类院校的培养方案，并进行反复讨论。出于对新专业建设的热情，以及团队共同的愿望和追求，我们力求对人才培养计划的论证过程足够严谨。

整个培养方案主要由基本理论、基础知识课程和一些分科目实验实训课程构成。

像那时的多数人才培养方案一样，学生要到大学四年级的第二学期才进入专业实习和毕业设计环节。

学生入学后，教学工作也就根据培养方案按部就班展开了。像所有新生事物一样，深思熟虑的计划在执行的过程中也会暴露问题，随着教学计划的执行，教师们慢慢发现一些问题，大家开始在课余时间交换看法，改变计划中不合理部分的压力正在教师中逐步形成。而作为班主任的我，面向学生同时承担着专业教学和思想引导的两方面工作，感受到的压力还是最大的。

学生们
的思考
我们将会走向
什么样的工作岗位?
我们该做
哪些努力?
现在的课程
有用吗?

困惑

教师们
的思考
毕业生可能会在工作
岗位上面临什么样的困难?
专业教学应该培养学生
哪些方面的知识和能力?
我该怎么教?
教什么?

培养方案的主要问题在于学生实践课程少，而且安排不合理，缺乏“干中学”的学习机制。许多课程仅仅完成了课堂讲授，却没有实际应用，学生要到大学四年级的毕业实习和毕业设计时才会得到动手尝试的机会。

美术专业的学生不能只画一幅画就毕业，而执业医生之间比的是手术经验，飞行员讲究飞行过多少小时，那么编导专业的学生呢？作为将来要去电视台或类似机构工作的编导专业的学生，却只有一次综合实践训练的过程，学生得到的专业训练够用吗？

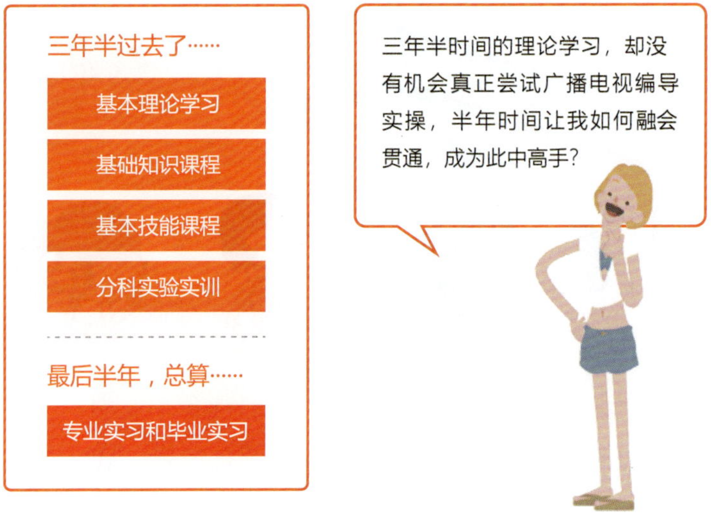

鉴于专业培养的大部分课程中“知”与“行”都处于分离的状态，第二学期开学后不久，班主任向专业负责人和学院领导提出了修订人才培养方案的建议。适逢我校一次重大的教学改革：缩短暑假和秋季学期的教学周数，节省出来4周的时间专门用于加强实践教学，构成一个“小学期”。

就此，编导专业的教师们对培养计划进行了修改，要点在于：

- 为学生安排了三次小学期实践创作：自由创作，纪实节目制作，广告和文艺节目制作。
- 自由创作是提供给学生的一次尝试、摸索，甚至做着玩玩的体验过程，而后则进入更加专业的纪实节目、广告和文艺节目制作训练。

- 全部课程以小学期实践创作为主线配合安排，也就是说，不是让小学期的课程去配合理论课程，而是理论课程以小学期的作品创作为导向，为之服务。
- 加上原有的毕业设计，学生就形成了4年不间断的创作学习体系。

改进：设置小学期

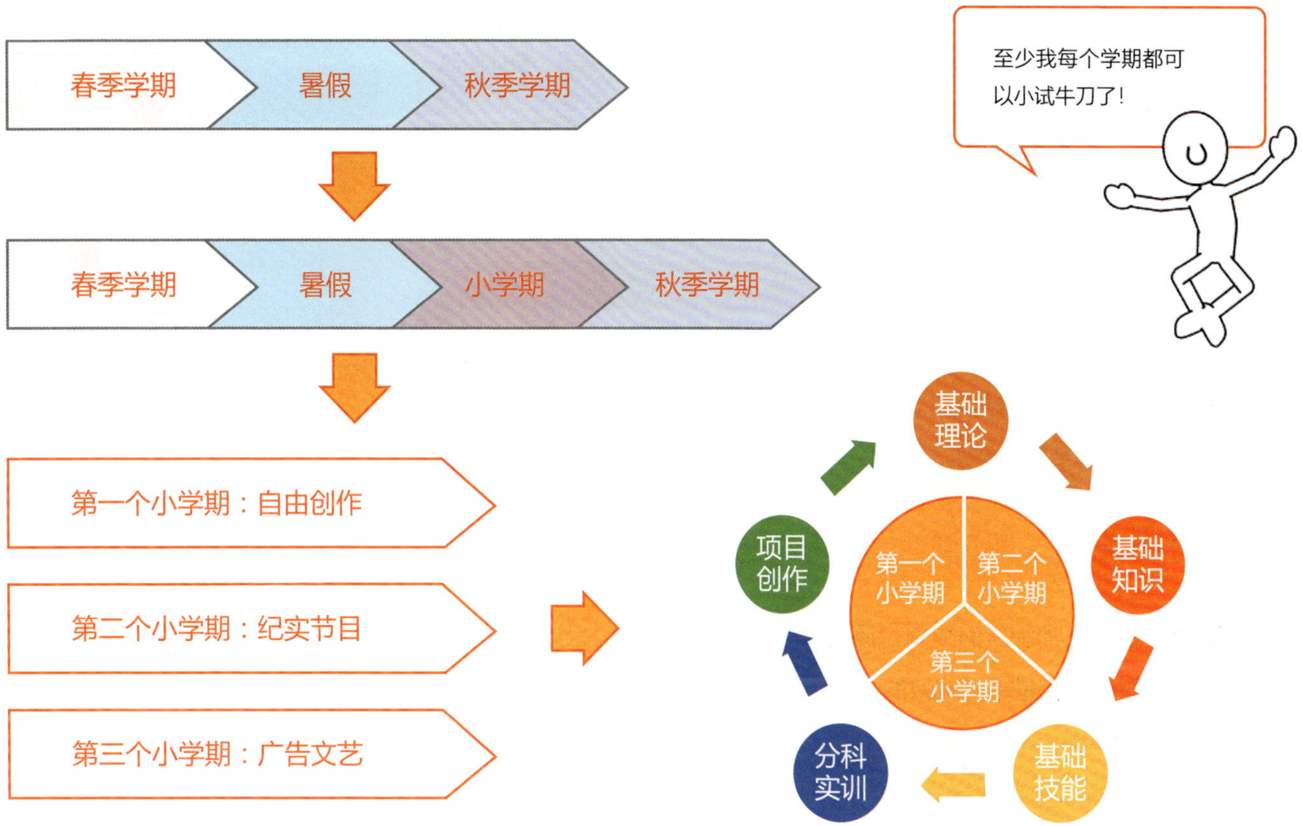

为了确保新的教学计划能够得到贯彻执行，我们制定了一套规则，用以规范师生的教学活动，这些规则包括：

表格化过程管理：

用一系列表格来引导教学过程的开展，同时也完成对教学过程的记录，例如：《学生分工任务表》明确了文稿负责人，摄像负责人，编辑制作负责人的角色和任务。《教师指导记录表》分文案、摄像、后期编辑、整体修改四个环节，教师至少在这四个环节中提供指导。

学习小组模式：

学生结组完成实践创作，教师在主要环节提供指导，以作品汇报环节结束小学期。

考核模式：

学生成绩评定办法由小组作品成绩（60%）、小组内部评定（20%）、指导教师的指导情况（20%）三个部分构成。

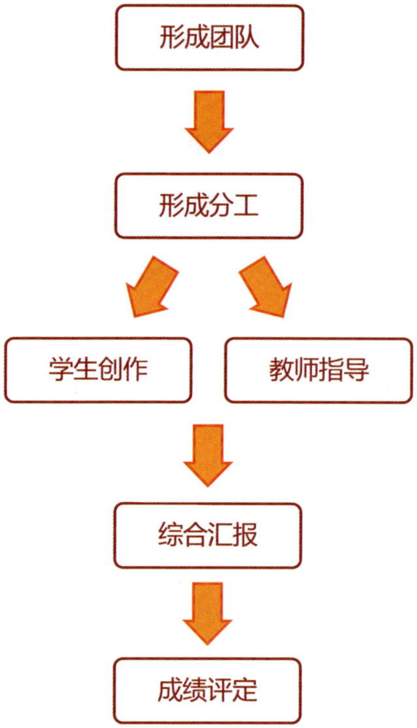

说不清这是个教师创新的故事，还是教师提供条件、学生创新实践的故事。多年以后回头来看，我还是可以提供一些证据，证明当时的改变是卓有成效的：

师生的投入：第一个小学期的一个月时间，包括周六周日；师生，特别是学生，除了扛着摄像机到处跑，几乎每天泡在编辑机房里。

产出：第一个本科班学生（38人）拿出了 7 个 5分钟至8分钟的电视节目。有公益广告，节奏分明，主题明确；有音乐电视，宣泄青春的困惑；有电视散文，探索光影的韵味，传达朦胧的感情探索；有实践纪实，传达打工经历中的困惑和思考；甚至还有一个小“武侠片”……

体验：学生玩得很嗨！尽管只是一个学习任务，摄像机甚至不够每组一台，教师指导也还没有经验，作品也只是本班的同学看看而已。此后，学生不再追问毕业后干什么，不再追问课余时间学什么，有学生自己购买电脑，自主学习课程体系之外的各种技术。

回忆：毕业十年，当提及这次创作时，大家仍记忆犹新。

体验学习的感觉

2.2

教学流程再造

加上裘丽老师的故事，我所述及的四个故事从形式上看，它们所涉及的教学过程各具特色，完全不同，但都凸显了鲜明特色：

- 解释性对话引入教学过程。虽然看起来制作BB8机器人是一个分析性的创新目标，但其过程是由杨凯与孩子之间的解释性对话来实现，并没有预设严格的程序；编导专业的师生也放弃了知识列表式的分析性框架；美术学院的观摩过程是典型的解释过程（后文详述）；裘丽老师的案例就不再赘述了。

- 把创新价值置于学习的中心地位。四个案例都是以作品为导向的，也就是说以一定形态的价值实现为目标，当然这种价值越与社会对接，就越会显得真实。

“创新”成为教学的核心

在编导专业的培养方案改变后，课堂教学围绕作品创作展开，学习者摆脱了作业的重复枯燥，在不断尝试创新的过程巩固旧知，学习新知。
一个教师从困惑与挣扎出发，改变教学方式，寻找教与学的本质，以建构主义的思想充实了自己的课程体系，也让学生在学习的道路上有了主动设计的风景。
为创新而教
为创新而学
在十二岁孩子与机器人的故事中，没有预设关于机械、力学、程序设计、游戏制作、视频制作的任何学习课程，但通过“制作一个BB8”的创新活动来驱动就完成了相关内容的学习，同时还完整体验了创新的过程。
在美术学院中，课堂的目标不再是空洞的关于创作的准则和技能，课堂成为为完成作品而进行的“供给”环节，教师只是提供知识、情感的供给，以滋养学生的创作过程。学习者将这些知识和技能融会贯通，以作品为载体呈现学习的成果。

接下来，我希望使用流程分析的方法，进一步在这些案例的共性之中发现程序性的规律。

流程是一个或一系列连续有规律的行动，这些行动以确定的方式发生或执行，促使特定结果的实现。从流程视角改进业务的思想在工商管理领域取得巨大成效，特别是美国人Michael Hammer（迈克尔·哈默）提出的业务流程重组（Business Process Reengineering，BPR）概念，在20世纪90年代成为一种重要的管理思想。BPR主张对企业流程进行分析，在此基础上彻底重新设计流程，以获取在关键绩效指标上的重大改变[1]。

我当然不会对重新设计不同情境下的标准教学流程充满野心，因为最优的流程高度依赖于情境，对于教学而言，流程的选择与学习者的情况、学习环境、学习的目的等都高度相关。我只是想，如果说我们现在已经从创新的视角重新理解了教与学的过程，那么，再一次从细致的流程角度来分析我们提到的案例，或许能帮助我们找到解释性与分析性相融合视角下某种教与学的新模式，并且将这种新模式的事理逻辑更清晰地展现出来。

注解

【1】 Michael Hammer，“Reengineering Work: Don’t Automate, Obliterate”, Harvard Business Review, July-August 1990, pp.104-112.

流程分析

在这里，我并非想要精确得到某种优化的流程，只是想在教与学的活动序列中发现某种模式，所以，采用极简的流程图来帮助分析。

矩形表示某种流程，也就是我们能够从教与学的整个过程中明显识别的某种活动或者环节，例如图中“要求一个BB8”表示的是一个完整的活动，这一活动有着明显的“主导者”，在这里用圆圈来表示相关的主导者及参与者，在图中“要求一个BB8”的主导者是“孩子”，而图中的箭线则大致表示流程与人员之间的关联以及流程之间的先后关联。

十二岁男孩制作机器人的流程分析

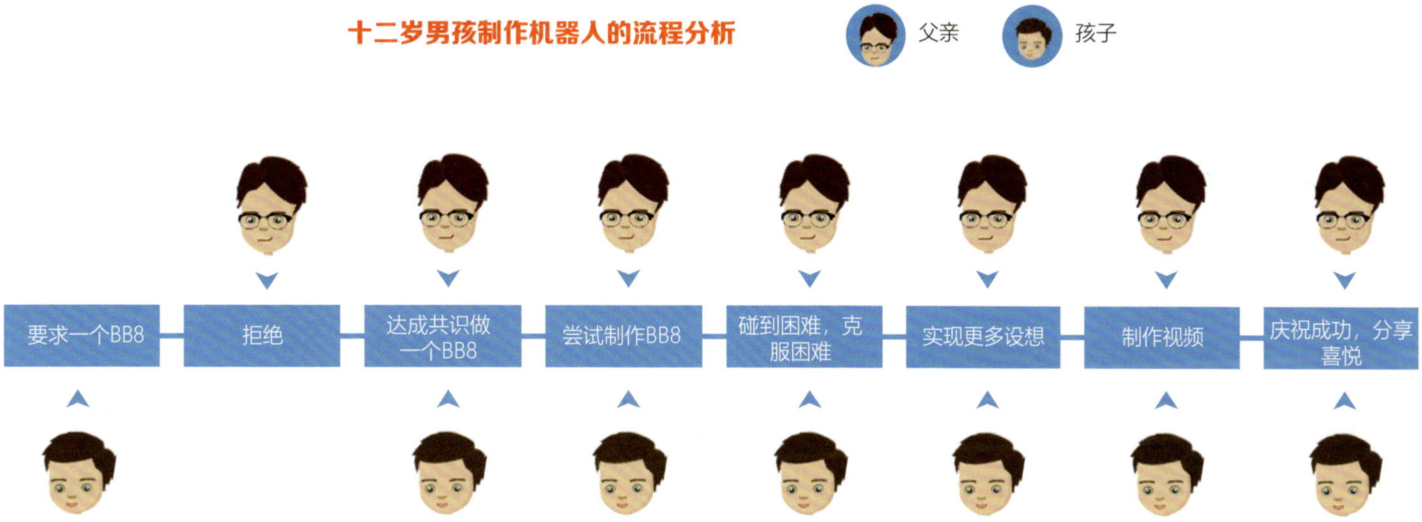

上图就是我们分解的十二岁男孩和他的父亲一起制作BB8机器人的流程，它大体还原了制作BB8机器人的时序过程，如果以“制作”作为核心视角，这一长串流程在时序上可以划分为制作前流程，制作流程和制作后的流程三个部分。下图中我用不同的颜色将这三个部分标注出来。

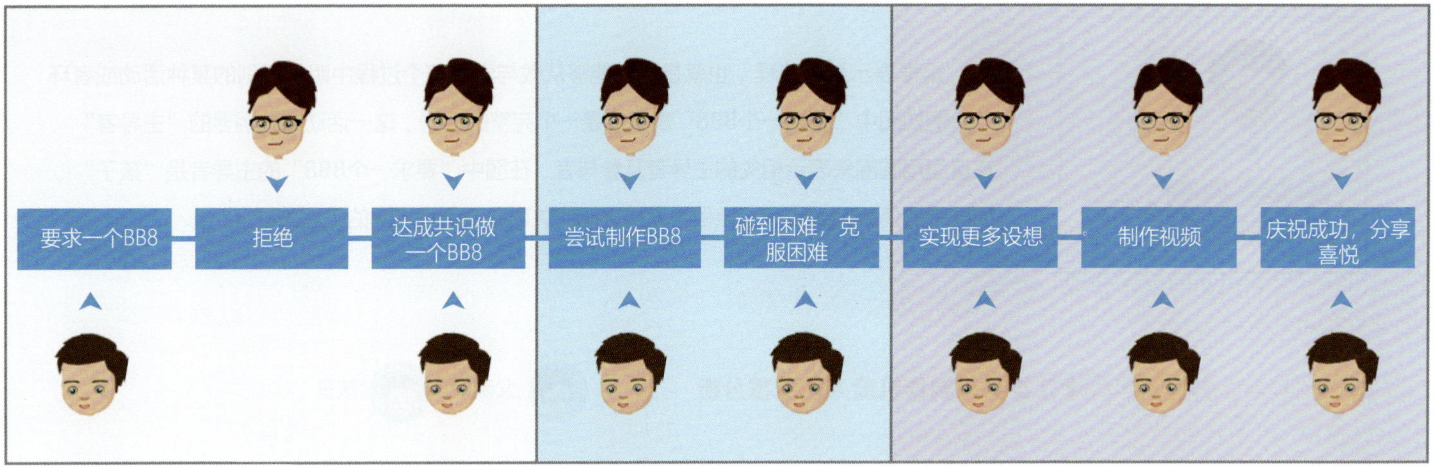

不同颜色标注的制作前流程，制作流程和制作后的流程仅仅表示了一种时序关系，对于教与学而言，在这种时序背后的逻辑是什么呢？我发现，制作前的“要求”与“拒绝”，到“达成共识”实际上完成了学习动机的形成；而制作中是一个“尝试”“碰到困难”“克服困难”，到“更多”的循环递进过程，是一种边创作边学习的过程；而制作后的流程则是一种分享和收获的过程。我将这三个流程组提炼出来，看看在其他的案例中是否能够找到这种模式的踪影。

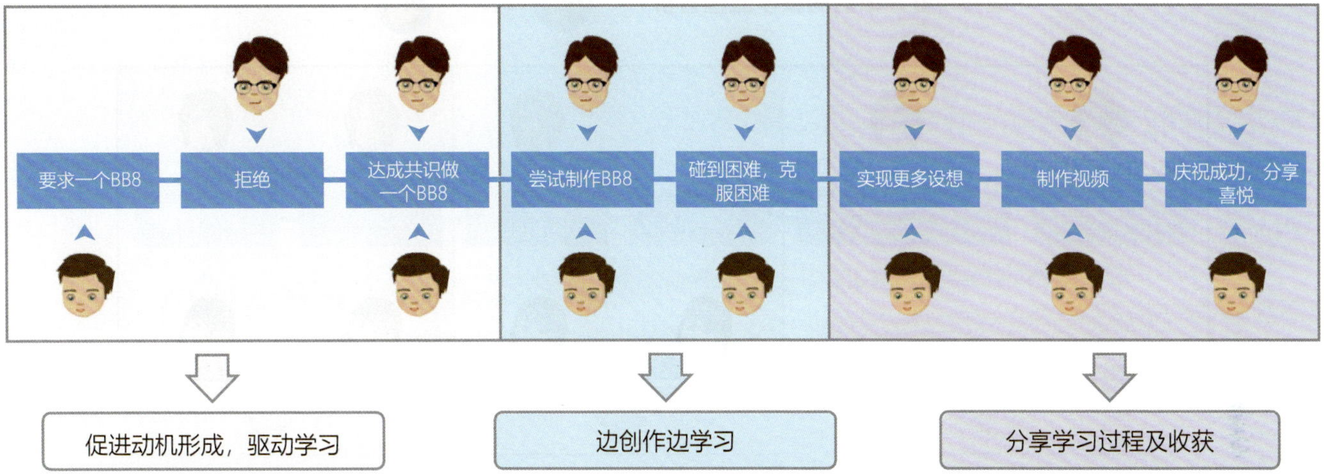
要求一个BB8
拒绝
达成共识做一个BB8
尝试制作BB8
碰到困难，克服困难
实现更多设想
制作视频
庆祝成功，分享喜悦
促进动机形成，驱动学习
边创作边学习
分享学习过程及收获

美术学院观摩教学的流程分析

老师 学生

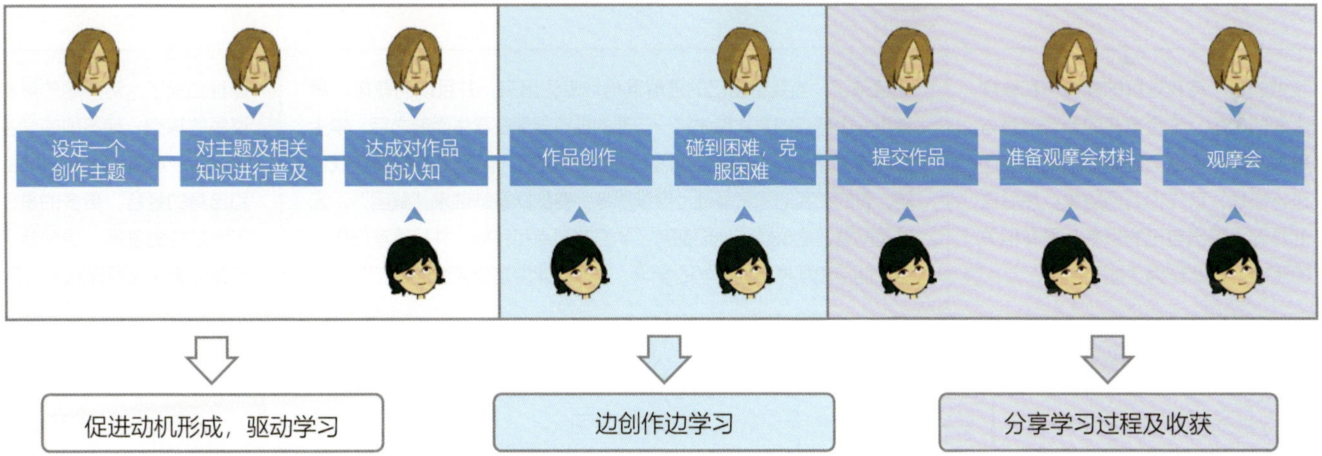
设定一个创作主题
对主题及相关知识进行普及
达成对作品的认知
作品创作
碰到困难，克服困难
提交作品
准备观摩会材料
观摩会
促进动机形成，驱动学习
边创作边学习
分享学习过程及收获

编导专业改革后的教学流程分析

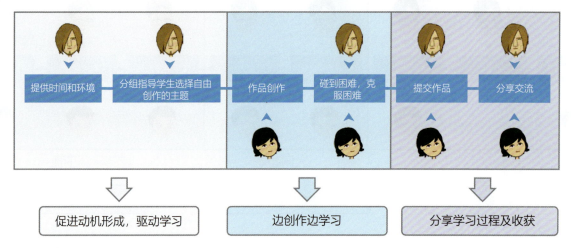

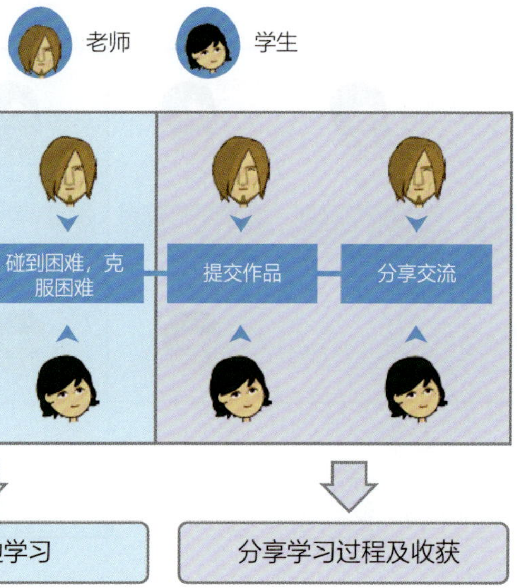

尽管在细节上它们差异迥然，读者还是可以轻易从这些流程图上发现共性。再回到上一章关于破茧而出的教师的案例，我将重新引述那位教师的表述，流程组所昭示的某种教与学的模式看上去会更加显而易见。

我做的是：将我理解的教科书和教学大纲的内容，结合更多的参考书籍与联系实际，用自己理解的结构与表述进行梳理，首先得到问题集，然后在此基础上提出自己的思考，再有相关的困惑，以此作为“抛砖引玉”。	课堂来了，当我将自己的理解准确地表达出来，并且以问题树—思考集—困惑点的方式首先将一门课的纵览展现在学生面前之后，学生们好像掉进了一个难以自拔的“求知情境”，他们有的继续寻找问题，有的在我的思考基础上继续思考，有的跃跃欲试来“解困”，无论是问题还是议题，他们都有了学习的起点和目标，并且愿意协作，愿意期待和观摩其他同学的学习，这样的课堂是令人激动的。	课程结束了，对问题的解答和对议题的探究，使不同的学生，畅所欲言，不拘泥于教科书的概念和自身的经验，更多的是，交出了阶段性的答案，更激起了更多问题或更深议题探究的兴趣。
⇩ 促进动机形成，驱动学习	⇩ 边创作边学习	⇩ 分享学习过程及收获

“为创新而教”的构成要件

更为简单地归纳，或许“促进行动”“行动”“分享”是案例中教与学过程中共有的元素，随着思考的深入，我发现“行动”并不是一个单纯的构成要件，它包含了教学者的支持和学习者自我或团队的探索。图中没有明确标注的是教学者的支持活动，例如，在机器人制作的案例中，爸爸不断输出资源以支持这一制作过程；美术学院更是提供了学习的场所、可临摹学习的作品、教师团队的专业建议等作为支持；编导专业还巧妙地把时间作为了一种有趣的支持性资源（小学期）。

“教学者的支持”和“学习者的探索”这两类流程无论在发生的时序上，还是在发生的空间场景上都是如此关系紧密，如果我们坚持不再将流程图画得更细致（这将使得我们无法将它们清晰地在图中单独标注出来），似乎它们难以分离，但实际上，“支持”和“探索”在主导者和活动内容上都是如此的不同，我想它们还是应当独立地被识别成为“为创新而教”模式构成要件中的两个部分更好一些。

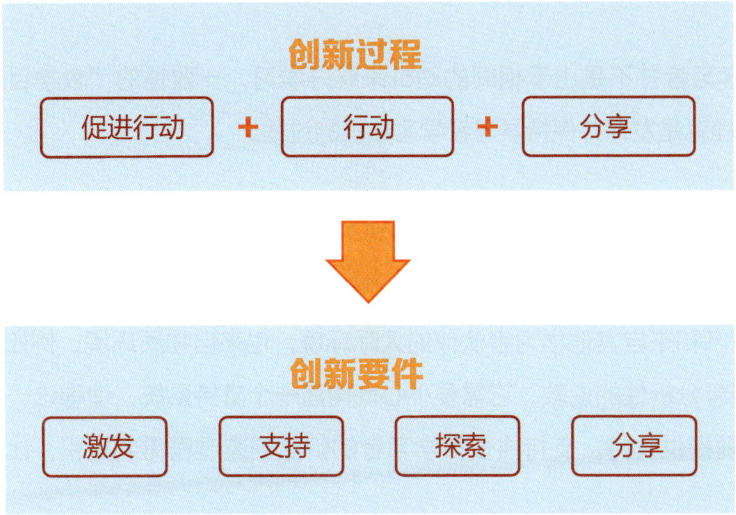

进一步从案例中总结，并结合其他我们接触到的教学故事，我们将流程分析中涉及的四个要件进一步提炼，将其归纳为如下四个部分，恰巧这些部分的英文起始字母都是S，所以下文在指代这一“为创新而教”的方法时，我们就称其为“4S模式”了：激发（Stimulate）、支持（Support）、探索（Search）、分享（Share）。

Stimulate
+
Support
+
Search
+
Share
=
4S

在4S的推动之下，教学与创新将充分地融合为一体。激发让学习者产生价值创造的动机，而支持和探索则促成学习者完成价值的创造，分享则推动价值在人群中获得认可，4S也推动教学与以创新为导向的知识社群的演化融为一体。激发让参与者乐于融入知识社群，为社群演化提供动力；支持将增强社群黏性；探索则为社群演化提供方向，增强参与者的使命感和成就感；分享则为社群的可持续演化提供机遇。

4S-Stimulate（激发）

“为创新而教”视学习者为创新的主体和核心，由于学习者并不是出于相同的动机来展开学习，一致性的“教学目标”不能取代学习者自己设定的“学习目标”，而激发的过程就是发现并保持学习者学习动机的过程。

4S-Support（支持）

学习者应当得到全方位的支持，这些支持既包括来自教师和来自其他学习者伙伴的人际环境，也来自物质环境，例如书本、教室等。对教师而言，“为创新而教”的支持不同于纯粹分析性的说教，它需要小心地构建一个支持系统，使得这一系统能够与学习者认知发展的过程融为一体，按学习者的需要提供支持。支持将使得学习者的价值创造过程得到指引，让学习者不会轻易放弃对价值的追求。

4S-Search（探索）

学习者在接触新知的时候都必须面对一种自己从来没有面临的新情境，为这些情境下的问题寻找解决方案的过程或者创造新生事物的过程就是探索。在这一过程中，无论学习者的想法多么不可靠，他们也要尽可能去证明，甚至去实现这些想法，尽管这种探索的结果可能是令人沮丧的，但追寻解决问题的过程依然是难能可贵的创新行为。

从教学者的角度看，探索应当被视作一个重要的教学环节，不能因为司空见惯的错误（学习者的想法对于教师有时就是如此）就跳跃这一环节，急切给予答案。特别是，探索的过程往往涉及学习者群体的互动，这种互动是一种协同创新的过程，它需要教学者站在更高的角度进行组织和协调，促进群体中以作品为导向的解释性对话的开展。

4S-Share（分享）

在分子生物学的研究中，人们可能会设想科学家在实验室孤独地进行研究，他们弯着腰对着显微镜，突然有了一个关键的发现。但Dunbar的研究发现：上述顿悟并不轻易出现，相反，大部分科学研究的重大发现都出现在实验室里的科研讨论会上[1]，实际上，“分享”是一个促进创新的重要环节。

正因为如此，“为创新而教”将分享视为一个重要的教学要件，分享是学习者之间将不同探索经验融汇的过程，同时也是学习者价值的确认过程。

注解

【1】 摘引自《伟大创意的诞生：创新自然史》（史蒂文·约翰逊著，盛杨燕译，浙江人民出版社，2014年12月）第58页。

2.3

4S中的知识运动

4S知识运动图解

接下来，我想透过4S作为推动学习者、教学者价值创造的实体活动，进一步探讨4S活动中的知识运动规律，第七章会述及4S之间可能组合而构成复杂的连接结构，这里为了说明方便，我们先依照激发、支持、探索和分享的顺序来看。

- **激发**：学习者的知识与当前需要学习的新知识形成碰撞，从而激起学习者的学习兴趣，产生学习的动力。
- **支持**：通过人际环境和物化环境的构造，为学习者提供支持性的网络。
- **探索**：以作品为新知识组合的载体，学习者创作作品的过程是个体知识与群体知识融会贯通的过程。
- **分享**：学习者将作品尽可能地展现给其他人，借此达成暗默知识在群体中的共享，推动新的知识运动。

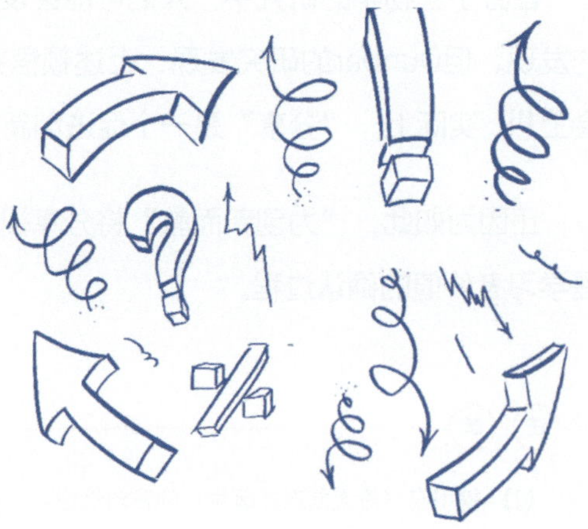

将上述过程图解如下：

- 用带有字母的卡片表示支持网络中各种知识模块，这些知识模块像卡片一样，彼此之间并无显然的联系。

- 在激发过程中，学习者的暗默知识与支持网络相融合，会形成对领域知识的新理解，图中用箭头连接的方块来表示。相互连接的知识卡片表示某种体系化的理解或认知。

- 探索过程是对知识的整合，形成特定的作品。图中用知识卡片的重构重连来表示。

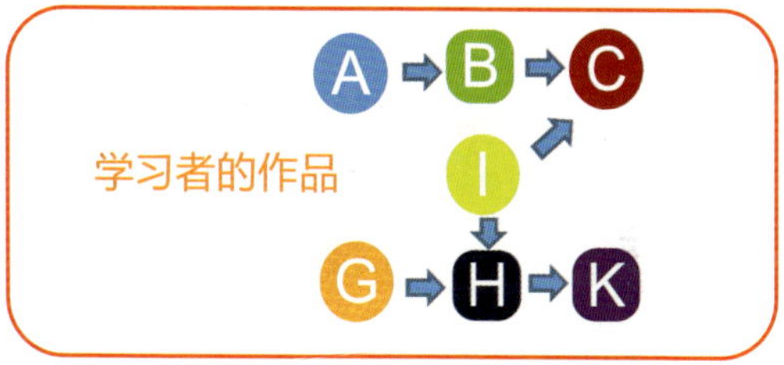

- 分享则将探索形成的整合的产物再次投入到支持网络中，进一步丰富支持网络，为新的教学过程或其他学习者提供准备。

4S知识运动图

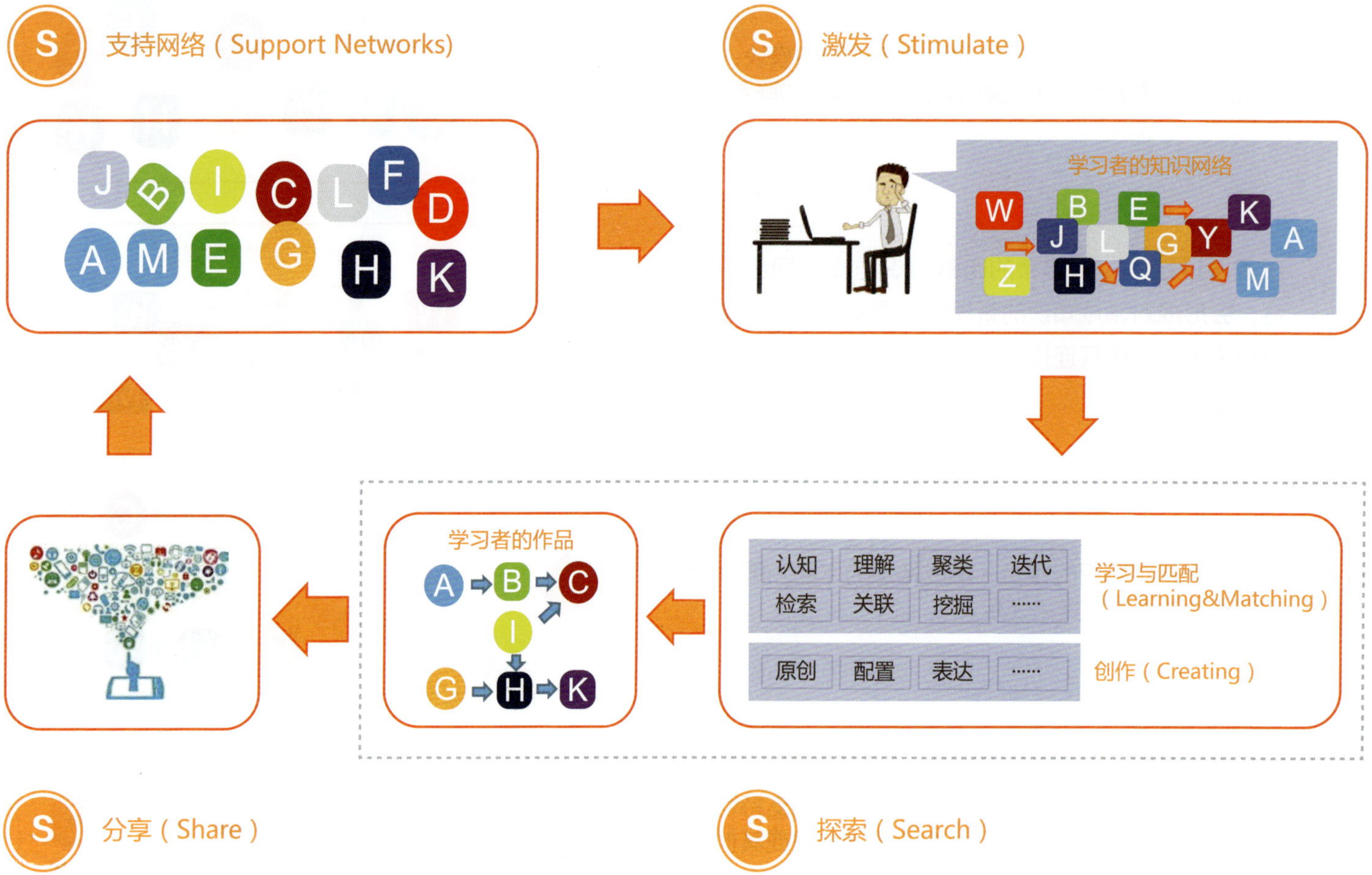
S 支持网络（Support Networks)
S 激发（Stimulate）
学习者的知识网络
学习者的作品
认知 理解 聚类 迭代
检索 关联 挖掘 ……
学习与匹配
（Learning&Matching）
原创 配置 表达 ……
创作（Creating）
S 分享（Share）
S 探索（Search）

4S与SECI

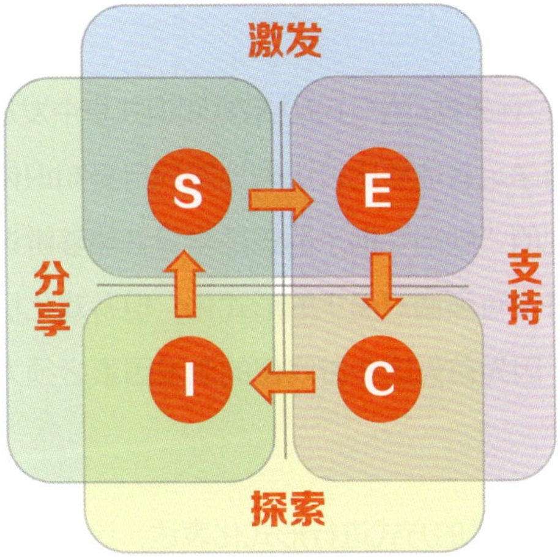

更进一步，从SECI模型的视角看4S，“激发”在共同化与形式化之间、“支持”在知识形式化与组合化之间、“探索”在知识组合化与内在化之间、“分享”在知识内在化与共同化之间搭建了桥梁，对于教学过程中的知识运动具有支持作用，充分体现了“为创新而教”以暗默知识共享为重点，以促进知识运动为手段的特点。

在企业或者其他类型的组织中，受到类似开发新产品这样目标的驱动，知识的螺旋运动能够持续获得推动，也就是说，追求价值实现能够成为企业知识螺旋运动的驱动力。由于教学过程作为“前价值创造体”的特征，这种驱动力在教学的情境中会弱化许多，形象地说，除了用价值驱动学习者在形式化、组合化、内在化和共同化四个象限内的活动，还可以在这四个象限交界的地方再施以推动。举例而言，设想一群学习者在课堂听讲的时候，根据自己的理解记笔记，这相当于学习者根据自己的理解对知识进行了形式化，如果没有特定的活动安排，这些笔记不会正式成为某种供群体学习的文档，它也就不会成为组合化过程涉及的群体知识，其后也会从群体性知识运动的视野中脱离。因此，在“支持”中我们把学习者也视为“知识源”，推动群体性的知识可视化，使得这些笔记作为上一阶段知识运动的成果带入下一阶段。

激发与SECI

从知识运动的角度看，激发的主要定位在于推动学习者从暗默知识共享中发现分歧，并努力将这种分歧表达为形式知识。这使得学习者能够比较明确地发现自身知识体系的“缺陷”，这种并不通过某种尺度比较而呈现的“缺陷”指示的正是学习者能够辨识的学习需求。后文提到的“游戏化”激发，虽然并没有强调对需求的形式化，但游戏化机制的设置依然不失为一种形式化知识的表达方式，因为首先这些游戏化的激发因素必须为学习者所显性地理解和认可，才能完成激发。

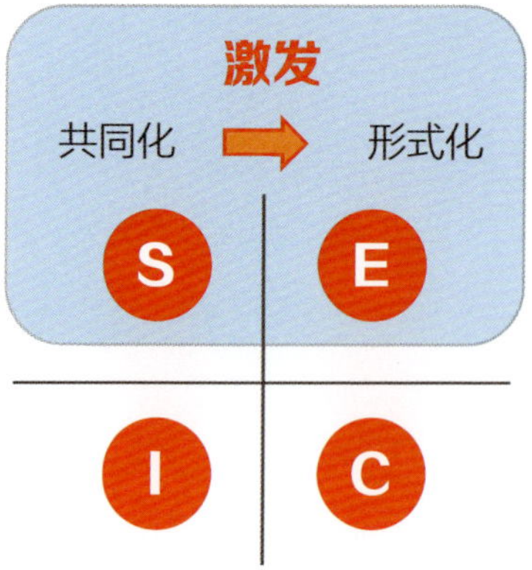

在裘丽老师的故事中，学习者被要求以问题的方式进行形式化表达，这些形式化表达的问题就成为激发学习者进一步前进的“引力”因素，很显然，这一过程不是通过由教师强化的某种目标来实现的，它需要将共同化和形式化打通，推动SECI螺旋。

支持与SECI

在群体中，虽然教学者为教学过程所做的一切努力都可以在一定程度上被视为是对学习者的支持，但从知识运动的角度来看，教学者能够对学习者产生直接影响的主要就在形式知识活动的部分，也就是说教学者的支持主要作用于学习者知识的形式化和组合化。

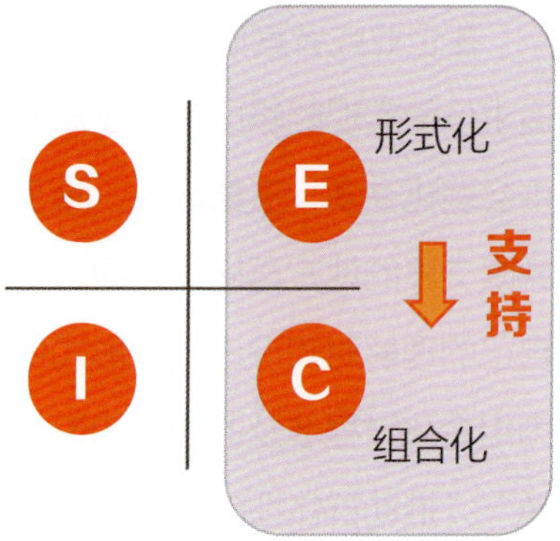

并且，教学者的支持并不要求学习者按照完全相同的模式来完成知识形式化和组合化，学习者可以按照自己的方式对知识进行形式化和组合化，也就是说支持活动也应当立足于学习者的分歧。

探索与SECI

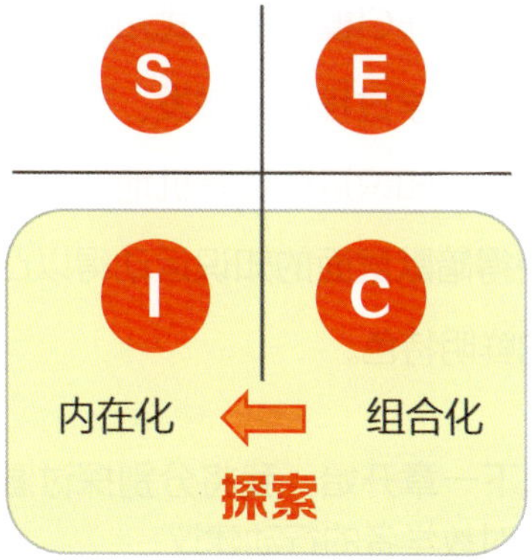

探索活动在SECI知识运动过程中主要的作用区域是知识的组合化和内在化，在群体中，探索活动基于群体中学习者知识的组合化，探索通过设置一定的作品导向的创作活动，用“干中学”的方式，推动学习者知识的内在化。

分享与SECI

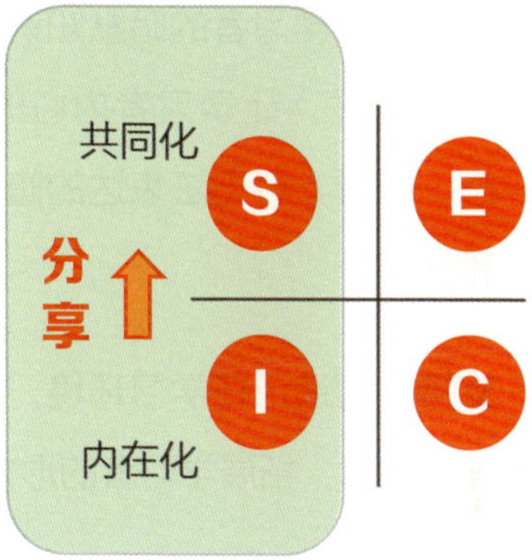

分享活动在SECI知识运动主要的作用区域是内在化和共同化，4S模式所说的分享强调暗默知识的共享，而不是共享以资料或者文献为表现形式的某些众所周知的东西，因此，分享必须是基于某种内化于心的暗默知识，其目的是使得这些暗默知识能够以特定的形式促进学习者更进一步的学习，也就是说，推动SECI螺旋。

综上而言，SECI模型中包含了形式化、组合化、内在化和共同化四个类型的动作，然而，在教学过程中，群体中这四类活动并不会系统性地自动螺旋式发生，这种知识的螺旋运动需要更多的外部推动力。4S要件恰恰与SECI的四类活动完整衔接起来，有效地支持了教学过程中的知识运动。

另外，SECI模型中形式知识与暗默知识处于相互转化、螺旋运动之中，在教学过程中，激发、支持、探索和分享四个要件将形式知识运动和暗默知识运动更有机地结合在一起，通过4S程序上的相互嵌套，使得暗默层面的知识运动得以凸显，成为“为创新而教”方法和体系的鲜明特色。

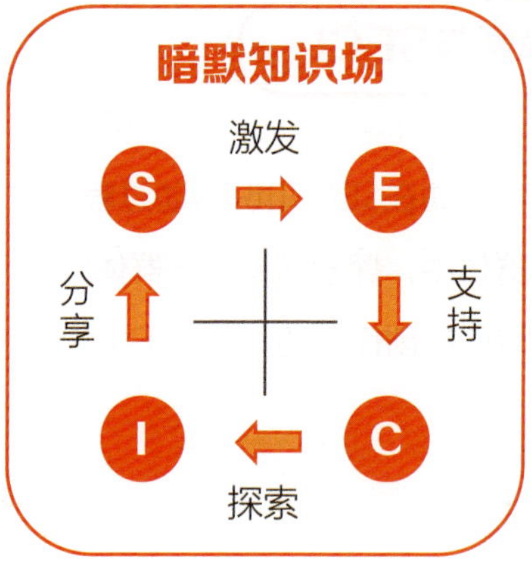

从下一章开始，我将分别探讨激发、支持、探索和分享要件的定位和针对教学者的行动建议：

- **激发**：以学习者的暗默知识为出发点，通过问题激发和游戏化的方式，让学习者内心的驱动力转化成为形式知识的形态，同时，将无法表达的暗默需求转化为形式化的学习目标和计划。
- **支持**：营造泛在学习环境，通过解释性支持，特别是知识可视化技术，拓展学习者的形式知识空间和组合多样性。
- **探索**：推动群体知识协作，以作品为导向推动形式知识内化，对于学习者而言，知识由“明”转“暗”，内化为私有的暗默知识。
- **分享**：通过体验分享与解释性评价，促进暗默知识空间的扩展，激发新的学习与创新。

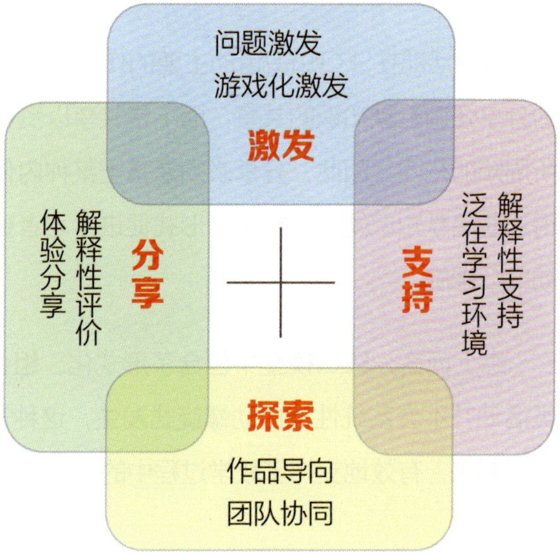

第三章
激发：Stimulate

有这样一款用途令人啼笑皆非的贴纸，它可以贴在眼镜上，这样在上课的时候就可以安静地睡觉而不被教学者发现了，据说这样的产品在大学校园里还小有流行。事实上，我看到缺乏动力的学习情境比比皆是，不少中小学生正抱怨学习成为无趣的沉重压力与负担，许多大学生则正为了60分而奋斗。

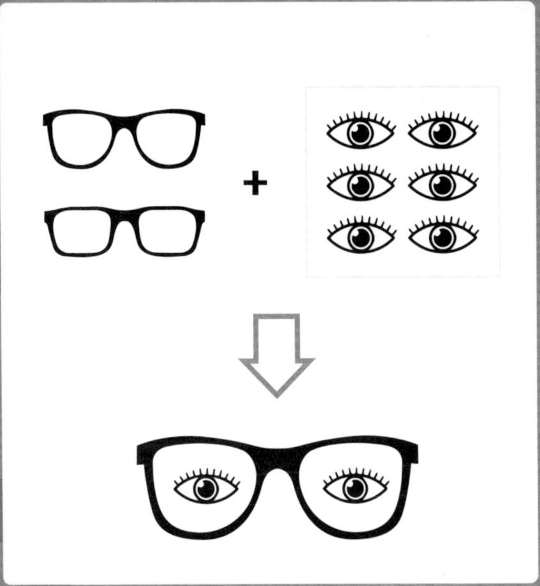

因为学习者缺乏动机而给教学者带来的伤害也是直接和残酷的，有一次，一门课程开始的第一堂课就有许多同学没有到课，他们有的沉迷于网络游戏，有的宁愿睡觉也不愿到课，有的还帮助没有到课的同学签到，因为是第一堂课，我很快意识到，并不是他们不喜欢我，而是他们根本不在乎我说什么，总之，他们不喜欢这个课程。在一个课堂快结束的时候，当被问及对于所学还有什么疑问时，有同学的回答竟然是：“我没有什么问题了？不过，您都说了什么？”

如果大学课堂真的如此无趣，那么为什么要去上课呢？作为大学教师，我真希望免除学习者这种上课的义务。毕竟每个教学过程都是由一个个鲜活的生命，一个个独立思考的灵魂，一次次面对面的交互来完成的，让不真诚的敷衍氛围笼罩教学过程，无论对教学者还是学习者都是令人悲伤的。因此，如果不能在学习动机上找到突破，所有关于“教学”的假设几乎都是错误的！也就是说教学过程中如果缺失了基本的驱动力，那么不管教学者能将内容阐释得如何精美，都已经失败了。

激发是使得学习和创新过程能够持续进行的驱动机制，要达成在学习的每个阶段为学习者提供符合其内在心理动机的学习驱动力，而且不仅仅要激励学习者的学习行动，更要促发他们的创新行动。

在本章中，围绕“为创新而教”，我们探讨的问题包括：

- 为什么教学过程需要“激发”？
- 对激发的目标如何管理？
- 如何用“问题”激发？
- 如何用“游戏”激发？

3.1

为什么学习者需要激发

教学过程的最终受益者是学习者，那么为什么学习者还需要额外的激励才会乐于参与教学的过程呢？我想从以下三点来探究其中的原因：

- 价值与情感的认同
- 学习与创新相融合的需求
- 抗衡动机的不稳定性

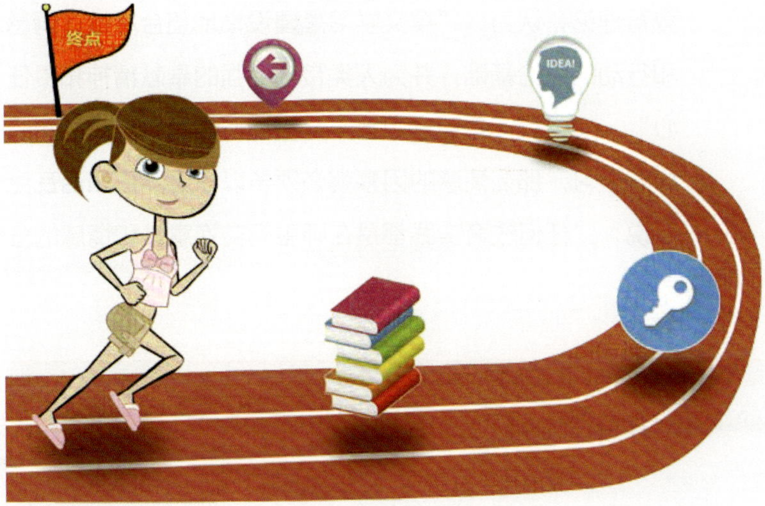

价值与情感的认同

关于这一问题，可以从“科学管理之父”弗雷德里克·泰罗（Frederick Winslow Taylor）[1]关于管理的概念分析中受到启发，他认为：“管理就是确切地知道你要别人干什么，并使他用最好的方法去干”。正如泰罗所说，管理需要驱动他人来实现目标，因此被驱动者在开始的时候显然不与驱动他们的人保持目标一致，这就使得管理者需要想到合适的方法去激励他人。只要是公平和自由的情境下，即使被驱动的人进入某种“管理”进程，被驱动者也会有所收获，或者至少不会利益受损。

这就与学习者开展学习有着类似的情境了，学习者虽然是学习过程最终的受益者，但在开始的时候，他们也许并不能意识到或者认同展开学习的意义，因此会缺乏动机；又或者，在学习的过程变得艰苦、枯燥的时候，学习者也会自然地选择趋利避害，贪图安逸。所以，教学者也面临和管理者几乎同样的情境，他们必须想办法让学习者产生学习动机，就像管理者让人产生工作动机一样，教学者要防止学习者学习松懈，就像管理者要防止人工作懈怠一样；教学者要防止学习者在群体中“搭便车”，就像管理者也要防止人在工作中“搭便车”一样，这些都并不因为学习者是学习的最终受益者而有所改变。

我想，教学者应该比管理者还要更进一步，他们不仅仅需要和学习者就教学过程的价值达成共识，还需要拉近彼此的情感距离。概念图工具的创始人诺瓦克提出自己的教育理论，认为：“意义学习是建设性地整合思维、情感和行动的理论基础，并为人类带来更强的奉献精神和责任心”。如果我们希望学习者不是被动地接受像某种惩罚一样的学习，那么情感的因素就必须予以考虑。正如诺瓦克所说：“任何教育实践都是在师生间交换意义和情感的分

注解

【1】关于管理学概念的理解，可以参阅《管理学》(第13版)（斯蒂芬·P. 罗宾斯 (Stephen P. Robbins)，玛丽·库尔特 (Mary Coulter) 著，刘刚，程熙鎔，梁晗译，中国人民大学出版社，2017年1月）。

享行为。当学习者从知识理解或情感感悟中获得增益时，他们的情绪是积极的，智力处于建构状态；反之，如果理解是模糊的或者感觉是空虚的，智力上的建构将是消极和无效的”[1]。

正如诺瓦克的理论所揭示的，“为创新而教”的教学过程具有情感、思维与行动相结合的特征，而激发正是将教学过程引入到这一境界的必要程序，它是教学者与学习者价值和情感的认同过程。

激发是教学者与学习者的价值与情感的认同过程

虽然我们常说：“学习是学习者的事情”，仿佛由此学习者就该承担缺乏动机的所有责任了，但实际上，激发学习是学习者和教学者必须共同参与的事情，即使有时我们可以把教学者看作价值的提供方，学习者是价值的接收方，但这种价值的交换必须通过复杂的解释性对话才能达成。这种对话使得教学者和学习者在对内容的价值判断上的分歧得到充分解释和认知，一则可以使得学习者明确自己的需求，从而驱动学习；二则可以使教学者不会按照自己的喜好或者对内容的认知而偏离学习者需求的方向；三则也是最重要的，只有让双方进入价值协商的解释性对话，才可能有效地产生情感认同，而这种情感认同是学习过程中不可缺少的要素。

我将管理激励的情境与学习激发的情境相对照，可以发现，管理激励中因为一开始就假设了参与各方目标的不一致，因此激励一直就是管理者最为重要的工作之一，而教学者在大多数情境下反而认为学习者应该自己明确学习的意义，否则他们为什么要出现在自己的教学

注解

【1】引自《学习、创造与使用知识 概念图促进企业和学校的学习变革》（[美] Joseph D.Novak(约瑟夫·D.诺瓦克）著，赵国庆，吴金闪，唐京京等译，人民邮电出版社，2016年7月）第19、20页。

进程中呢？这种暗示的后果在于：教学者没有给予激发学习者积极性的工作以足够重视。

我常常会在第一堂课和学习者沟通我设定的“教学大纲”，很遗憾，大多数时候，这种沟通远远不是一种解释性对话，它像是一种“告知”，因此，学习者没有被我结合进入对教学大纲的讨论，也就是说，我们不会专门来商量类似如下的一些问题：

- 为什么确定这样的学习目的？
- 为什么这样组织学习的内容？为什么不能采用其他的组织方式？或者调换学习内容的顺序呢？或者改变学习内容所占据的时间呢？

结果，很多时候我的计划不能驱动学习者的学习，反而产生一种奇怪的感觉：仿佛学习者只是为了完成我的计划而从事学习，他们不是为了自己学习，而我的内心则默认我的计划应该就是学习者最好的计划。随着课程的深入，这种分歧逐步演变成为教学过程中各种不和谐的冲突。我的做法与裘丽老师引导学习者从“问题集”入手来展开解释性对话形成了鲜明的对比，我想结果也是优劣自明了。

学习与创新相融合的需求

“为创新而教”对学习激励提出了更高的要求，之所以使用“激发”（Stimulate）这一术语，是因为我们不仅仅希望驱动学习者完成既有知识的建构，也希望像“点燃”某种希望一样，驱动学习者对未知展开探索，并提供可能的启发和支持。用“推”和“拉”来比喻，我们推动学习者获得建构知识的成就感，又用对未知的好奇心拉动学习者探索新知。

> 教育不是灌输，而是点燃火焰
>
> —— 苏格拉底

A. 激励学习

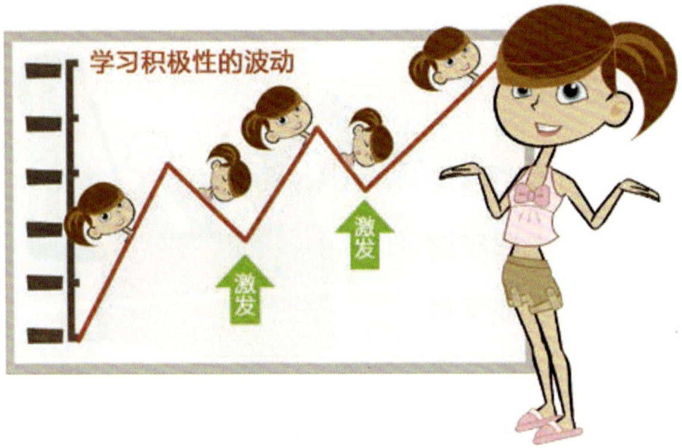

格拉德威尔指出："人们眼中的天才之所以卓越非凡，并非天资超人一等，而是付出了持续不断的努力。一万小时的锤炼是任何人从平凡变成世界级大师的必要条件。"他将此称为"一万小时定律"[1]。姑且以此为依据，那么学习者需要在一万小时即使枯燥无趣的学习过程中都清晰地铭记当下学习的价值，并保持热情，这似乎是不可能的，因此，学习的过程总是给人以艰苦的印象，正如亚里士多德说的："教育的根是苦的，但其果实是甜的。"我们也将"刻苦"学习作为常用语。

事实上，人们在完成一件事情的过程中并不容易一直保持同一种动机或者心态，因此经常得到"不忘初心"的提醒是非常必须的，学习过程更是如此，面对不同的学习内容，每个人的学习曲线都有些差异，加之其他客观因素的影响，保持同一水平的学习积极性就不那么容易了。而激励学习的目标就是：在教学的全过程中力图保持学习者的学习积极性。因此，**激发是一种持续性的行为方法，并不只是处于学习过程开始的阶段。**

注解

【1】参阅《异类》（[加] 马尔科姆·格拉德威尔著，苗飞译，中信出版社，2014年4月）。

B. 驱动创新

正如陶行知曾说的：“教育不能创造什么，但它能启发儿童创造力以从事于创造工作。”“为创新而教”期望打破人们的惯性思维，在既有的思维框架中打开一扇门，勾起人们对门外世界的好奇心，促使人们去思考门外的情况，以取得旧知与新知在理论上的一致性。

激发也会打破学习者行为上的某种平衡状态，催促他们进入一种相对陌生的未知情境中，从而产生对新的情境的兴趣和热情，并且乐于付出精力和时间去创造新的事物以适应这一新的情境。创新并不仅仅等同于创意，它更应当是把创意变为现实的过程，所以说教学者要驱动学习者不仅仅产生想法，还要产生行动。这种行动能得到学习者的认可，他们感同身受，愿意承担探索的责任。由此看来，激发不仅仅是找寻学习和创新突破口的技术工作，也是促使人们行动的“思想工作”。

但有时学习者并不能自动地把学习转化为行动的创新，他们相信“学无止境”，但是将所学付诸行动却经常迟缓。人们说“格物致知”“知而后行”，似乎把学习与行动分成两个部分，这种逻辑也常常折射在课程体系的设计中，正如我们看到的编导专业培养计划的改革一样，这种变革有助于学习者做到“知行合一”（王阳明提出的哲学思想），这种“合一”并不仅仅说的是“知”然后“行”，也是“知”与“行”的同步，或者说，在致知中行动，在行动中致知。在美术学院的观摩教学中也是如此，学习者不能提交一个“不好”的作品来应付老师的同时，又解释说：“我知道怎样做得更好”，因为，如果学习者知道什么是更好的，就应该将这种“好”融入作品中，否则就不能称其为“知道”。

从这个角度看，“为创新而教”希望通过激发能促使学习者打通“知”与“行”的关节，使其能够融会贯通，这也是为什么要重视激发的理由之一了。

抗衡动机的不稳定性

大多数成功的创新都源自对客户所要完成任务的深刻理解，教学的成功也是源自对学习者关心的问题的真正理解，而并非源自教学者对领域知识的精通。

那么如何理解学习者的动机呢？我借用斯托克斯的相关研究结论，斯托克斯在研究基础科学与应用科学关系的过程中，对研究领域进行了四象限的划分，他认为人们从事研究的动机可以落在基础研究领域、应用研究领域，或者是二者结合的领域中。如果我们所有关于教学的努力也是为了达成创新，那么学习者的动机也可以落在类似基础研究、应用研究和两者结合的领域中。

斯托克斯的模型[1]

斯托克斯划分了研究类型，提出了一个“四象限”框架：处于第一象限的“纯基础研究”称为玻尔象限；处于第二象限的“由应用引起的基础研究”称为“巴斯德象限”；处于第三象限的“纯应用研究”称为爱迪生象限。每个象限都用典型代表的科学家来命名，各象限之间是双向互动的，斯托克斯通过对历史资料和现实情况的分析，认为最重要和最关键的是要关注巴斯德象限。

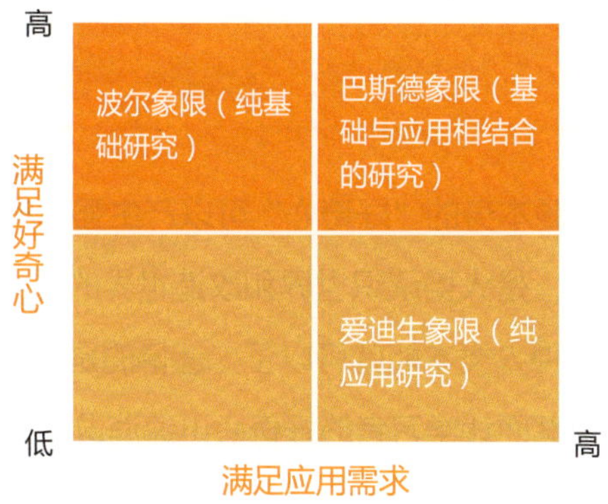

注解

【1】关于斯托克斯模型参阅《基础科学与技术创新：巴斯德象限》（D.E.斯托克斯著，周春彦，谷春立译，科学出版社，1999年10月）。

斯托克斯提供的“四象限”分析可以理解为是针对全人类尺度上的求知与创新的，如果从个体的求知的角度看，我觉得这一分析框架依然充满智慧。学习者向未知领域的探索，有时是基于纯粹的好奇心，他们就像正处于波尔象限中；有时他们为了解决某个迫切的现实问题而迸发巨大的学习热情，例如为了通过某个考试，此时他们又处于爱迪生象限中；还有的在学习过程中，学习者一边满足好奇心，一边又解决现实的问题，他们又处于巴斯德象限中。

正如斯托克斯揭示的科研动机并非完全割裂为基础研究和应用研究，在学习领域，学习的动机也并非完全割裂，特别是在学习动机的保持过程中，这些动机可能会交替出现，交织不休。

因此，教学者通过观察、凭借经验与洞察力，可以发现学习者的动机所接近的象限，并制定策略以努力让学习者的动机保留，或者促使它们在适当的时候进行迁移，并根据上述三个象限的动机采用不同的教学策略。

“波尔”式的激发：强大的“好奇心”

对问题本身的“好奇心”可以产生强大的驱动力，而且这种好奇心是人类与生俱来的本能，是人类认识世界和改造世界的强大原动力。某种意义上说，教学者只要小心呵护这种人类本能就可以了，遗憾的是，在现实的教学中，教学者常常因为过于急切给出答案而让学习者的好奇心迅速消退。

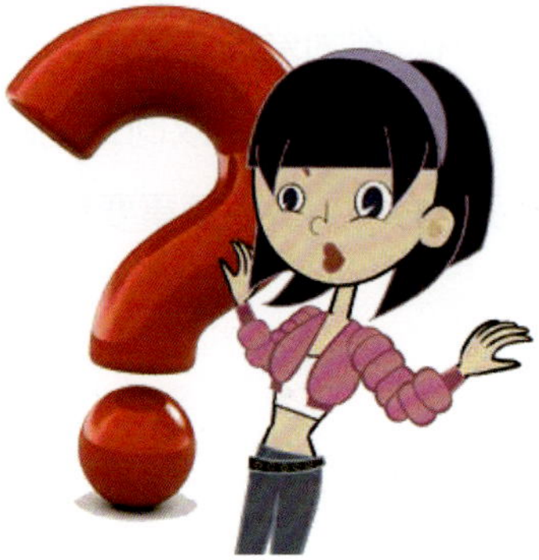

我还记得中学课堂上一个黑箱抓住我注意力的故事，在一次物理课上，老师带着一个箱子来到课堂，不知为什么，我非常好奇这个箱子里会有什么，我期待下一秒老师会打开箱子，然后我能看到一个惊人的秘密。我试图抓住老师讲的每一句话，观察老师的每一个动作，可是直到下课老师也没有打开箱子，我却认真听课了！这个故事中并没有涉及真正关于学习内容的好奇心，但我发现仅仅是种不相干的好奇心都可以产生更为持久的注意力。

除了对理论性内容的教学，案例教学、娱乐性的教学都可以发现“波尔”式的激发，它们大多通过触动学习者的内在好奇而推动教学，而学习者在其中只是想知道一件事情的真相，并不与现实某种目标挂钩。

“爱迪生”式的激发：建构创新意义

学习知识和应用这些知识进行创新之间本身是存在紧密联系的，有相当部分的学习内容可以找到实践意义。在爱迪生象限中，学习者可以指望通过学习去改变世界——不管是他人还是自己，社会还是自然。

在好莱坞的科幻大片里，经常出现小人物拯救地球的故事。故事中，小人物往往胸无大志，面临各种生活的难题困扰，他们只顾自己眼前的生活，为自己设定目光短浅的任务。故事的转折往往发生在他们不得不面临类似拯救地球的难题时，他们的特质、技能以及完成任务的决心使他们脱胎换骨地成为了英雄。类似这些故事，学习者如果能为学习内容找到某些具体而重要的现实意义，那么他们就能将“拯救地球”般的责任感和热情投入学习中来。

通过某种考试、获得某种技能都是典型的“爱迪生”式的激发，它们能够让学习者确信在学习过程后面有某种现实的好处在等待，而且这些好处能解决学习者当下的问题或带来利益。

“巴斯德”式的激发：平衡

我发现学习者经常会不自觉平衡好奇心和实用性的动机，在学习的内容涉及艰深的理论探索时，合适的现实驱动能帮助学习者攀爬陡峭的学习曲线，而当学习的内容过于实际的时候，好奇心又往往帮助他们增进学习的乐趣。

美术学院《商业插画》的课堂中就设置了“巴斯德”式的激发，学生不仅仅能够按照自己的想法去创造，以充分追求理想中的“美”，同时也能兼顾实践中商业机构的立场，并通过从商业机构获得回报来激发创新，这样就平衡了纯粹的艺术创作和商业两个方面的需求。

大部分的学习内容可以找到基于内在好奇心和实用主义的激发点，“巴斯德”式的激发也往往搭建了理论学习与“学以致用”的桥梁，有利于学习者对知识的建构和创新。

无论从哪个象限开始，学习的动机可能在象限之间转移，例如，看电视上播出关于《论语》的解说，产生了好奇，听着听着可能觉得这些内容对于指导自己的日常行为也有用，于是动机会向巴斯德象限转移。又如，当我们在爱迪生象限中习得某种技能，例如游泳，忽然发现自己如此喜欢这一运动，继续学习的动机也就转入了波尔象限，当学习者成为职业选手以后，继续学习提升的动机又进入了巴斯德象限。

不仅如此，学习者即使不会明确表达，但其实自身也会主动调整动机，教学者当然更应该适时而动。

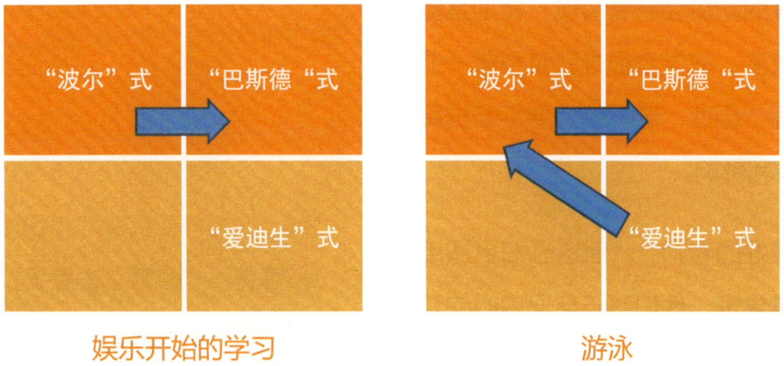

受到何种类型的激发与学习者对领域知识的了解有关，按照奥苏贝尔的“先行者”理论，教学者提供适当的学习背景或者前导知识，学习者自己就可能根据对先行知识的理解，找到合适的激发点。不少伟大的科学家选择献身科学最初的激发点或许是教学者提供的一堂关于学科的导论课。

另外，我发现，学习者对领域越了解，激发就更应该是“波尔”式的，也就是由内在好奇心驱动学习。而如果学习者不了解领域知识，不如就让教师告诉他们，他们能得到什么，也就是说激发应该是“爱迪生”式的。

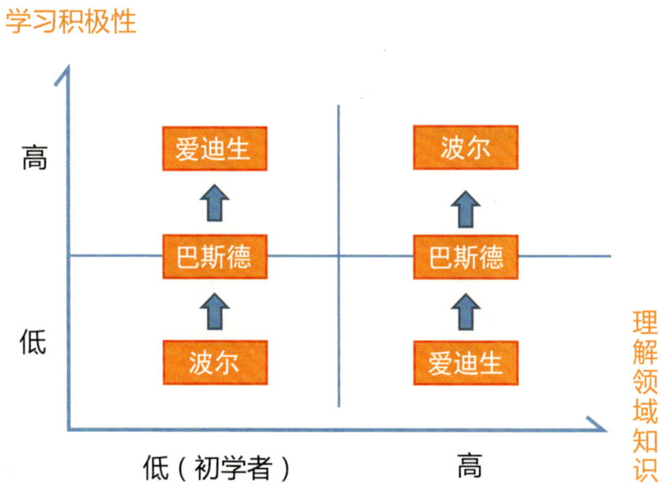

然而，正是因为学习者的动机会随着情境，特别是随着对领域知识理解的改变而改变，教学者很难就某种单一的动机假设来设计整个教学过程，因此，激发就是要不断抗衡这种不稳定性对教学过程的不利影响。

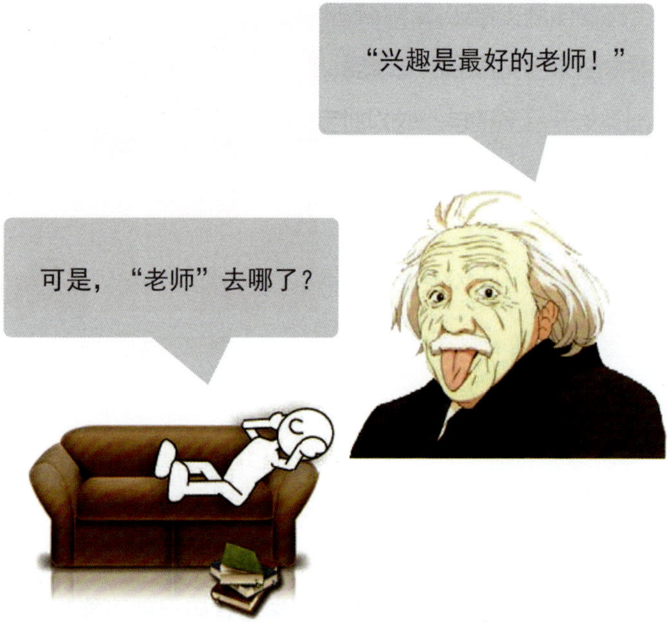

爱因斯坦说“兴趣是最好的老师”，但这恐怕更适用于那些非常能够洞察内心的科学家，他们对于自己内心的动机有清晰的认知，有强大的自我管理能力。而对于大多数的学习者，某种意义上说，我们在使用“兴趣”这一词语的时候，它更像是动机强弱的一种表示，因此它是动机的结果，动机强则表现为“兴趣高”，反之亦然。“兴趣”也可能是对内心动力的一种相当概括和空泛的表达，它并不准确，而且缺乏稳定性。兴趣甚至表现为“一时冲动”或者“一定情境”下的社交性表达。如果我们想用“兴趣”来驱动教学过程，那么发现、培养和维持兴趣就是基于某种方法引导的解释性对话过程，这一过程渗透着某种力量，使得兴趣既是原因亦成结果，兴趣既是态度亦是能力。教学者与学习者以各种形式、通过各种设计的环节过程和机制，才能一起发现、培养和维持兴趣，打造持续学习的驱动力。而这也使得“激发”成为教学过程不可或缺的一部分。

3.2

激发与目标管理

激发是目标管理的过程

“目标管理”是由美国管理大师彼得·德鲁克（Peter F.Drucker）于1954年最先提出的概念，其后他又提出“目标管理和自我控制”的主张。德鲁克认为：“企业的使命和任务，必须转化为目标”，如果一个领域没有目标，这个领域的工作必然被忽视[1]。不难理解，如果在一个领域中的学习没有目标，那么这种学习也自然会被忽视，可以认为，学习者保持持续学习动力的过程就是教学者与学习者实施目标管理的过程。

从系统的视角看，德鲁克的贡献并非仅仅是强调目标的重要性，更重要的是需要对实现目标的过程实施管理，而他的“目标管理”就是一套动态的管理体系。也就是说，目标管理是关于动态过程的，而不是关于静态目标的，下面我想借用目标管理的基本流程来构造学习激发的三步循环。

德鲁克的“目标管理”思想告诉我们，当需要经过长久的努力才能达成目标时，例如一场“长跑”，如果能主动把目标进行分解，为自己不断设置小目标，那么远处的大目标就不会显得那么高远，而我们也可以更专注于眼前的努力，累积成就，最终接近大目标。不仅如此，在努力达成每个小目标的过程中，我们还可以不断反省自己的行动，不断调整自己的步调，改进自己的心智，提升自己的能力。

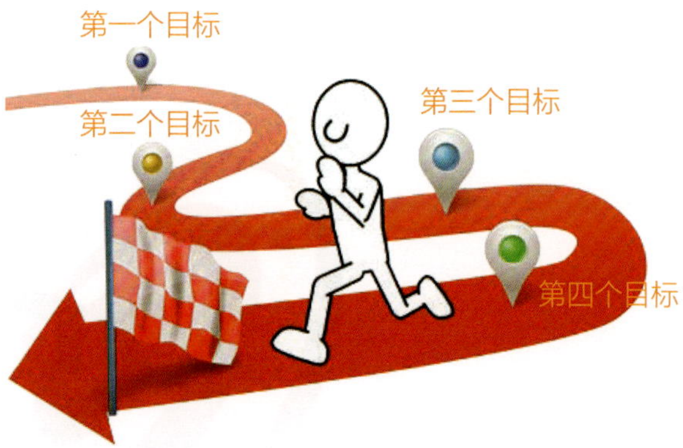

注解

【1】参阅《管理的实践》（彼得·德鲁克 (Peter F. Drucker) 著，齐若兰译，机械工业出版社，2009年9月）。

“激发”也可以采取类似的策略，在教学过程中，教学者应该促使学习者保持与教学者、其他学习者的解释性对话，一方面，根据学习者的“兴趣”特征，分阶段与学习者协商“目标”，另一方面，不断反馈阶段性的教学表现，促进学习者的内省。

激发的三步循环

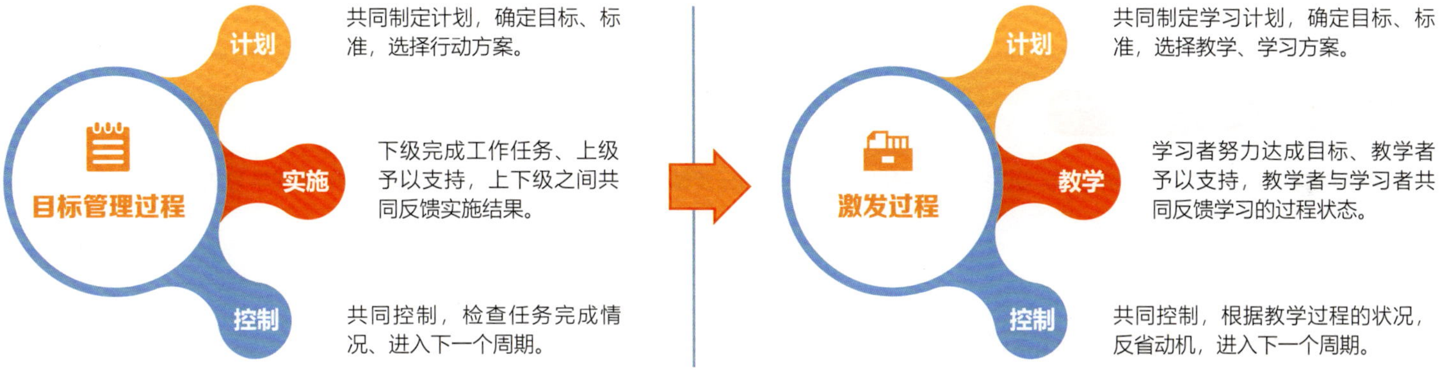

具体而言，激发的三步循环中有三个要点特别要注意：

评估积极性：

既然我们不得不承认学习动机的变化是正常现象，教学者完全没有必要因为学习者出现的目标偏移、学习过程中的沮丧等感到受挫。也正因为如此，评估学习者学习的效果固然有一定价值，但更重要的是评估学习者的积极性状态。

共同参与：

与目标管理一样，所有关于激发的过程都应当由教学者和学习者共同参与，教学者在**“备课”**的时候可以形成对学习者积极性的预估并针对预估准备激励方案，但这些准备的方案，包括教学目标、进度计划、方法等也最终需要和学习者达成价值上和情感上的认同。

反复运用：

在学习过程中，应当根据学习过程的发展反复应用激发的三步循环，帮助学习者爬过一道又一道陡峭的学习曲线。

两条路径：强化目标与优化过程体验

我曾经观察河边的钓鱼者，他们中有的人愿意付出长时间的等待与坚忍，无论酷暑还是严寒，他们能长时间保持一动不动的专注，直到鱼儿上钩；另外一些人则更期待快速的成功，如果能迅速获得鱼获，他们也不计较酷暑与严寒，但若超出一定时间没有收获，他们就会急切地转换地点，甚至放弃。如果学习者也有钓鱼者的特征，那么他们当中有的人只需要受到教学者对目标的不断强化，就可以驱使他们去“刻苦学习”，而有的人必须时不时让他们从教学者那里获得“好处”，以抵消“学习之苦”。

或许我们可以从钓鱼者的特征得到启发，把激发策略也分成两类，一类以不断强化目标为导向，另一类以不断优化过程体验为导向：

强化目标：

当学习者能够对某个学习目标产生兴趣，并愿意为这一目标付出努力时，教学者在学习过程中反复再现这一目标，并不断强化，以持续激励学习者朝这一目标努力。

优化过程：

当教学者与学习者不能很好地对某一阶段学习的目标产生一致性认同时，教学者通过在学习过程中不断为学习者提供短期“好处”，以优化学习过程的体验，使得学习者仍能发现学习的过程充满了乐趣，仍能沉浸于学习的乐趣之中，促使学习者一步一步阶梯性前进，在不知不觉中完成相应的学习程序。

强化目标
问题激发

优化过程
游戏化

下文中，我将谈及的“问题激发学习”就是一种基于不断强化学习目标的方法，而“游戏化激发学习”就是一种优化学习过程体验的方法。虽然是分成两类来表述，但在实际的教学场景中，这两类方法并非“泾渭分明”，反而是彼此交融的。

3.3

用“问题”激发

◇ 苏格拉底式教学法

据说，古希腊著名哲学家、教育家苏格拉底主要采用对话式、讨论式、启发式的教学方法，他通过向学生提问，不断揭露对方回答问题中的矛盾，引导学生总结一般性的结论。苏格拉底的教学实践告诉我们，设问与回答问题就是加强对领域知识的系统性理解，虽然那些问题的细节还没有得到解决，但是参与者可能已经在问与答之间对领域有了全局的把握，至于那些细节其实大多数可以由学习者独自解决。

这种教学方法会在网络世界东山再起吗？据说塞巴斯蒂安·特龙启动的在线大学Udacity项目中就引入苏格拉底式教学[1]，我想，这或许也说明互联网在加快教育某些环节效率的同时，也能促使一些优良教学传统的回归。

注解

【1】相关观点参阅《翻转课堂的可汗学院：互联时代的教育革命》（[美] 萨尔曼·可汗（Salman Khan）著，刘昱含编，刘婧译，浙江人民出版社，2014年6月）。

为什么寻找问题

分析性教学方法的过度应用，已经让一部分学生习惯来到课堂上听取“答案”，但是这些答案所针对的问题在学习者的心中却是模糊的，根据答案去寻找问题，是一个令人费解的逆过程，与大多数人的思维习惯是相反的，但很多时候我们确实就这么做着。学习者在茫茫然之中听到很多新概念，新想法，虽然吸收了内容，却迷失了方向。在没有问题的导引下，任何“答案”都只能是不正确的答案。“为创新而教”的最终目标是创新，而创新注定是没有标准答案的，给出“答案”本来就是伪命题了，而且似是而非的答案反而会消磨学习者的好奇心和前进的动力。

最有效的教育方法：不是告诉他们答案，而是向他们提问。

——苏格拉底

因此，作为教学者，我们需要经常性提醒自己和学习者，不要急急忙忙去欣赏答案，多花一些时间在问题上或许更有意义。教学者应该鼓励学习者从寻找问题开始，让学习者对解决问题产生渴望，培养他们的好奇心，鼓励他们思考，并持续不断地为他们注入信心。或许当这一切都已经完成的时候，寻找问题答案反而可能不需要教学者过多参与，毕竟我们面对的互联网已经为学习者寻找答案提供了太多的便利。

"问题"是学习者动机的一种表现形式，学习者自己找到的领域范围内的问题，它们或者代表了学习者的好奇心，或者代表了学习者现实的难题，或者兼而有之，通过"问题"来展现动机的好处体现在：

- 自省与洞悉他人暗默知识：正如奥苏贝尔所言："如果一定要我把所有的教育心理学总结成一句话的话，那么我会说：影响学习最重要的因素就是学习者已经知道了什么"[1]。寻找问题的过程实际上驱动学习者自省对领域知识的真正看法，同时洞悉人际环境中他人的暗默知识，这也正是激发落在SECI模型中的共同化的部分。

- 使得"动机"变得显性化：学习者之间可以相互交流，从而达成对"动机"的相互理解，同时也使得学习的过程目标明确，学习的结果容易度量，这也正是激发落在SECI模型中形式化的部分。

- 避免教师提供的学习目标干扰学习者的内在动机："教学者的目标"应当与"学习者的目标"相适应，毕竟达成价值与情感的认同才能更好地完成后续的学习。虽然老师的设问也能在一定程度上起到引导作用，但我们发现，学习者沉浸于寻找问题本身就是有意义的学习过程，这与针对教学者设问的情形是不同的，"设问还只是分析性教学方法的形式变化，而引导学习者主动参与问题的寻找与设计才是解释性的过程。

> 好奇心比雄心走得更远！
>
> ——《丈量世界》丹尼尔·凯曼[2]

注解

【1】转引自《学习、创造与使用知识 概念图促进企业和学校的学习变革》（[美] Joseph D. Novak(约瑟夫· D. 诺瓦克）著，赵国庆，吴金闪，唐京京等译，人民邮电出版社，2016年7月）第90页。

【2】写在《丈量世界》中译本的封面（[德] 丹尼尔·凯曼 著，文泽尔 译，南海出版公司，2015年10月）。

"问题驱动思考，答案终止想象。"[1] —— 沃伦·贝格尔

"问题是智力的发动机，它可以将好奇心转变成可控的探询。"[1] —— 大卫·菲舍尔

"问题也像是一个手电筒，它可以照亮你前行的道路。"[1] —— 丹·罗斯坦

◇ 如何寻找问题：问题风暴法

学习者的“问题”可以是宏大的社会问题，也可以是有关生活日常的浅显问题，可以是针对一门课程的问题，也可以是针对学习内容中某个议题的微观小问题；但无论问题大小，也无论问题深浅，学习者对其的关切程度应该是一致的。在为这些问题寻求答案的方向上略有进展，他们就欣喜若狂，不能寻求到问题的答案，他们就寝食难安。然而，我们常常会真切地感到，好问题远比好答案要珍稀，“答案”常有，好问题却不常有，教学过程中如何才能找到好的问题呢?

沃伦·贝格尔（Warren Berger）在《绝佳提问》[2] 一书中提到一种叫作“问题风暴法”的方法，这个方法实质上转变了头脑风暴的性质，把一种寻找解决方案的方法变成一种尽可能多产生问题的方法。

注解

【1】参阅《绝佳提问：探询改变商业与生活》（[美]沃伦·贝格尔（Warren Berger）著，常宁译，浙江人民出版社，2015年6月）第17页的相关论述。

【2】参阅《绝佳提问：探询改变商业与生活》（[美]沃伦·贝格尔（Warren Berger）著，常宁译，浙江人民出版社，2015年6月），书中提到了问题风暴法，但对于细节涉及不多。

经过多次在多种课堂进行实践，我大致总结了问题风暴法的步骤如图所示。

问题风暴法流程

1	**准备**	找到合适的人群，合适的地点、准备必要的物质支持，如白板、黑板等
2	**明确主题**	提供必要的与学习内容相关的主题说明，给出大致的主题范围
3	**闪问**	根据情境把最先进入脑海的问题，未加修饰地问出来
4	**问题精炼与迭代**	替换问题形式，阐述问题内涵，联想和追问
5	**问题聚类**	将逻辑上相关的问题归为一类，并找出其联系，特别是找出问题间存在的复杂联系
6	**问题排序**	根据好奇心、问题重要性、问题本身的逻辑对问题进行排序

◇◇ 用思维导图辅助问题风暴

也可以简单应用思维导图来辅助问题风暴，从“闪问”环节开始，具体的方法如下：

- **闪问**：根据情境把最先进入脑海的问题，未加修饰地问出来，写在标签上，贴在白板上。
- **问题迭代**：通过标签迭代的方式，扩展或替换问题。有关联的问题之间可以加上连线，并加上标签（关联体现为追问、联想等）；被取代的问题用标签叠加（转变问题形式、阐述问题内涵）。
- **问题聚类**：用连线法对问题分类。从问题a开始，顺如下逻辑将问题进行连线（区别上一条的颜色）。如果要回答问题a，必须先回答问题b，则在a/b间画一条从b指向a的连线。将连通在一起的问题划为一组，找出其中根本的出发问题。对于问题a和问题b之间有联系但又说不清楚明确的联系，可以标记为“难联系”。记录整个过程。问题的聚类并不代表问题间复杂的逻辑关系，也就是说我们并不必去判断问题间的充分或必要关系，仅仅将问题间的关联性予以标记。
- **问题排序**：就好奇心的大小、问题的重要性以及问题的内在逻辑，对出发问题进行排序，在其标签上标记序号。

举例说明，我在《管理信息系统（MIS）》的课程上使用了问题风暴的方法，针对MBA学习者比较陌生的MIS的概念，学习者在“闪问”阶段得到的问题是缺乏逻辑和五花八门的，下图是已经经过问题迭代后的问题形式。再经过问题聚类，形成绿色、蓝色和黄色三个问题聚类，根据箭头我们找到了相关的“原子类”问题，例如：什么是信息？MIS的效益有哪些？等。另外，通过分析发现两处“难连接”，表示两个问题间的联系或许存在复杂的逻辑，例如：知道“建设MIS的方法”和知道“建设MIS方法的适用条件”需要复杂的逻辑分析才能建立联系。稍加分析就会发现这些问题基本上可以归结到三个基本类上，即为什么？是什么？怎么办？如图中红色所示。

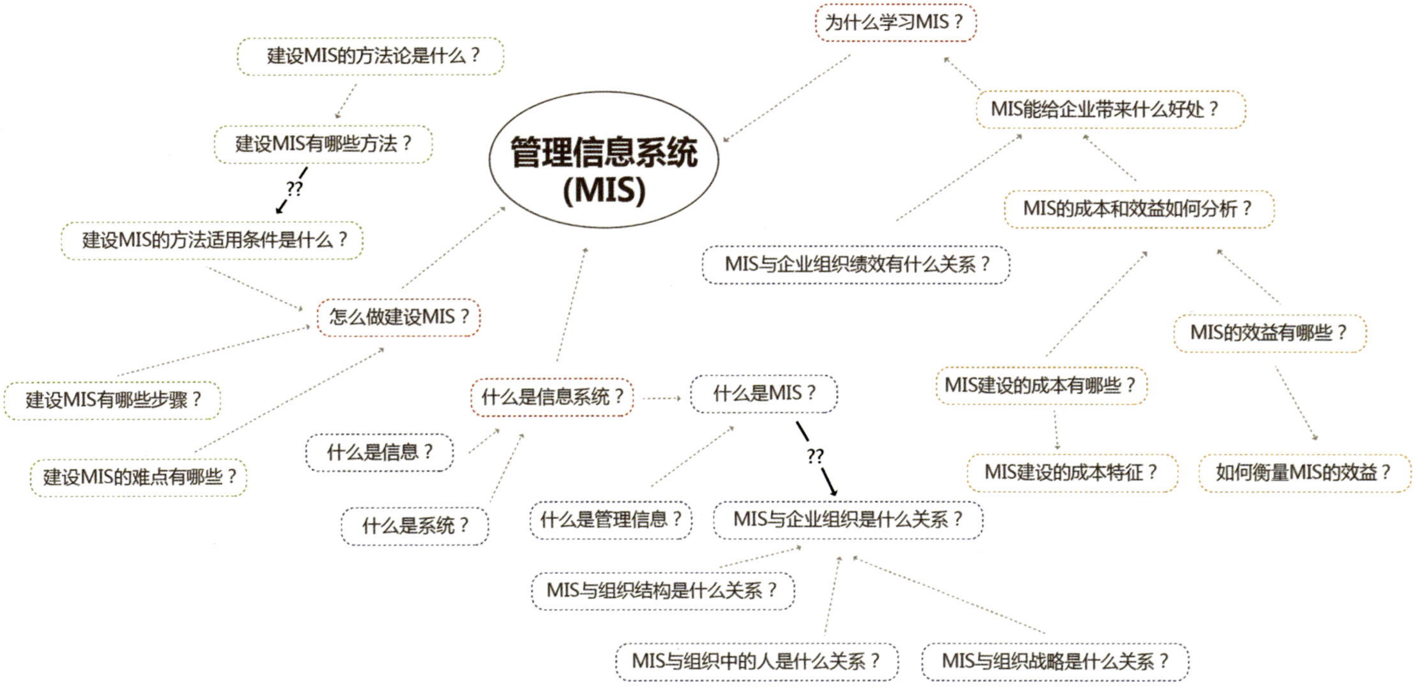

问题排序是指学习者根据对问题的好奇心、问题的重要性以及问题的内在逻辑进行的排序。这种排序一般会因人而异，体现出不同的特征，例如，下图中有红色、蓝色和黄色三种排序，可能来自于三位不同学习者。排序也体现了他们不同的思维特征和学习动机，例如，教学者可以推测黄色排序的学习者可能是管理决策者，他们更关心MIS与企业组织的关系，以及能带来的好处，但是对于管理信息系统实施的细节就兴趣不高；蓝色的学习者可能正好相反，他们也许是企业中IT部门的工作人员，这两类学习者的学习动机可能都是属于“爱迪生”式。红色的学习者，他们对事物的本源比较感兴趣，其动机或许属于“波尔”式。

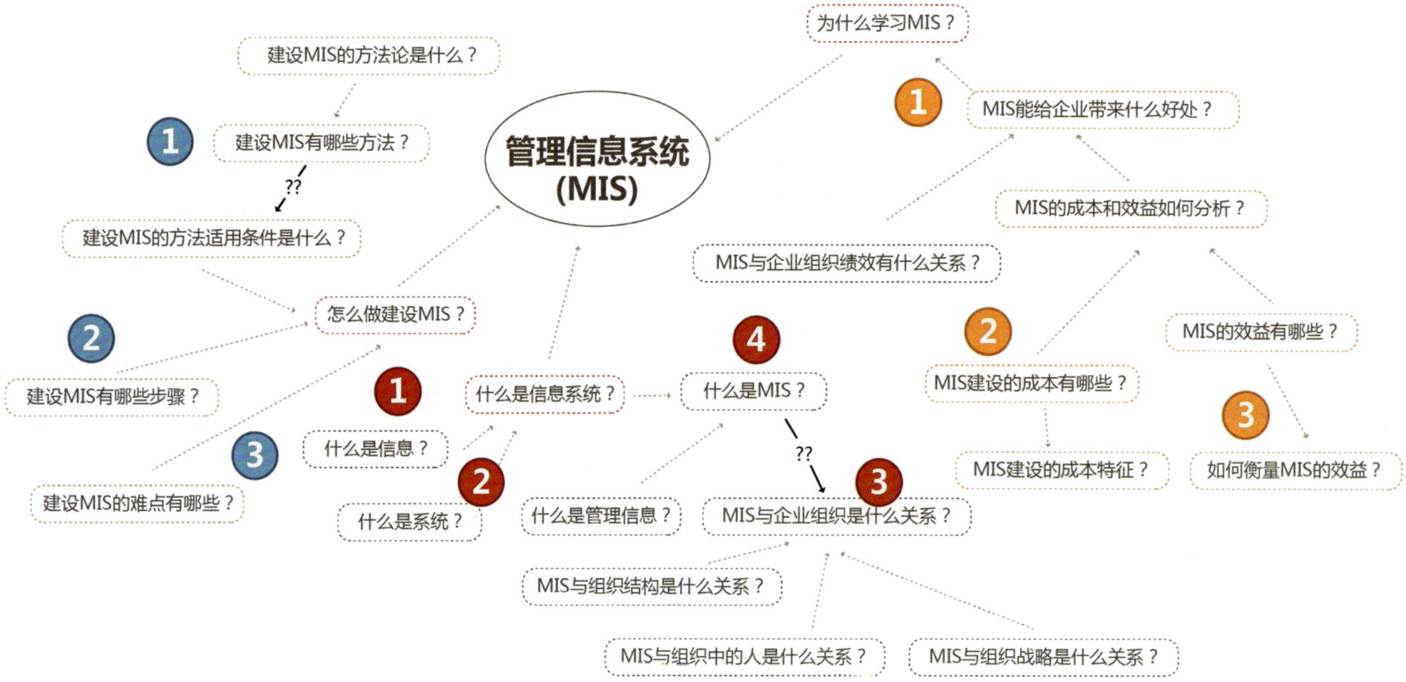

◇ 问题风暴实施要点

尽管看起来问题风暴有些像头脑风暴，但头脑风暴希望找到更多的“点子”，相信从量变能达成质变，是一种发散性的方法，而问题风暴是希望找到问题之间的联系，把没有逻辑的大量问题归纳为少数的问题，是一种收敛性的方法。在实施问题风暴的经验中，我认为有两点是最为重要的：

- 让问题出得来
- 让问题理得清

让问题“出得来”的技巧

我认为要想让问题“出得来”尤其需要注意两点：

- 让参与者熟悉问题的属性
- 营造友好的提问环境

> 发现千千万，起点是一问。
> 智者问得巧，愚者问得笨。
>
> ——陶行知

问题的类型与内涵

常见“问题”的属性：

- “是什么（What）”体现的是关注与事实。
- “为什么（Why）”体现的是发现和理解。
- “如果，怎么样（What，If）”体现的是打破框架。
- “怎样（How）”体现的是探索。
- “在哪里（Where），什么时候（When）”体现的是对事物存在或发展条件的探寻。

有多少个？有多少钱？有多快？等问题属于收敛性问题，往往涉及事物的细节，在激发阶段不是重点。为什么？如果？怎样？等问题属于发散性问题，它们能激发我们对未来的愿景、改变的渴望，这些是我们在激发阶段喜欢的问题。

关注实施问题风暴的环境

传统的教室中，讲台的对面是一排排的座椅，这不是一种特别适合于激发提问的环境，因为提问者站立提问时，正好面对着主持人，于是提问者的内心必定开始征询对于问题的评价。如果必须要使用这样的教室，可以让参与者排着队把问题写到黑板上。更具有交互特性的开放式教室则更有利于问题风暴的开展。

互联网社交工具也是提问的好环境，好处就是，人们非常熟悉使用这些工具，而且长期的互联网熏陶已经让人们习惯在这样的环境中放下对权威的担忧，再有就是可以更加灵活地开展问题风暴，甚至一个人可以同时参加多场问题风暴。

推荐阅读沃伦·贝格尔（Warren Berger）的著作《绝佳提问：探询改变商业与生活》[1]，这是一本关于问题的好书，我从中提取了一些建议，详情务请参看原书。

- 让参与者理解问题的类型和内涵，以确保他们懂得提问的技巧。
- 参与人只管问出问题，不要解释自己的心路历程，例如，参与人不要前述大量事实和思考，然后才提出问题。

注解

【1】参阅《绝佳提问：探询改变商业与生活》（[美]沃伦·贝格尔（Warren Berger）著，常宁译，浙江人民出版社，2015年6月）。

- 鼓励在别人的问题上继续叠加问题，但是避免否定性追问。
- 努力打破思维定势，多一些开放性的问题。
- 遵从自己问问题的智能模式，不受他人问题的干扰。
- 给参与者安全的提问环境。
- 拒绝批评，延后评价，无论提出的问题多么不靠谱。

让问题“理得清”的技巧

要让学习者真正参与到问题的迭代和聚类中来：按照多元智能理论，在问题风暴过程中，学习者问问题的方式也是在不同的智能模式主导下的行为，因此，不断涌现的问题，实际上引导学习者按照不同的智能模式对学习内容进行理解。这样学习者不仅仅能够强化自身的理解，也能在参考他人智能模式下的思考成果，找到自己按照习惯理解模式而忽略的学习内容中的特定意义。

教学者也应积极参与问题迭代和聚类：教学者是学习群体中重要的一分子，当然也是问题的来源之一，只不过我们并不主张将教学者的问题设置得更为重要，但教学者参与到寻找问题的活动中来，确实有助于将学习的经验传递到学习者群体中，并且那些经过教学者精炼的问题往往是极具引导性的，他们或者激起学习者更深层次的好奇心，或者引导人们找到学习的现实意义，裘丽老师首先公开了自己的“问题树”就是一种良好的引导。

◇ 问题精炼与迭代

每一个问题背后都隐藏着对事物特有的理解，或者关于某一概念本身，或者关于概念之间的联系。对问题的反复锤炼，可以帮助学习者消除思维的冗余，最终聚焦到核心问题并且促使学习者对学习材料的反复阅读和理解。如果对问题的精炼过程是在群体协作中完成，这一过程也就变成了群体内的相互学习和研讨，因此，这一设计实际上又促成了学习者暗默知识的共享。问题精炼与迭代的方法包括：

- 追问
- 阐述问题的内涵
- 变换问题的形式
- 联想到的问题（相关联的问题）

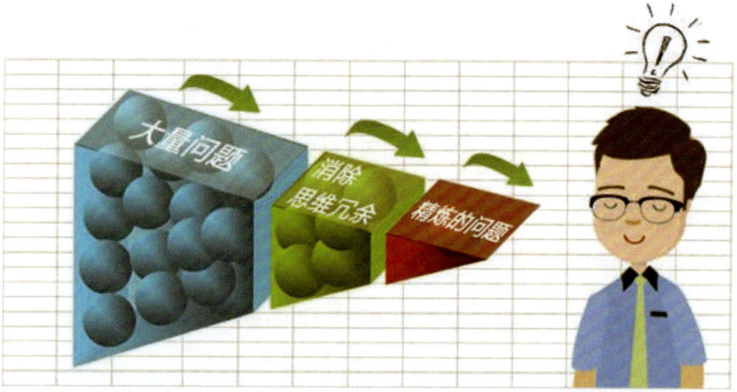

追问的例子：五个“为什么”

“5个为什么”的方法起源于日本，据说由丰田自动织机制作所的创始人丰田佐吉提出。通过5个连续的“为什么”，使得问题从浅表开始深入。经过连续五次不停地问“为什么”，才找到问题的真正原因和解决的方法[1]。

注解

【1】关于5个为什么的方法可以参阅《优雅地解决：丰田革新之道》（马修·梅著，孙伊译，中信出版社，2007年10月）及丰田生产系统的相关书籍。

学习者的问题可能开始的时候是属于“看到的现象”，随着“为什么”的深入，逐步接近原因，特别对于引起现象的原因比较单一的时候，通过关于“为什么”的追问往往能使得问题得到精炼，也更准确。对于多个原因引起的现象，随着“为什么”的深入，不仅仅会发现作为“原因”的因素，也会发现“因素”之间的“难联系”。更深层次的问题往往是表面问题的答案，因此，学习者对问题的深入同时也是自主追寻答案的过程。

问题的逆向链条

精炼后的问题往往是高度概括的，如果得到有效解决，就可能形成对知识运用的逆向链条，如图中的蓝色箭头表示的，通过解决思维上精炼后的问题，学习者可以顺利解决在早期出现的“大量问题”。

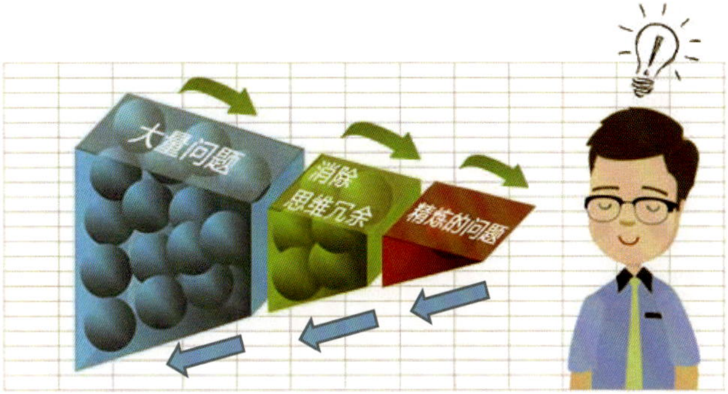

◇ 学习者与问题的匹配

按照4S的设计，我希望让学习者从群体性的问题风暴产生的问题中选择一些作为自己的学习目标，通过问题排序的方式，大致能够将一些具有相同兴趣的学习者甄别出来，他们有着相接近的问题链条，也表现着相近的激发模式。将问题与学习者进行匹配的目的在于，一方面，让学习者对感兴趣的问题进行进一步探究和阐释，这有利于维持学习者的学习积极性；另一方面，相近智能模式的人会让学习者团队更有效率，或者不同智能模式的群体又能相互协作。

问题针对的是学习者的未知，是镶嵌在学习者“已知”之树上的“未知”花朵，教学者无法看到学习者“已知”之树的全景，因此可能很难判断对于学习者什么是好问题，所以，我们只能让学习者自己选择，他们会被那些他们认为好的问题所吸引，在他们被吸引的那一瞬间，可以说这一阶段激发的任务就已经完成了。

3.4 用“游戏化”激发

关于游戏与学习的关系，我莫名想到一句犹太警句：“人类一思考，上帝就发笑”（米兰·昆德拉在《生命不能承受之轻》中引用），或许当教学者不断思考并试图向学习者阐释学习意义的时候，学习者正在心中发笑。学习者追求的意义毕竟首先应当是他们能够理解的“意义”，否则，他们就会觉得好笑，所以，当学习者尚没有理解某种知识的基本内涵，就让他们接受“这种知识将为他们带来意义”的做法可能不会产生实际的激发效果。

我感觉身边的教学者并不太愿意或并不能熟练地运用“游戏化”的做法，尽管以他们本身的经验和能力足以将教学过程变得有趣。如果能够对“游戏化”与教学的关系加深理解，并予以足够重视，或许当教学者发现学习者学习状态低迷的时候，可以转而重视如何让学习过程变得更有趣的问题，而不是一味抱怨学习者太过于短视，看不到学习带来的巨大回报。

◇ 关于“游戏化激发学习”的假设

萨尔曼·可汗（Salman Khan）从帮助学习者完成“任务”，从而激发学习的角度展开论述，在他们看来，“大多数学生每天想完成两个任务：体验成功并取得进步，和朋友们玩得开心”[1]。

注解

【1】相关观点参阅《翻转课堂的可汗学院：互联时代的教育革命》（[美]萨尔曼·可汗（Salman Khan）著，刘昱含编，刘婧译，浙江人民出版社，2014年6月）。

我所在的大学校园里，一些“不良团体”恰恰满足了学生这两个方面的需求，他们有的通宵达旦玩网络游戏，有的在花前月下追求爱情，有的成群结队追逐影视明星等。我常常会觉得自己正在参与一场不对等的注意力争夺战，也就是说，我和我的课堂需要和“不良团体”争夺学习者的注意力。我觉得无论如何让课程精彩都难以在这场争夺战中获得优势，除非我也能把学习过程打造成能完成他们基本任务的“有趣”过程。这场争夺战对于教学者避无可避，既然如此，与其抱怨不公平，还不如重回“阵地”，投入“战斗”。

注意力争夺战！

游戏并非生活的必需品，用户一旦觉得游戏不好玩，便会立刻退出，几百年来，游戏设计师的工作让许多人迷恋朝着“无目的”的目标奋斗，把时间和精力投入重复循环的活动当中，应当说他们的工作是卓有成效的，互联网时代更是如此，据说，世界所有玩家花在《魔兽世界》上的总时间超过593万年，相当于从人类祖先第一次站起身来演进至今的时长。

学习的动力应建构于学习活动本身的快乐之上。

说起来，“学习”的境况还好一点，毕竟从长远看，学习对每个人都是必需品，但我们提出的“学习无意义”假设就是主张教学者放弃这点优势，学着像游戏设计师一样思考问题，其实对于很多学习者而言，在短期内看，学习就像游戏一样也不是必需品，如果感到无趣，他们也会不自觉地把注意力从学习上转移开去。学习的确能给学习者带来回报，但这一点还不足以保证学习者的持续热情，正如工作报酬不一定能保证人们保持对工作的持续热情一样。那么，开始“战斗”之前，作为教学者，我们能不能尝试接受这样的假设：“对于学习者而言，学习过程根本没有意义”。学习过程不会给学习者带来现实的回报，例如赚钱、解决问题，接近真理等好处，也就是说，我们是在这样的条件下，依然要激发学习者来完成学习过程。那么，像游戏设计师一样思考，教学者该如何来获取注意力争夺战的胜利呢？解决之道是让学习的动力建构于学习本身的快乐之上！如果你能让学习者感受到学习的快乐，其实并不需要太多的激励或者压力，学习者就会投入到学习当中去，甚至乐不思蜀。

"游戏化激发学习"的实质

Yu-kai Chou 认为："游戏化"的实质其实是一种"以人为本的设计（Human-focused Design）"，而"以人为本的设计"理念与功能性设计有着本质的区别，也不同于"以人为中心的设计（Human centered design）"或者IDEO的"以用户为中心的设计（User-centric design）"，"游戏化"将游戏中那些有趣、吸引人的元素巧妙地运用于现实世界或者生产活动，而这正好体现了"以人为本的设计"优先尊重并满足人类的心理动机与需求，而非单纯地优化系统的功能或效率的思想[1]。以人为本的设计提倡以人的心理变化、行为动机及参与感为基石，在保障基本功能和性能的基础上，对整个系统进行优化建设。

从教与学的过程来看，用游戏化来激发学习实质就是通过对教与学的过程按照"以人为本的设计"理念进行重新优化。让学习更有趣，让游戏更有学习意义，或许是游戏化激发学习的主旨所在。Yu-kai Chou 特别指出：游戏化不是将热门游戏中常见的"游戏元素"进行利用，而是通过深入思考用户的动机，优化最终的用户体验过程。也就是说，仅仅应用游戏机制和游戏元素并不会让游戏有趣，同样，仅在学习的过程中增加游戏元素是不够的，更重要的是慎重考虑游戏元素出现的形式、时间和原因，并辅以恰当的形式去实现[2]。

注解

【1】参阅《游戏化实战》（[美]Yu-kai Chou著，杨国庆译，华中科技大学出版社，2017年2月）第6页。
【2】参阅《游戏化实战》（[美]Yu-kai Chou著，杨国庆译，华中科技大学出版社，2017年2月）第16、17页。

我发现在幼儿园、小学低年级的教学过程中容易看到游戏元素的影子，例如，学习徽章、奖励的笑脸贴纸、积分（可以兑换奖品）等。但在大学的课堂上，这些元素就减少了，也许教学者认为“游戏化”仅仅适合游戏的年龄，而在更严肃的情境中就自动抛弃了这些措施，也有可能教学者认为学习者已经足够成熟和具有理解力，而不必在学习本身的意义之外再寻找激励因素了，这些都使得将教学变得“有趣”的设计理念远远没有得到教学者的重视。但应用“以人为本的设计”理念可以创造一次全面优化课程的机会，无论如何都是非常值得尝试的。

“让学习者体会快乐”也可以算作是游戏化激发的外在表现，在杨凯的故事中，如果他不是小心地践行这一条，十二岁的孩子可能早就回归了固有的数字游戏给他带来的快乐。

如果说对“游戏化激发学习”的认识已经明确，那么我们可能不得不进入一个复杂的关于“游戏化”的迷宫中，当前，将游戏化与工作情境相结合的研究和尝试已经很多了，特别在游戏设计这个领域当中，出现了许多有趣的框架，当然，这些框架大多并不出现在教育学或者管理学的情境中，原因就在于这两个领域都过于严肃，大多数情况下不接受我们的假设。重申这一假设就是：学习过程对于学习者是没有意义的。那么试图通过“意义”去完成激励的理论就不在我们的讨论之列了。

“游戏化激发学习”的路线图：DMC模型

凯文·韦巴赫和丹·亨特提供了一个游戏化应用的DMC（Dynamics，Mechanics，Components）模型，作者把涉及的30多种游戏元素根据它们在游戏化系统中的作用分成三类[1]，分别是：

- **动力类**：表达驱动人们参与的抽象概念，例如，“情感”“社交”都是属于动力元素。
- **机制类**：将动力元素传导给玩家，并推动他们参与的具体流程，例如，为了将“社交”动力传导给玩家，游戏应当具备“合作”“竞争”“交易”等机制，通过这些机制，玩家能够达成“社交”的内在需求。
- **组件类**：构建某种游戏机制需要准备的具体道具和规则，例如在“竞争”机制中，我们需要涉及“排行榜”“等级”“徽章”等具体组件。

我想从凯文与亨特这里学习的并不是他们对于游戏元素的分类，我更欣赏他们建立的“动力—机制—组件”的三元组合关系。另外，在Yu-Kai Chou提出的“八角行为分析”的游戏化框架中，也分析和提炼了8种核心吸引力，并且从大量游戏中总结了支撑这些核心吸引力的具体做法，从而使得这一实践框架变得易于应用。将这两种游戏化框架的思路结合教学，我试图构建教学领域的DMC模型，这种方法类似于项目管理中对工作进行分解而形成工作分解结构（Work Breakdown Structure，WBS）的过程，把动力分解成为机制，把机制再分解为组件。反过来，在实施的时候，就通过使用“组件”构

注解

【1】参阅《游戏化思维：改变未来商业的新力量》（凯文·韦巴赫（Kevin Werbach），丹·亨特（Dan Hunter）著，周逵，王晓丹译，浙江人民出版社，2014年4月）。

建特定的游戏“机制”，然后通过机制的运行来确保游戏“动力”能够转化成为学习者的持续学习动机。也就是说，可以将“游戏化”的过程分成三步走：

- 确立了一项或多项“动力”因素。
- 分解支持“动力”因素的主要“机制”。
- 分解“机制”需要的具体“组件”。

我尝试将更多关于“游戏化”的应用框架与教学过程的DMC模型建立联系，发现这些框架虽然都围绕“如何让工作或学习更有趣”的核心，而且也大多涉及综合“动力—机制—组件”的具体行动方案，但它们还是各有侧重，有的更多涉及动力，有的着重描述机制，有的偏重介绍各种游戏化组件。我试图抽取其中的要点，再结合“为创新而教”的基本想法，构建一个基于DMC的行动框架。

动力

动力
自我决定理论
四类型玩家
四类乐趣
八角行为分析法
凯文与亨特 DMC
心流理论

动力：自我决定理论[1]

心理学家阿德华·戴瑟（Deci Edward L.） 和瑞安（Ryan Richard M.）等人在20世纪80年代提出的“自我决定理论”关注的是人类的内在需求，这些内在需求体现为：

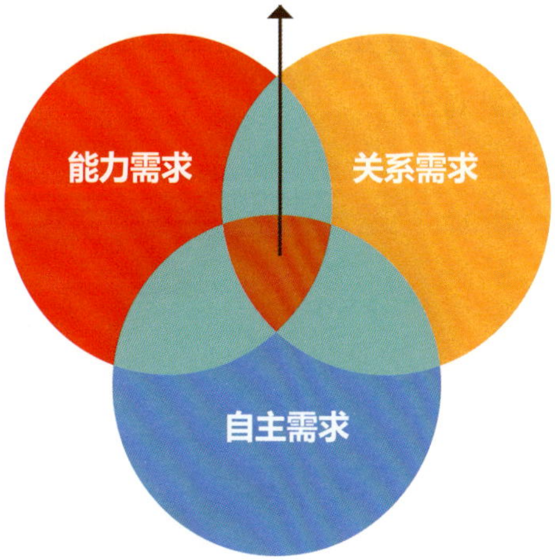

- **能力需求**：又叫掌控力，实际上是一种处理事务的能力，例如，完成某项难办的工作，解决生活中的麻烦。
- **关系需求**：社交的需求。
- **自主需求**：可以理解为一种追求自由的需求，不管事情本身是否有趣，只要是人们按照自我意愿选择而从事的，就总能给选择者带来远超被迫从事该项事情的乐趣。

简单而言，游戏设计者希望游戏能与玩家的能力相匹配，能满足社交需求，并且是玩家自己选择的，这些诉求对于学习过程的优化而言也是一样，学习内容的和过程设计的难度应该与学习者能力匹配，学习过程中能满足学习者的社交诉求，并且，应当促使学习者对学习过程形成自我承诺。

注 解

【1】 参阅百度百科中“自我决定理论”的相关条目的介绍。

动力：理查德·巴图的四类玩家[1]

“巴图分类法”可以算作最早分析归纳多人游戏环境下玩家心理的理论，巴图试图让游戏参与者回答一个简单的问题：人们到底想在游戏里得到什么？根据对这一问题的回答，可以归纳出四种类型的游戏玩家：成就型玩家、探索型玩家、社交型玩家、杀手型玩家。这四类玩家在参与游戏的过程中有着各自的心理特征，而这种心理特征也能与参与学习过程的心理特征找到对应。

注解

【1】关于巴图模型参阅维基百科“Bartle taxonomy of player types”的条目，*https://en.wikipedia.org/wiki/Bartle_taxonomy_of_player_types*。

四类“学习”玩家

04 杀手型玩家喜欢在游戏中追求压制对方，掌控局势，他们乐意知道因为他们的压制行为和能力给别的玩家带来“痛苦”。在某些身体技能型的学习过程中，有的学习者中也存在这样希望赢得胜利，并对别人的失误“幸灾乐祸”的人。	**01** 成就型玩家把达成游戏里的目标视为成就，这样的学习者很容易受到学习过程中的游戏元素的激励，例如：积分、勋章和排行榜（PBL）。
03 社交型玩家喜欢游戏里的社交元素，与其说他们喜欢游戏本身，不如说他们更喜欢的是和玩游戏的人待在一起。这样的学习者喜欢群体活动，愿意帮助他人，并在社交活动中获取新知。	**02** 探索型玩家能够为发现游戏中新事物感到高兴，游戏是一种探索新体验的工具，他们是天生爱学习的人，只要学习的内容能够给他们带来新鲜的体验，他们都能找到乐趣。

带着巴图的视角，在《管理信息系统》课程中，我能轻易观察到这四类学习者：

- 有的学习者会很在乎开发系统过程中每个步骤的激励，他们希望从我这里得到每一个步骤的反馈，希望看到进步，他们是属于成就型的学习者，可惜我的课程没能做到给予他们PBL式的激励。
- 我带来的Workshop式的上课方式、问题风暴法等，让一部分学习者感到新鲜，他们积极参与，乐于体验，他们是属于探索型的玩家，学习内容就是值得他们“探索”的神秘之地。

- 参与《管理信息系统》学习的是MBA学生，他们当中有一部分人本来就把拓展人脉作为学习的目标，因此在分组学习中，他们乐得穿梭其中，或者帮助后进者，或者不断表达新鲜观点以吸引人气，他们是社交型的玩家，我发现他们往往能帮助我把学习小组凝聚起来，但他们对学习本身的内容似乎不太关心。

- 杀手型的学习者不太多见，但也偶尔出现，他们非常在乎自身表现，偶尔会取笑别的学习者，甚至会与我争论成绩的评定，如果他们能制造一些“麻烦”，体现出教师“无知”，他们就更高兴了，不过，当他们试图这样的时候，更深入地学习就成了必由之路。

动力：妮科尔·拉扎罗：乐趣四要素[1]

游戏设计师妮科尔·拉扎罗发现，在游戏玩家中，存在着四种不同的乐趣：

- **挑战乐趣**——人们在克服困难时感受到的愉快；
- **休闲乐趣**——休闲享受；
- **探索乐趣**——尝试新事物、获得新体验时的快乐；
- **社交乐趣**——来自与他人互动，即社会关系的乐趣。

与巴图相比，妮科尔实际上用“放松乐趣”替代了“杀手型”玩家的乐趣，有些游戏会让人体验到休闲，例如钓鱼、瑜伽；而有一些又能体会到杀手型的乐趣，例如国际象棋、德州扑克。如果考虑学习激发的情境，那么让学习的过程拥有更令人放松的环境，将不同学习内容交叉安排，等一些措施也许也能为学习带来“休闲”之乐。

注解

【1】参阅《游戏化思维：改变未来商业的新力量》（凯文·韦巴赫（Kevin Werbach），丹·亨特（Dan Hunter）著，周逵，王晓丹译，浙江人民出版社，2014年4月）。

动力：八角行为分析[1]

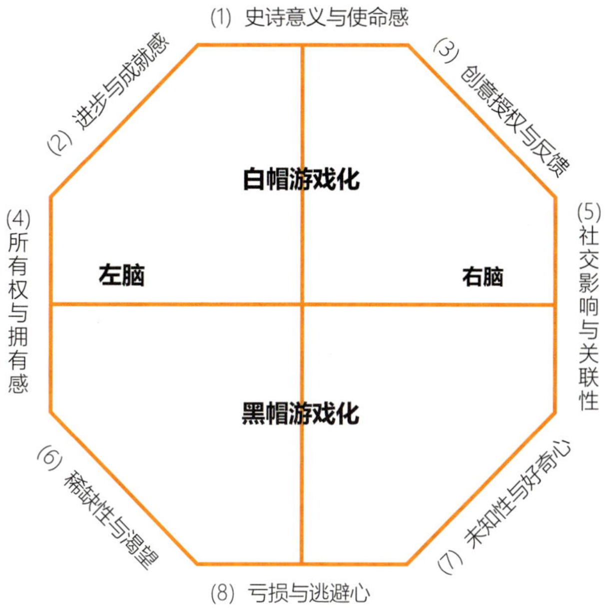

(1) 史诗意义与使命感
(2) 进步与成就感
(3) 创意授权与反馈
(4) 所有权与拥有感
(5) 社交影响与关联性
(6) 稀缺性与渴望
(7) 未知性与好奇心
(8) 亏损与逃避心
白帽游戏化
左脑
右脑
黑帽游戏化

Yu-kai Chou提出从游戏8个方面的吸引力来进行“游戏化”实践：

1. 玩家认为自己做的事情，其意义比事情本身更重要。

2. 取得进展、学习技能、掌握精通和克服挑战的内在驱动力。

3. 驱使玩家全身心投入创造性的过程，不断找出新事物，并尝试不同的组合。人们不仅需要表达创造力的途径，还要能看到创造力的结果，获得反馈并及时调整。

4. 用户感到他们拥有或控制某样东西，因而受到刺激。

5. 包含所有社交因素的集合体，包括师徒关系、社会认同、社交反馈、伙伴关系、甚至竞争和嫉妒。

6. 人们想要获得某样东西的原因仅仅是它太罕见，或者无法立即获得。

7. 人们一直受到吸引，因为不知道接下来会发生什么。

8. 不希望坏事情发生。不希望之前的努力白费，不想承认自己做了无用功。

Yu-kai Chou 用“白帽游戏化”表示那些正面激发的要素，而用“黑帽游戏化”表示那些相对让玩家避免某种不确定性或者损失的因素，这类似于赫茨伯格提出的激励理论中的“激励因素”和“保健因素”。作者也兼顾了激励当中“理性”的部分和“感性”的部分，分别用“左脑游戏化”和“右脑游戏化”来表示。

注解

【1】 参阅《游戏化实战》（[美]Yu-kai Chou著，杨国庆译，华中科技大学出版社，2017年2月）。

动力：凯文与亨特DMC[1]

凯文与亨特提出了5种游戏动力元素，这5种元素应当是游戏不可或缺的部分，分别是：

- 约束（Contraints）是指限制或强制的要求，它体现的是游戏本身的规则。
- 情感（Emotions）是指参与者好奇心、竞争力、挫折、幸福感等。
- 叙事（Narratives）是指一致性、持续性的故事情节的讲述。
- 进展（Progression）指玩家的成长和发展。
- 关系（Relationships）是指在社会互动中产生的友情、地位、利他等情感。

注解

【1】参阅《游戏化思维：改变未来商业的新力量》（凯文·韦巴赫 Kevin Werbach），丹·亨特（Dan Hunter）著，周逵，王晓丹译，浙江人民出版社，2014年4月）第87、88页。

对于教学过程而言，规则体现的是某种形式的挑战；进展体现的是某种形式的成就；关系体现的是学习者的社交要求，这三者与上述游戏化的驱动因素有共同点。

情感能够成功将学习者带入学习情境，这与Yu-Kai Chou在八角行为分析中提到的第九大游戏吸引点是一致的，而学习也并不一定是纯粹理性的思维过程，也同样可能是情绪化自我修炼过程，例如，有时学习者因为特别喜欢某一门课程的教师，而变得在这一门课程上表现突出。又如，集体的荣誉感也能带来学习积极性的高涨。

对于学习过程而言，叙事是情境的创设，通过对情境的解释增强学习者情境的代入，也可以理解为是吸引参与者进入游戏情境的机制。

因此，我理解凯文与亨特提出的5个动力元素中，规则、进展和社交是与学习者相关的内在动力，而情感吸引和叙事吸引可能更像是两种游戏化的机制。

回顾杨凯和孩子制作BB8机器人的过程：

约束：制作而不是购买机器人。

情感：亲情与陪伴。

叙事：从单一机器人的故事扩展到一个完整的情境，一直保持了对孩子的极高吸引力。

进展：拥有明显的阶段划分，并且每个阶段都有产出。

关系：不仅仅是家庭关系，在故事中孩子的社交网络也得到了扩展。

动力：心流

心理学家米哈里·希斯赞特米哈伊（Mihaly Csikszentmihalyi）观察到人们，特别是从事艺术、体育、创作等工作的人群，在从事他们的工作的时候比较容易进入一种“忘我”的境界，他们全神贯注，忘记时间，忘记周围环境，并且他们能在这一过程中体会到巨大的乐趣。因此，即使这些活动并不给他们带来实质的回报，他们仍是乐此不疲。希斯赞特米哈伊把这种将个人精神力完全投注在某种活动上的感觉称为“心流”，它产生时会带给人们高度的兴奋及充实感[1]。

进入心流体验的9种促进因素

- 每一步都有明确目标
- 行动与意识相融合
- 自我意识消失
- 行动马上得到反馈
- 不会受到干扰
- 遗忘时间
- 存在挑战与技能的平衡
- 不担心失败
- 活动本身具有了目的

注解

【1】参阅《创造力：心流与创新心理学》（[美] 米哈里·希斯赞特米哈伊（Mihaly Csikszentmihalyi）著，黄珏苹译，浙江人民出版社，2015年1月）及维基百科https://en.wikipedia.org/wiki/Mihaly_Csikszentmihalyi。

综合考虑进入心流体验的9种因素，我形成了这样的理解：“心流”状态是一种短时间内超脱世俗功利的成就感和自由感的组合体。

所谓“超脱世俗的自由”体现在可以在特定的时间内，忘记当事人现实生活中的任务，例如谋生、取得学位等，忘记别人是怎么看待自己的（自我意识消失），而且也不受到时间、失败、别人的干扰等因素的影响。

而“超脱世俗的成就”体现在获得的成功不需要受到真正世俗的考验，只要有某种形式的目标（或虚拟目标）并能得到快速反馈，只要行动与意识的融合（做什么就想什么），只要自然地达成挑战与技能能够平衡，那么无论从事什么活动，这种活动本身就具有了目的。

关于动力的总结

尽管研究者与实践者可能有不同的术语，综合上述各类模型，对于教学而言，游戏化的动力因素可以归纳为四种类型：

- **社交动力**：即使在学习中人们也有聚会的倾向，我们珍视的“同学情谊”可能正是这种聚会活动的产出。
- **自由动力**：学习者喜欢有自我选择，即使是局部地形成自己的领地，可以在其中自由处置。
- **创新动力**：学习者本身希望有“新”的体验，不论是学习内容、学习方式、还是新环境或团队。在这一点上，“为创新而教”其实在热情地邀请学习者进入一个“创新游戏”。
- **成就动力**：学习者希望看到进展并获得反馈。

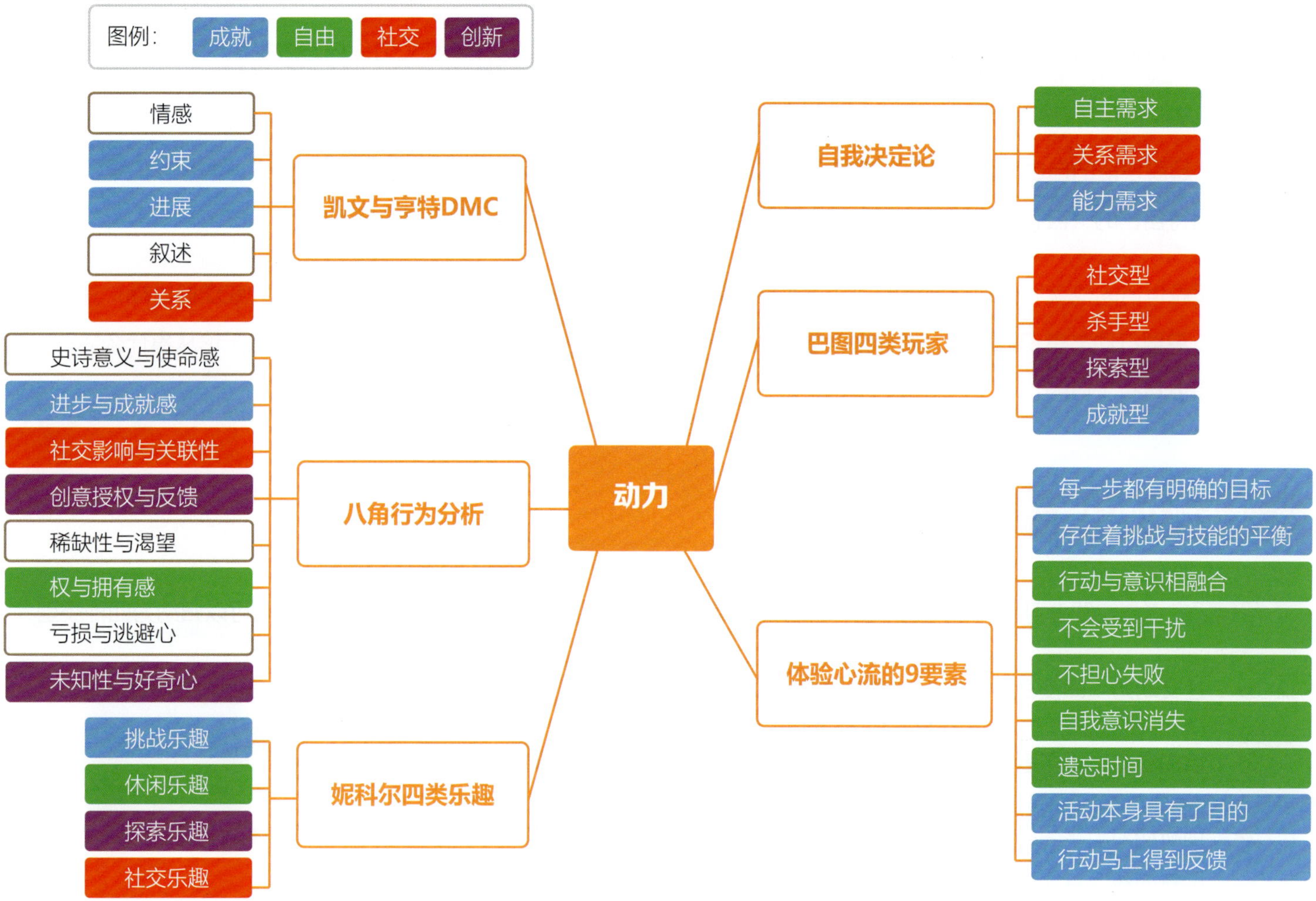
图例:
成就
自由
社交
创新
动力
凯文与亨特DMC
情感
约束
进展
叙述
关系
八角行为分析
史诗意义与使命感
进步与成就感
社交影响与关联性
创意授权与反馈
稀缺性与渴望
权与拥有感
亏损与逃避心
未知性与好奇心
妮科尔四类乐趣
挑战乐趣
休闲乐趣
探索乐趣
社交乐趣
自我决定论
自主需求
关系需求
能力需求
巴图四类玩家
社交型
杀手型
探索型
成就型
体验心流的9要素
每一步都有明确的目标
存在着挑战与技能的平衡
行动与意识相融合
不会受到干扰
不担心失败
自我意识消失
遗忘时间
活动本身具有了目的
行动马上得到反馈

与上文所说的理由一样，图中未被标记的因素包括DMC的“情感”和“叙事”，八角行为分析的“稀缺性与渴望”“亏损与逃避心”，这四者更应理解成为保持学习者动机的机制。而八角行为分析中的“史诗意义与使命感”属于我们在“游戏化激发学习”的假设中就排除的关于学习意义的部分。

机制

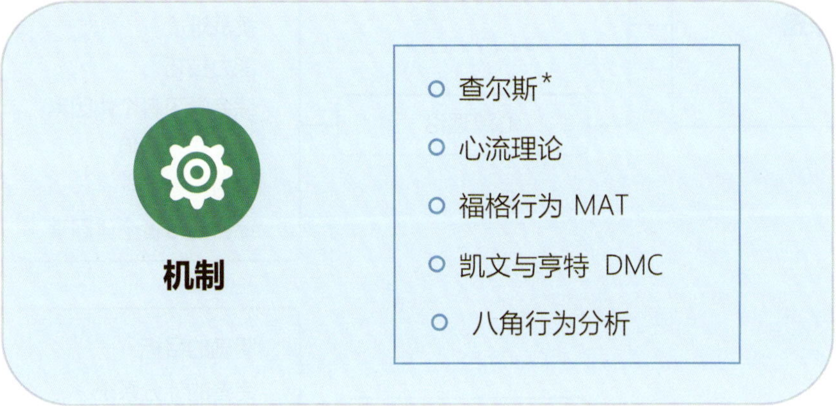

* 指的是查尔斯提出的关于“兴趣”与工作的区别的相关论述。

在新的DMC模型中，如果学习者已经具备了某种参与学习的动机（请允许我再次提醒读者，这里说的动机要排除掉学习本身的意义），机制设计就是为了能够确保这种动机能够转化成为学习的行动。我把这一过程分成两个部分来理解，其一是关于机制设计的原理，也就是说考虑影响机制选择的因素、机制启用的时机、情境等问题，福格行为模型和心流理论属于此类；其二是关于具体可供选择的机制，查尔斯、凯文与亨特、Yu-kai Chou的理论就提供了许多这样的机制。

我将这些原理和机制列于图中。

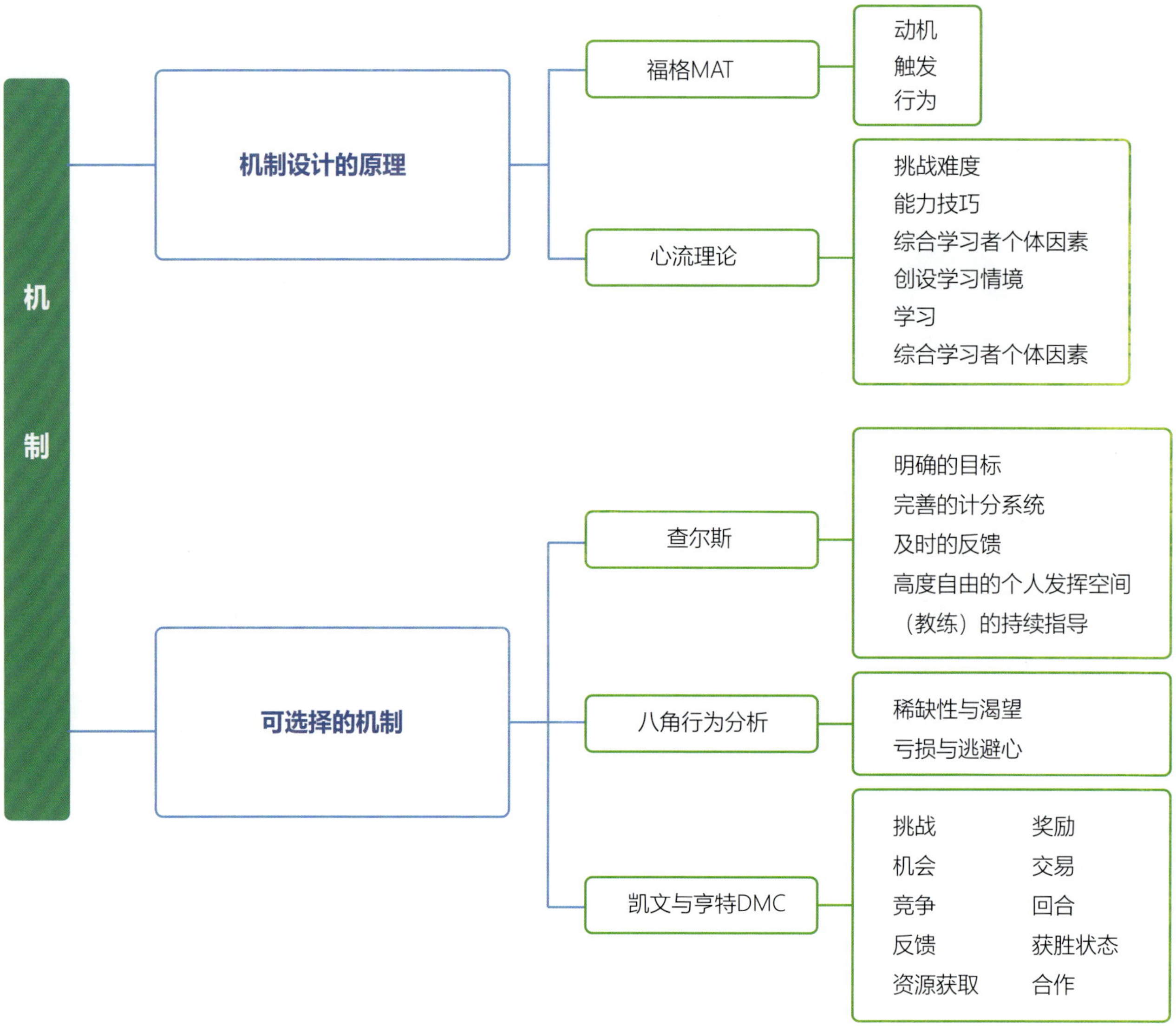
机制
机制设计的原理
福格MAT
动机
触发
行为
心流理论
挑战难度
能力技巧
综合学习者个体因素
创设学习情境
学习
综合学习者个体因素
可选择的机制
查尔斯
明确的目标
完善的计分系统
及时的反馈
高度自由的个人发挥空间
（教练）的持续指导
八角行为分析
稀缺性与渴望
亏损与逃避心
凯文与亨特DMC
挑战
机会
竞争
反馈
资源获取
奖励
交易
回合
获胜状态
合作

机制：福格行为模型[1]

福格行为模型认为，人们产生某种行为，需要有三个要素同时具备：

- 足够的动机 (Motivation)
- 有能力完成这一行为(Ability)
- 需要有触发这一行为的因素 (Trigger)

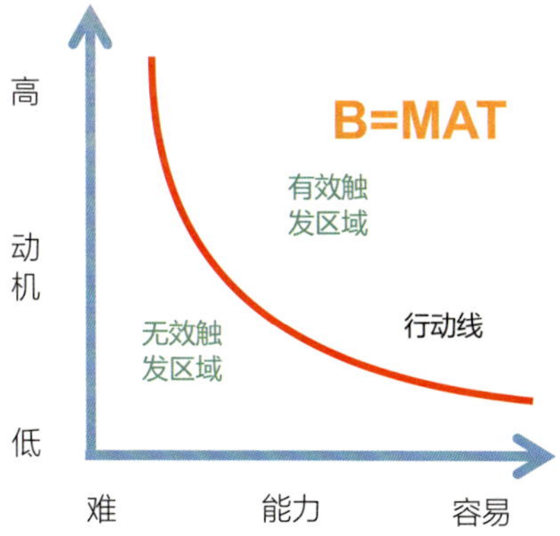

这一理论被大量用于分析互联网用户的行为，特别是在App的转化上面，对于吸引用户参与游戏也是如出一辙。在学习的情境，考虑何种时机下，启动何种类型的游戏化机制时，福格的MAT模型引导我们从动机与能力结合的视角寻找时机和机制。在游戏化激发学习的过程中，“动机”和“能力”是相对变化缓慢的变量，教学者需要审慎地准备，而选择恰当的“触发”则充满了艺术的气息，需要教学者敏锐的观察和灵感。

我曾经将自认为非常有趣的辩论带到课堂上，但这些辩论题目实际上超出了学习者对问题的理解，尽管学习者有参与的积极性，但对于辩论的议题他们只能是泛泛而谈。如果用福格的模型来检验这种尝试，实际上我将“辩论”这一活动放到了无效触发区，早知道我应该先给予学习者更多的阅读时间和讨论时间，以促使他们在能力上得到提升，然后用“辩论”触发学习者对问题的深度思考和意见交换会更好。

注解

【1】 参阅网站：*http://www.behaviormodel.org* 的相关内容。

机制：打通心流通道[1]

按照心流理论的指导，学习者大部分时候是游离于“心流”区域之外的（心流理论将人们从事某项活动的状态分成八个区域，分别是心流、控制、放松、无聊、冷漠、忧虑、焦虑、激励，详情可参阅米哈里·希斯赞特米哈伊原作）。“游戏化”的实现就是要打通“心流通道”，使得人们不在“心流”区域的时候能够通过一定的路径达到“心流”区域。从挑战性和技能要求两个维度构成的坐标系中，实现心流通道就是通过增加挑战性再增加技能水平，或者先增加技能水平再增加挑战性来实现的，不过，在增加学习者技能的过程中，学习者还是可能会经历“无聊、放松”等区域，而增加挑战难度的过程中，也可能经历“忧虑”“焦虑”等区域。

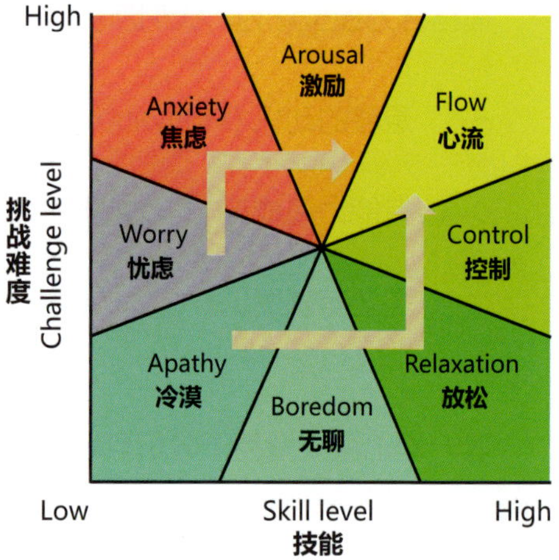

对于教与学的过程，看起来心流理论特别适用于和“成就”的动力因素相结合，但实际上，对于“创新”“自由”和“社交”的动力因素，心流理论也具有实践意义，例如：彼得·圣吉在《必要的革命：可持续发展型社会的创建与实践》一书中提到团队可以展开一种“开放心胸和头脑”的学习之旅，而我理解“开放心胸和头脑”正是在“社交”这一动力因素下，驱动学习者走向心流区域的机制[2]。

注解

【1】参阅《创造力 心流与创新心理学》（[美] 米哈里·希斯赞特米哈伊（Mihaly Csikszentmihalyi）著；黄珏苹译，浙江人民出版社，2015年1月）及维基百科 *https://en.wikipedia.org/wiki/Mihaly_Csikszentmihalyi*。

【2】参阅《必要的革命：可持续发展型社会的创建与实践》（[美]彼得·圣吉著， 李成林译，中信出版社出版，2009年12月）。

在《管理信息系统》课程中，大多数时候我是通过先增加技能，再增加挑战的方式来将学习者导入“心流”区域。因为MBA学习者大多没有完备的IT或者计算机科学的知识背景，也没有接触信息系统开发、软件工程相关的技能训练，因此，他们接触MIS课程的时候往往觉得课程难度大，不知从何入手。而且工商管理背景的学习者往往认为与技术相关的课程不是作为管理者的他们应该关注的，于是他们常常设法逃避课程的挑战。我看到的是，尽管课程实际的挑战程度是比较高的，但学习者大多并不接受这种挑战，因此往往陷入“冷漠”的区域。当教学者试图提供这一领域的案例以激起学习者的兴趣，与他们寻求共鸣的时候，学习者把这些案例视作某种“故事”，他们倒是乐得听听“故事”，有时也很投入，但是他们并不知道这些“故事”跟学习内容有何关系，并且听“故事”并不带来挑战。

另外，在MIS课程中，我非常在意学习者是否全勤参与学习，因为如果有学习者缺席技能提高的课程，其技能水平就会出现断层，就会在后续增加挑战的课程中手足无措，完全不知道如何跟上课程了。这完全不像自负的学习者所想象的，他们可以随机进入学习内容，还可以跟上进度。

打通心流通道也是实现“游戏化激发学习”的一种原理，仅仅从可供教学者调节的变量“挑战难度”和“技能”“打通心流通道”的激发机制比福格的MAT更为细致。也就是说，通过观察学习者的情绪状态，比较容易发现其所处的状态，进而在综合考虑学习者个体、学习情境、学习活动机制设计、学习的空间环境等影响因素的基础上，将“游戏化”组件结合进来，实现向心流区域的演进。

机制：查尔斯——兴趣VS工作[1]

查尔斯发现人们更愿意在“兴趣”（某些运动或娱乐项目）上付出更多的精力和金钱，却不肯在有报酬的本职工作上投入更多，其原因在于“兴趣”拥有5个特征：

- 明确的目标
- 完善的计分系统
- 及时的反馈
- 高度自由的个人发挥空
- 持续的指导（教练）

兴趣是人们按照一系列能让事情变得“有趣”的机制行事而获得的心理满足感，它可以驱使人们对从事的事情更为投入。然而人们却无法给自己强加一项“兴趣”。如果教学者也希望学习者对自己的课程产生兴趣，那么当然可以根据查尔斯提出的5个特征来评估自己的课程，看看自己的课程是否具备这5个特征，思考哪些是可以优化的。

注解

【1】参阅《不一样的工作》（[美] 查尔斯·库然特著，周鸿斌译，北京航空航天大学出版社，2011年8月）。

在《管理信息系统》中，我需要学习者分组设计一个小型管理信息系统，例如：学习者所在企业的客户关系管理（CRM）系统，我会一个一个步骤讲解如何建设系统，学习者则亦步亦趋地完成他们的设计。我试着按照查尔斯的尺度评估了这一教学环节，情况如下：

- **明确的目标**：按照小组来设计CRM系统，目标没有具体到个人，因此不够完美。
- **完善的计分系统**：缺乏对个人和团队的计分系统，他们最多得到口头表扬。
- **及时的反馈**：在他们犯错的时候可以得到及时纠正，但无法有更多时间一对一深入探讨这些错误。
- **高度自由的个人发挥空间**：开发系统采用的整体方法是统一的，但就管理信息系统的具体细节，学习者有很大的发挥空间。
- **（教练）持续的指导**：我可以做到分组指导，但课堂不足以提供时间让学习者尝试、训练并获得更细致的指导。

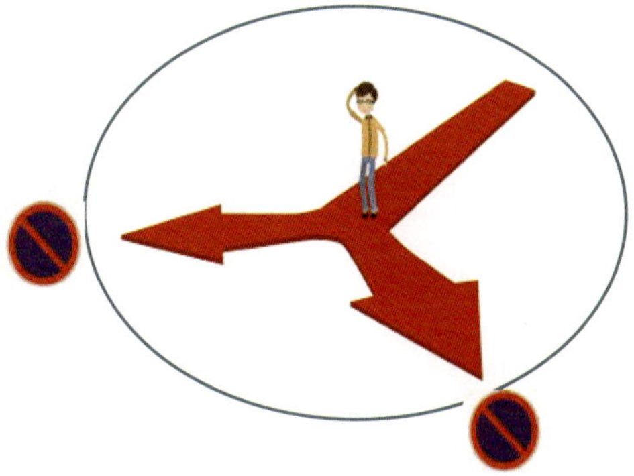

机制：凯文与亨特DMC——10种重要游戏机制及教学应用[1]

机制	游戏	学习
挑战（Challenges）	需要花力气解决的任务	学习的任务不能太简单
机会（Chance）	随机性的元素	不要让学习者觉得一切都是确定的
竞争（Competition）	有人成功，有人失败	学习中存在竞争，但不一定是唯一尺度的
合作（Cooperation）	玩家为了目标而共同努力	学习者团队
反馈（Feedback）	玩家表现的信息	每个学习者应该都能看到自己的进展
资源获取（Resource Acquisition）	获得有用或值得收藏的物品	学习者能方便地获得资源的支持，找到有利于自己学习的物件和知识
奖励（Reward）	一些行动或成就的福利	学习者能经常获得与成就和过程相关的奖励
交易（Trading）	玩家之间直接或者通过中介的交易	鼓励学习者交换意见，相互教习技能
回合（Turns）	不同玩家轮番参与	把学习的连续过程分成阶段，例如，组织多轮次的辩论等
获胜状态（Win States）	胜出、平局或失败的状态	为不同的状态准备仪式化的情境

注解

【1】根据《游戏化思维：改变未来商业的新力量》（凯文·韦巴赫（Kevin Werbach），丹·亨特（Dan Hunter）著，周逵，王晓丹译，浙江人民出版社，2014年4月）第89页的相关理论整理。

关于机制的总结

综合上述各家之言，我觉得“游戏化激发学习”可供选择的主要机制至少包括10种，也就说，当时机和情境恰当，我们应当可以在这些机制中选择一种或几种引入到游戏化激发中来。那么接下来，我们就只需要找到游戏化组件来将机制变成现实了。

目标与挑战机制
竞争机制
计分与反馈机制
交易机制
持续辅导机制
获胜与奖励机制
阶段划分与回合机制
稀缺制造与资源获取机制
合作机制
随机与机会机制

组件

组件

○ 凯文与亨特 DMC

组件：凯文与亨特的组件元素[1]

- **成就**（Achievements）：既定目标
- **头像**（Avatars）：可视化用户形象
- **徽章**（Badges）：有人成功，有人失败
- **打怪**（Boss Fights）：一定等级的"生存"挑战
- **收集**（Collections）：成套徽章的收集和积累
- **战斗**（Combat）：短期的战役
- **内容解锁**（Content Unlocking）：达到要求才能显示的游戏内容
- **赠予**（Gifts）：与他人共享资源的机会
- **排行榜**（Leaderboards）：视觉化的游戏进展和玩家成就
- **等级**（Levels）：节点化的进展
- **点数**（Points）：游戏进展的数值表示
- **任务**（Quests）：预设的挑战
- **社交图谱**（Social Graphs）：玩家在游戏中的社交网络
- **团队**（Teams）：一起工作的玩家
- **虚拟商品**（Virtual Goods）：潜在的价值或与金钱等价的价值

注解

【1】参阅《游戏化思维：改变未来商业的新力量》第90页（凯文·韦巴赫（Kevin Werbach），丹·亨特（Dan Hunter）著，周逵，王晓丹译，浙江人民出版社，2014年4月）。

关于组件的总结

游戏化的组件是实施游戏化的具体手段，根据应用背景，可以变化多端。我们不难在教学过程中发现各种游戏组件元素的影子，虽然说法不同，但内涵一致，例如，游戏的排行榜对应的是成绩排名；游戏的徽章也常常变成学习的徽章，例如："小红花"就是一种常常出现在幼教领域的徽章。实际上，不仅仅是完善的PBL（积分、徽章、排行榜）在教学中有应用，游戏点卡，来自真实商业活动的项目需求（在美术学院的案例中出现的"课堂现金"），还有各种小游戏等都在教学情境中反复出现，我们甚至不能完全列举其形式。应当说组件层面的游戏元素对于教学者而言并不陌生，只不过我们需要主动去强化对这些元素的科学应用。

动力、机制与组件三者整合的设计构成"游戏化激发学习"的有机过程，这一模型可以引导教学者进行课程的游戏化设计。虽然我们综合各家之言，尽力为游戏化激发学习提供了观念、工具和方法，但我想强调的是：教学者首先应当根据独特的教育情境，重点考虑"以人为本"地重新设计教学过程，然后才是考虑可以选用的多种多样的方法。

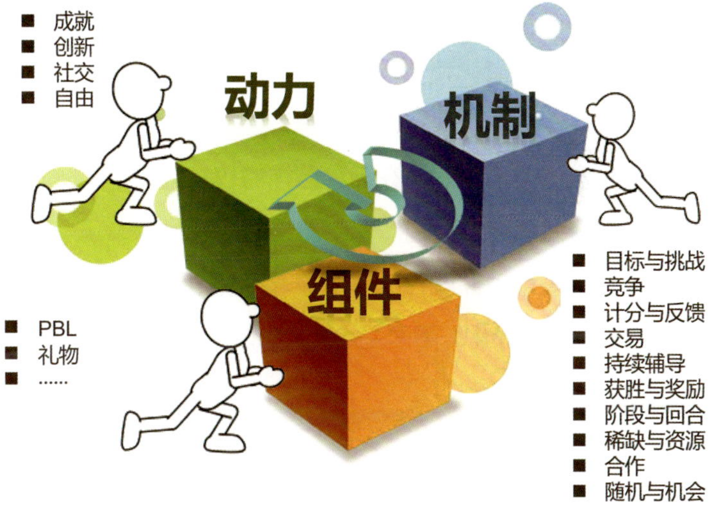

3.5

一门课程的经历

在即将结束关于“激发”的话题的讨论时，我收到了徐继红老师发来的邮件，为我介绍了发生在她课堂上的有趣的事情，我觉得这或许是为本章内容准备的最平常而深刻的例子。说“平常”是因为我觉得这样的故事可能每天都发生在各种各样的教学场景中，触动教学者的思想，而说“深刻”是因为我觉得关于“激发”的观点也许就在故事中破解动机困局的“战斗”中被应用和深化，下面是徐老师的讲述。

2013年，刚刚获得博士学位的我，踌躇满志地承担了一门叫作《教育技术学研究方法》的专业课程。这是一门理论与实践相结合的课程，好在在求学的经历中，我亲身实践了课程中涉及的多种研究方法，比如，文献分析法、实验研究法、调查研究法（问卷调查、访谈和课堂观察）、行动研究法等，因此对课程内容的理解比较深入，我觉得我能胜任。

我设计的教学方案中，课程的理论部分以多媒体课件辅助下的讲授为主，实践部分以本专业小研究案例为主展开，我自认为这是一个令人满意的教学设计方案，特别是实践案例的设计上，多以我亲身实践过的研究现身说法，讲起来也亲切生动。

2014年的教学实践结果却令我很挫败。课堂上的理论教学，学生很努力地听，但是眼神很茫然。实践部分中，他们惊叹于我曾经研究的付出，但对他们自己即将开始的实践提不起一丝兴趣。

2015年，我调整了教学内容，重点讲授几种常见的研究方法，如实验研究和调查研究等。这样我进一步压缩了枯燥的理论讲述，增加了实践环节。学生的参与状态有所改观，但是他们对实践中的选题（来自专业领域中的经典选题）还是不够理解，把握不住要领，且兴致索然。

两年来，我精心的准备还是无法换取学生们全心的投入，问题出在哪里呢？

我与一些学生进行了深入的交流，我了解到：

本科生的研究意识不足，把理论的内容当成知识点来记忆，无法转化成实践操作的能力。

本科生的专业素养偏低，对与专业相关的研究问题，缺乏深入的思考与敢于担当的勇气。总是在疑惑为什么要这样做？这样做能解决什么问题？如何才能达到预期结果？因此，实践中很难形成较为成熟的问题解决方案，无法构建清晰的研究思路。

问题的根源

对于一个看不到前景，又缺乏兴趣的课程，学生的努力与坚持都是有限的，结果便是上课教师兴致勃勃，学生昏昏欲睡；下课教师满心期待学生作业，学生则通过网上搜索敷衍塞责。

2016年春暖花开的时候，《教育技术学研究方法》的课程进展到实验研究环节，我很清楚在理论讲授中有很多概念，例如，因变量、自变量，干扰变量，实验假设，实验信效度等问题，学生们还没有完全理解，而即将开始的实验设计，学生又缺乏思考的积极性。尽管上课内容准备很充分，PPT很精美，我还是有些畏惧地走进课堂。

春天的灵感

上课的那一天，阳光明媚，在去学校的通勤车上，几位女老师上车之后就开始谈论减肥的事情，“减肥？”减肥是春天里比花开还热门的词汇，经过冬藏之后，多数人都在思考减肥的问题，正所谓“三月不减肥，六月徒伤悲”。大家一路上在讨论春天来了，自己的肉肉藏不住了，去年买的昂贵衣服穿不上了……我突然灵机一动，今天的实验话题何不从“减肥”开始？但是我没有准备……冒险一次吧！……

成功的开场：

师：同学们，大家想减肥吗？

生：想

师：我也想，但是无数次的减，没成功过

生：哈哈

笑过之后，一部分学生开始帮我出谋划策

生1：老师你晚上不要吃饭，或者少吃（一部分人附和）

生2：老师你每天快走1个小时（一部分人附和）

生3：老师你可以尝试中医针灸治疗或者减肥药（少数人附和）

师：大家各持己见，哪种方式有效？你们用什么方式证明自己的方式有效？

生4：可以都尝试一下

生：咱们可以自己实验一下，看谁的有效，不能让老师白费功夫（**成功转入主题，且学生的兴致颇高。师心甚慰，心中窃喜）。**

冒险的尝试

完美的实验设计（一）：

师：大家既然想做个实验试试，那我们就来设计一下实验如何去做，才能让结果更加使人信服，才能比较出哪种方式更有效，我也来尝试一下，如何？

生：好，那需要好好设计一下，要不结果不准确……

师：那我们实验前需要做哪些准备呢？

生：要筛选一部分相近的肥胖人群做实验（选取被试）；对选取的人群进行均衡分组（匹配分组）；对他们初始情况进行测试（前测）；要设计好实验过程中的观测指标和观测的方法，做一个表格出来（实验工具的设计）；要选取愿意帮助我们做实验的志愿者进行培训（选取实验者），要签署实验协议书；要事先调查有没有干扰因素，如有的人到了春天自然就瘦下来（干扰变量）……

完美的实验设计（二）：

师：那实验过程中我们需要做什么？

生：阶段性记录或者固定频率记录实验者的变化；记录有没有意外情况发生；要不间断地进行鼓励性的心理辅导，让他们坚持下去；实验过程中发现问题及时调整……

师：那实验结束后我们需要做什么呢？

生：把记录的数据整理出来，比较一下三组的差异；还需要考虑不同种方法对不同类型人群的影响；还要想想实验过程中有没有干扰因素；把不同的方法推荐给不同类型的人群……

总结与任务（三）：

师：实际上，今天我们采用实验研究的方法对减肥问题进行了实验设计。大家做得很好，思考得很全面，不足的地方是我们用的术语还不够规范，你们可以通过我的PPT和教材自己学习一下实验研究中的名词术语和规范的实验操作流程吗？

生：没问题

师：那你们学习之后，能重新修改一下实验研究方案吗？

生：小事情

师：那你们可以拿自己作为被试，实践你们的方案吗？

生：OK!!!

铃声响起的时候，我的课程完美收场了。

反观教学过程，得出下面的启示：

思考

教师的作用：设置问题，引导思考方向。

学生的实践：学生通过争论、讨论与分享，将实验前需要考虑的因素；实验过程中需要做的事情；实验后能进行的分析，完美的呈现出来。

新知识的学习：学生课后完成新知识的学习。

教学的启示：也许在以往的教学实践中，失败的地方，不是学生不能做，是学生不愿意做。谁也不愿意在自己不感兴趣，又不知道意义在哪的事情上付出。

教学的延伸：也许部分大学生厌学、逃学的深层次根源也在这里："不感兴趣，看不到意义"，所以不作为，甚至放弃。

我感觉在徐老师的课程中，学习者动机的不足是主要的问题，而教学者恰恰成功地将这一问题进行了解决，我从两个角度来理解这种解决之道：

- **成功的问题激发：**在这门课程中，教学者将"研究方法"的问题转化成为一个与生活息息相关的问题，而且似乎这一问题放到"春季"这一场景下，还颇具紧迫性，因此，学习者感受到这是一个具有很强现实意义的问题，也就是说，这是一类"爱迪生"式的激发。而且，在这一过程中倾注了学习者对教学者的情感，因为他们感觉在为教学者解决难题。

- **成功的游戏化设计**：首先，通过情境的代入，学习者体会到了解决问题的“意义”，这虽然未必给学习者带来直接收益，但恰恰类似Yu-kai Chou提到的核心吸引力：史诗意义与使命感，一群学习者试图解决教师当下面临的紧迫问题，这是怎样一种使命感呢？其次，不同的减肥方案也体现了竞争机制的引入，学习者不自觉卷入其中。再次，学习者意识到所学能够解决如此一类问题，并且的确与他们平时所想所为不大相同，因此激发了他们创新的动力。最后，学习者把作业带入他们自己的群体中去完成，能满足他们的社交需求。

> 教学的艺术不在于传授本领，而在于激励、唤醒和鼓舞。
>
> ——第斯多惠（德国教育学家）

在一条河流的两岸，夜幕降临，歌舞升平，没有人知道在天明的时候，河流的此岸将彻底毁灭，无人可以幸存，但如果游过河流到达彼岸，平安与幸福就将继续。天神将这一消息带给此岸的两位老师，而老师希望拯救他们的学生，其中一位老师声泪俱下地将消息带给学生，并晓之以理，动之以情，学生们在老师划定的“生”的意义指引下，渡河。另外一位老师，也尝试这样做，但他的学生迷恋今夜的歌舞升平，他们甚至尝试安慰自己的老师：“不要相信那些可怕的谣言。”他们中的大部分不准备渡到彼岸。老师只好说：“我将在天明之前在彼岸设置一场盛大晚会，有你们喜欢的啤酒和音乐，而且我将为你们表演我创作的时尚舞蹈（实际上这位老师根本不会舞蹈）。”于是，学生们跃跃欲试，在老师划定的“游戏”之乐中，渡河。

我想，读者应该不难发现，这个杜撰的故事说的是什么。

第四章
支持: Support

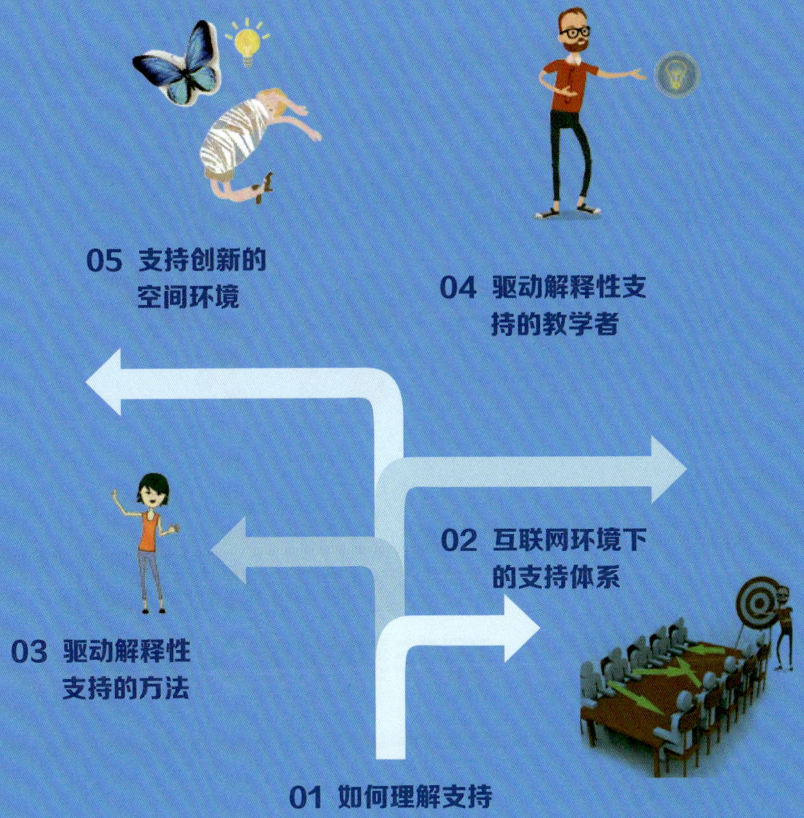
05 支持创新的空间环境
04 驱动解释性支持的教学者
02 互联网环境下的支持体系
03 驱动解释性支持的方法
01 如何理解支持

当学习者热情高涨地进入学习状态，教学者是否可以隐身其后，静待成功呢？答案显然是否定的。虽然由互联网提供的教学材料日趋丰富，但随之而来的系统复杂性也增加，从解释性的视角看，为学习者营造一个泛在而舒适的支持性学习环境，教学者的作用益发凸显。

本章我想重点谈及的问题有：如何从解释性视角理解“支持”，包括“支持”应起的作用，“支持”的困境，“支持”的过程；一个互联网环境下支持体系的设想，以及如何依托这一体系驱动解释性支持。

4.1

如何理解支持

发现学习者

学习者应当主导学习的过程，也就是说，他们可以为自己设定学习目标，选择自己喜欢的方式学习，选择在何时开展学习，甚至决定跟谁在一起学习。如果认可学习者承担学习的主导角色，那么教学者就应当时时提醒自己恪守支持者角色的本分，切勿越俎代庖。但相对于学习者，教学者往往更早了解学习的内容，也就更能从内容的逻辑中找到某种学习的“捷径”，于是他们急于把“捷径”和问题的“答案”告诉学习者。这看似帮助学习者节约了时间，提高了效率，但在某种意义上，它剥夺了学习者选择按自己的方式学习的权利。尽管教学者这样做完全是出于责任感和善良的本意，可惜这种责任感和善意的出发点并没有在多大程度上帮助到学习者。

学习是学习者的建构，而非教学者的灌输！

我常常想，人们学习的过程是否就像河流的流淌，从未知流向已知？不同的河流即使从同一片高原或雪山出发，也可能去往不同的方向，呈现不同的形态。即使同一条河流在不同的阶段、不同的时候，也呈现迥异的状态，它们或静水流深，或奔腾汹涌，或被大堤紧锁，又或桀骜不驯；有时朝着明确的方向，遇有阻挡必掀起惊涛骇浪，有时又低回婉转，弯弯曲曲，在荒原信步。

人群中每条“学习之河”应当是千差万别的、瞬息万变的，这正如世间的河流形态各异、丰富多彩一样。作为教学者，我们不至于认为每个教学过程都绝无类似，对待它们无所适从，但反过来，如果我们认为每个教学过程都是完全相同，可以用完全重复的套路来应对，那或许就更为可悲了！

“人一次也不能踏进同一条河流”

—— 克拉底鲁(古希腊哲学家)

当我严格要求自己站在支持者的本位看待教学时，课堂就不再像以往那么熟悉了，学习者到底在想什么？他们的思维习惯是什么？给予他们什么才能让他们有所收获？越是思考这些问题，越是发现自己对即将接触的学习者是如此的陌生，以至于我完全无法体会到应对教学的轻车熟路之感。

需要发现的是学习者的个性，而非共性！

从某种意义上讲，因为存在对学习者的“无知”，我首先应该成为向学习者“学习”的人，我需要真正理解学习者的思维，发现自己与学习者的分歧点，否则，我可能只不过是一堆学习材料的“看守者”，却并不能推动这些学习材料真正去增益学习者的学识。

由此，“发现学习者”应当是教学者展开支持的第一项工作，在学习的过程中，即使面对的是群体学习的情景，教学者所有精心准备的“支持”也不应仅仅针对学习者的“共性”，而更应该针对学习者的“个性”。

学习者的起点

我遇到过学习者把自己想象成“一个空着的杯子”，提醒自己不要骄傲自满。我也遇到过强调学习者是“半空杯子”的教学者，他们希望学习者可以将旧学与新学融会贯通。我也碰到过已经“满杯”的学习者，就当下的学习内容而言，他们是饱学之士。关于“杯子”的隐喻常常引人深思，然而实际上，在学习的起点处，教学者想了解的关于学习者的情况远比判定一只杯子是否装满要多得多，至少，他们想尽可能知道每个杯子里到底有什么不同的东西，有没有新东西可以放进去，放进去新的东西会怎么样等问题，无一而足。

如果把通过书本、讲义和教学者表述等多种形式来阐释的学习内容看作是学习者的起点，这些内容在“形式知识”的意义上可以表现得对所有学习者都是一致的，但如果考虑学习者的知识积累以及由此形成的对“形式知识”的内在理解，或者说考虑学习者的暗默知识，那么，学习的起点就应当是学习者“形式知识”和“暗默知识”的总和。基于此，每个学习者在学习过程开始之时就站在了完全不同的起点上，或者说，他们在学习的起点处必定是充满分歧的，并且这种分歧深藏于学习者的行为模式之下，不易察觉，因此，本质上，无法用“杯子”的单一刻度来衡量。

学习的过程

我曾经看到过蜿蜒向前、辫状流淌的河流对荒原的探索，这让我想起学习者的思维对未知的探索。思维在未知领域的扩张并不是简单的线性关系，它呈现出逐渐深入的网状扩展机制。关于这种思维扩展的细节，2000年诺贝尔生理学与医学奖的得主埃里克·坎德尔对记忆的研究或许给出了解释，“要想得到长久的记忆，大脑在处理接收到的信息时必须足够透彻和深入，这就要求大脑在处理信息时集中精力，并且要将这一信息有意图且系统性地与记忆中已经完善的知识联系起来。[1]”

注解

【1】参阅《追寻记忆的痕迹》（埃里克·坎德尔著，罗跃嘉等译，中国轻工业出版社，2007年1月）。

这让我又想起了“思维导图”工具，作为一种思维可视化的工具，它在图上还原了人们思维发展的放射性规律，因而获得广泛应用，而它看起来的样子其实正像辫状河流。

正如建构主义的理解一样，知识建构的过程因人而异，教学者并不容易轻易观察到学习者思维发展的历程，因而并不一定能照顾到每个学习者、每个思维“支流”的发展，但至少教学者应当对这种自由的探索怀有尊重和理解，而不是强制去改变它们。就像在领略大河奔流的景象时，我们总不应该只是算计着修建水利工程而对它们予以粗暴截流或者改道吧！

反思自己，在过往的一些教学情境中，我曾热衷于为学习者修建达到目的的“渠道”，这样就可以引导学生顺着这些光滑的渠道，用最小的代价达成目的。现在回想起来，也许当我为自己的“效率”得意扬扬的时候，学习者正陷入被扭曲思维的痛苦中，这真让我汗颜不已。

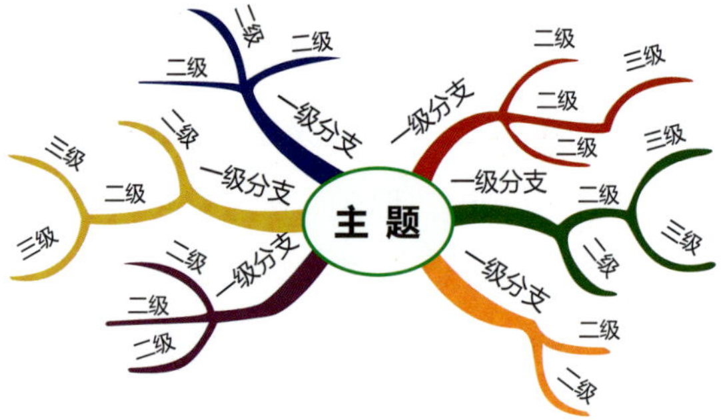

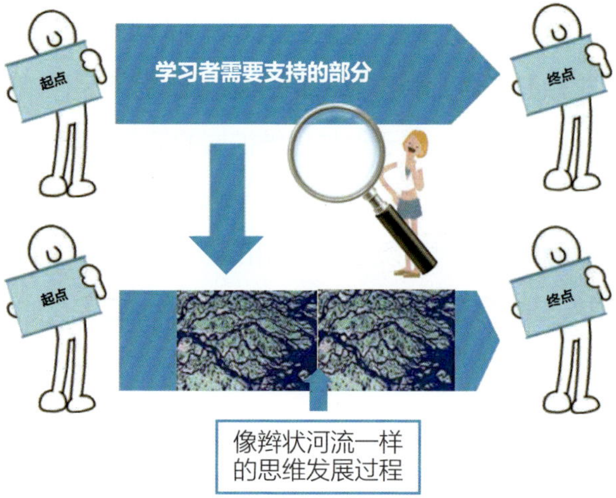

学习者的终点

在《管理信息系统》的课程中，我碰到过一位学生，他每次提交的作业，甚至在考试中，都试图用区别于我教授的方法解决问题，这使我怀疑他是否认真对待我的教学，以及是否真正学会了我教的知识。但其后与他的交谈否定了我的猜测，他非常尊敬我，并且喜欢我的课程，也正因为如此，他试图表现得与众不同，尝试在课堂教授的方法之外更进一步，虽然并非总是正确，却大都包含着某种创新的想法。这段经历给我上了生动的一课，我应该更早意识到每个教学过程都应该有也可以有不一样的结果。

正如每条河流都有自己的方向，我们也不能要求学习者学习的终点也完全相同。经历了学习过程的学习者对知识的掌握和理解不可能是完全一致的，例如，并不是所有同专业的大学生掌握的知识和技能都完全一样。学习过程输出的“产品”注定是非标准化的，即使有人可以说，相“近似”的教育能够使得学习者的知识体系足够“近似”，可以被近似地认为是一种标准化的知识体系，但不难发现，学习者在最终运用这一近似标准体系的时候，依然是千差万别的。哪怕只是一次寻常的考试，参差不齐的分数也会让这种差异一览无余，所以，莽撞地设置“一致性”的学习目标未必是明智的选择。

“支持”并不是代替学习者设定目标！

我把教学者追求教学过程标准化的做法看作是一种陷阱——“标准化陷阱”，它引导我们按照一种生产线的简单思维方式去对待复杂的教育问题。按照这种思维设想，当社会缺乏某类人才的时候，我们就可以分析构成这类人才的知识和技能，形成一张“知识列表”，再把这一知识列表交给学校，学校就能把这些相应的知识像“原材料”一样装配到学生们身上，于是一批合格的人才就可以下线了。过于坚持效率化的教育生产，驱使教学者忽略了学习者起点差异、认知过程差异以及建构结果的差异，代之以一个标准化的起点假设、标准化的教学过程、标准化的终点要求，并且仿佛只有这样才能实现某种教育的“公平”，但其本质却违背了知识运动的基本规律，反而会带来创新人才培养的低效率。

在教学实践中，标准化陷阱比比皆是，假想的“知识列表”并不罕见，那些标准化的学习大纲、考试大纲就是它的表现形式。互联网也并非一片净土，某些所谓“意见领袖”正试图成为某种标准的制定者，他们往往不能从学习者的个性需求出发，甚至断章取义，通过强化某些观点，隐藏情境背景等方式，抱着“语不惊人死不休”的态度，哗众取宠，草率生产“知识”。因此，虽然看上去互联网的广泛应用将知识分享的门槛降到极低，丰富多彩的内容的确有利于破除标准化的陷阱，但在轻易获取网上资源的时候，“甄别”重于“找到”，网传的谬误可能更大面积地影响人们，成为“标准化陷阱”的另一种表现形式。

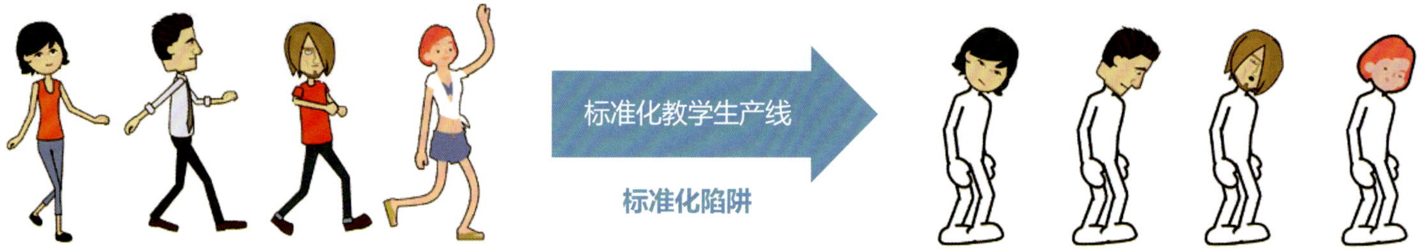

需求的困境

没有一致的起点，没有一致的过程，没有一致的产出，对于这样的情境，有人或许会批评我正在把教学过程推向一种无章可循的境地，对学习者的“支持”变成了一个无法完全预设的过程。但我想不是的，归根结底，如果学习者还没有告诉我们他们想要什么，我们就着急地奉上我们的所有，这不能叫作“支持”，顶多只是一厢情愿的付出而已。

发现学习者的需求不是一件简单的事情，困难既来自于教学者，他们如何了解学生的需求，特别是当教学者面对一群学生时，如何发现“个性化”的具体需求呢；困难也来自于学习者，他们如何判定自己的需要。

我年轻需要你指点，
但不需要你指指点点！

就我的观察，因教师和学习者对于需求的模糊认识而形成了两类“需求盲区”，一类是教学者不理解或者无视学生的需求而形成的，另一类是学习者自己不了解自己真正需要什么而形成的。

教学者对需求认知的盲区

由于各种原因造成的教学者无法探测到学习者需求的现象。例如，为了补救发现需求上的无所作为，有的教学者会采用“题海战术”，这类似一种大海捞针的做法，因为并不知道学习者真正的需求，所以就用穷举题目的方式，试图填补未知的空白，但结果往往是浪费时间在重复已知，而不是探索未知。

学习者对需求认知的盲区

对学习内容的未知以及缺乏全局认知，使得学习者对自己的需求认知也存在模糊的现象。例如，学习者很容易误判课堂的内容，听取了已经理解的知识，又在昏昏欲睡中错过了真正需求的部分。又如，有的学习者很长时间不能掌握某种知识或技能，却无法意识到产生这一问题的症结，也就是突破的需求点，这使得他们付出了超常的努力也难以达成效果。

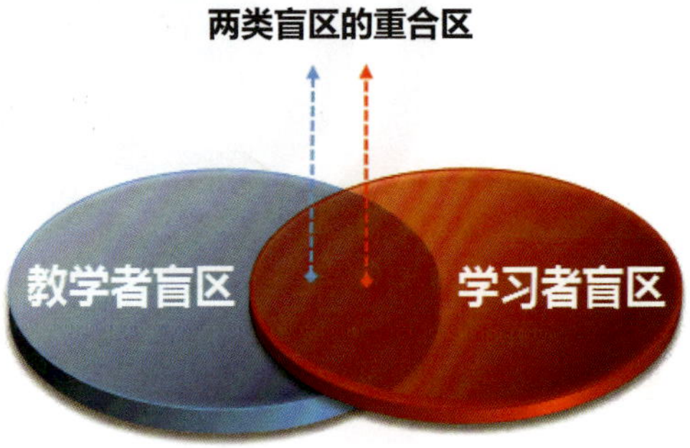

两类盲区重合的区域是教学者和学习者都无法认知的需求区域，实际上，这恰恰是解释性对话发挥作用的区域。

支持的需求并不等同于学习的目标，而是为实现这一目标，并基于当前状态学习者需要补充的知识、技能和经验体系。例如，学习者的目标是通过学习成为一名出色的游泳者，学习者当前的需求却是基于成为出色游泳者之前学习者的状态，学习者尚需补充的知识体系、技能体系、经验等，如换气呼吸技能、肌肉强化训练、动作规范训练等。

我尝试通过课前测试、访谈、问卷调查、观察等方法来获取学习者的需求，但效果都不很理想，这使我逐步意识到，在学习过程中，学习者需要的某种东西是高度个性化、高度暗默的，往往只有随着学习过程的进展才逐渐明了，那么探测学习者需求的方法是怎样的呢？

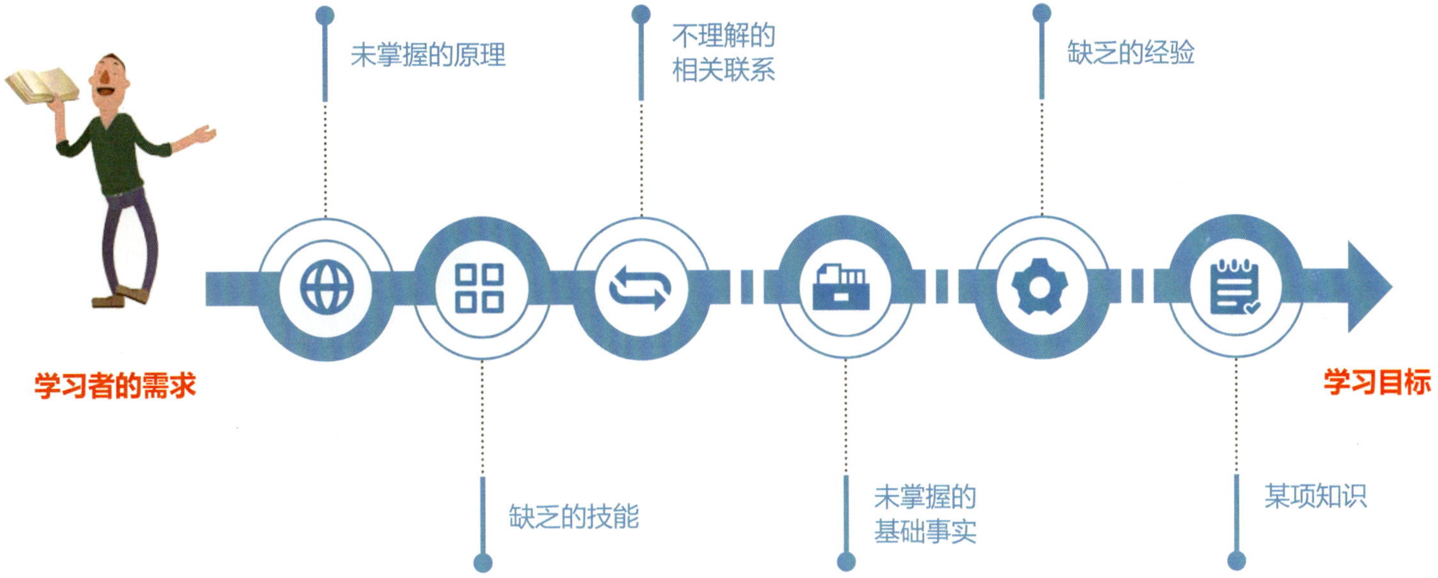

未掌握的原理
不理解的
相关联系
缺乏的经验
学习者的需求
学习目标
缺乏的技能
未掌握的
基础事实
某项知识

◇ 分析性方法的失效

据说，福特汽车公司在调研人们需要何种更好的交通工具时，得到的结果竟然是“人们需要更快的马”，如果照此执行，福特就不必造车了。实际上，大数据分析、复杂的问卷与访谈、用户画像等方法都广泛应用于发现消费者需求，结果也并非总是那么准确。类似地，教学者在学习开始之前往往也会对学习者进行多种多样的探测，形式包括：入学考试、面谈、学习者陈述等，但有时这些做法的好处可能仅仅是“做比不做好”。毕竟，学习者入学考试的结果与他们的学习需求并不一一对应，知道测试结果并不等于知道造成这一结果的原因，而且测试的可靠性也是问题，机缘巧合造成的测试成功或者失败都会使得学习者的需求被误解，甚至学习者自己也会感到困惑。

为什么我们难以准确探测需求呢？我想，或许还是源于我们对问题情境的判断。学习者明确需求的过程是一个复杂的心理过程，不属于易于明确确定目标的分析性情境，与其他领域的实践一样，除非问题能够得到明确，否则分析性的方法就会部分或全部失效。

◇◇ 解释性方法的导入

理查德·莱斯特和迈克尔·皮奥雷[1] 在论著中提到，消费者自身并不能明确知道和表达他们的需求，因此在探求需求的时候应当通过构建解释性的空间，通过分歧和误解的引入，让需求在不断解释中得到修正和明确，并且这一过程最为核心的要点在于消费者的参与。如果类比到发现学习者需求的情境，学习者需求的揭示也应当更多地让解释性方法主导，通过创造解释性的对话，使得学习者与提供支持的各方，特别是教学者，能够充分地交互，这一过程的核心关键点就体现在学习者的深度介入。

解释性对话并不限于某种固定的形式，也并不排斥我们常用的方法，例如，课前测试常常被看作是一种分析性方法，但只要教师与学习者能够减少过多对测试结果的关注，减少依据测试统计结果来武断需求的行为，转而就测试的结果展开讨论，探寻形成结果的原因、影响因素以及可能的改进，就能将分析性方法应用转变成为一种解释性对话的过程。当然，在美术学院中，可能会通过直接的创作来引入解释性对话，体育老师可能会通过与学习者一起观看运动录像来引入解释性对话，理论课教师或许会通过引入争议性话题的辩论来导入解释性对话。

注解

【1】参阅《破译创新的前端：构建创新的解释性维度》一书（理查德·莱斯特和迈克尔·皮奥雷著，寿涌毅，郑刚译，知识产权出版社，2006年1月）。

◇ 解释性支持

教学过程中，学习者表现出来的个性化思维方式和思维过程与每个个体的经历、际遇，以及面对的问题息息相关。即使教学者知道学习之河流淌的方向，也并不能轻易改变学习者思维扩展弯曲向前、辫状流淌的本性。

那么，如果希望能帮助那些“学习之河”流淌，我们或许只能跟随它们的脚步，因势利导，努力去发现那些水流运动的规律，顺其自然予以帮助，予以疏导。或者说，支持者应当鼓励学习者按照自己选择的方式来学习，跟随自己的想象力自主选择在“大地”上向前走、向后退或者向两旁移动。

每个学习者为达成目标所缺乏的资源存在差异，那么我们把自认为有价值的“资源”推（Push）给他们，或者拉（Pull）着他们来接收我们的提供物，两者都是错误的，我们只能提供一个资源列表给学习者，让学习者可以以此为基础，一边明确需求，一边按照需求指引完成学习过程。事实上，学习者明确自身需求的过程是一个学习者主动参与的互动过程，本身就是学习的过程，这也暗合了王阳明提倡的“知行合一”的思想。我称之为“解释性支持”，基于此，我将“解释性支持”定义为：

充分尊重每个学习者自己的思维和学习模式，跟随学习者步伐，不断创造解释性对话，在运动中理解需求并适当提供支持的方式。

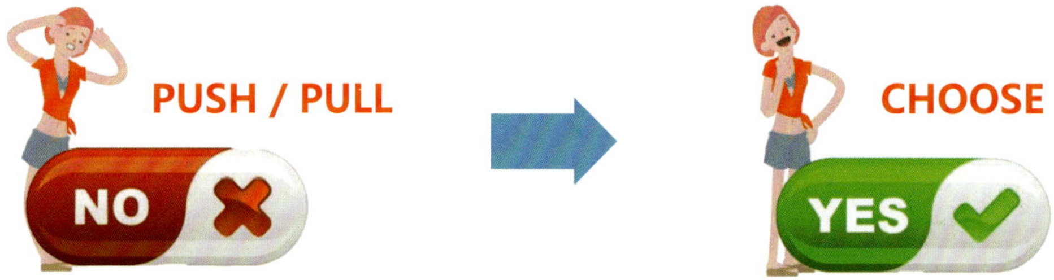

◇◇ 分析与解释的融合

应该注意的是，教学者与学习者在知识上很大程度是不对等的，歧义和误解可能一直会保留在师生之间。因此，只要需求依然存在不明确的可能性，解释性支持都应当是主要的方式，借此让学习者发现分歧，并处理分歧（扩大或者缩小）。不仅说“告知答案”不是支持的目的，甚至教学者还需要克服“告知答案”的“坏习惯”。

一旦学习者与教学者之间的需求可以明确定义了，分析性方法就可以结合进来，但这种结合针对的是解释性过程中出现的明确问题，是一种局部应用的方法。需要特别小心的是，分析性方法容易驱动教学者试图消灭存在于教学者与学习者之间的分歧和误解，使他们认为每个课堂都应该能完成明确的信息传递，甚至以消灭分歧的程度来衡量教学的质量，让学习者的认知看起来更接近书本知识（“相对可靠的假设”），但这并不是学习者主动选择的消除分歧，他们只不过从一开始就被告知答案，并要求改变想法。

在新近参与的一场关于大学课程的讨论中，有一些学识渊博、经验丰富的教师坚持认为，如果学习者对即将学习的领域一无所知是无法开始意义建构的，所以，他们希望在课程的前序部分讲授关于课程的基本知识或者教学者的经验。

我想说的是，虽然界定一个领域的边界有时也是通过对领域内概念、方法的描述来实现的，但大多数情况下，出于介绍概念、方法的目的，还是出于界定边界的目的依然会引致不同的做法，前者注重给出原理，后者则注重描述现象。课程前序部分确实应当形成对领域的定义，形成焦点区域，但更要小心避免教师的权威性过早消灭了学习者对知识的分歧性理解，也就是说，过早消灭了潜在的分歧。如果有学习者表现出对讲授的特别需求，应该也属于个性的需求，对所有学习者而言，长篇累牍的讲授并非必不可少的环节。

4.2

互联网环境下的支持体系

我把解释性对话看作是学习者、教学者、学习伙伴在特定的物化环境背景下的交互过程。围绕这一交互过程的支持系统由人际环境和物化环境组成，从要素上看人际环境主要包括教学者和伙伴，他们是参与交互的主体；物化环境则包括发生交互的场所以及所涉及的其他各种物化的实体，它们是支持过程的重要影响因素。

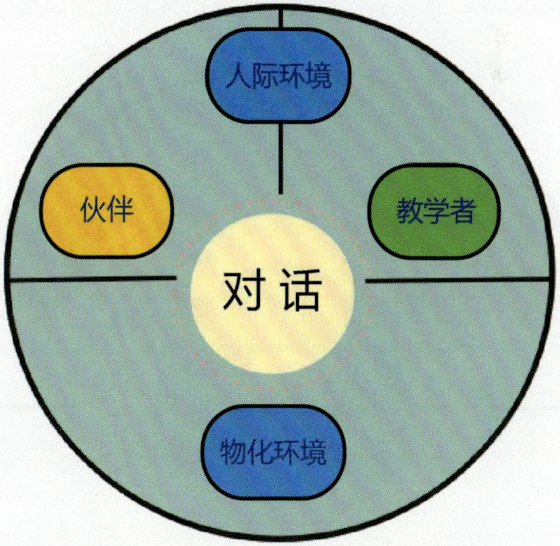

支持的过程是一个对话的过程！

任何形式的“一厢情愿”都是不合适的。

在学习过程中，教学者、学习伙伴和物化环境都以某种形式向解释性对话过程输送资源，这些学习资源既包括有形可见的物资、材料、学习的场所，也包括无形的各种知识、咨询服务甚至信念、情感等。互联网内容技术和交互技术不断深入到人际环境和物化环境中，使得它们的内涵变得更为丰富，向对话过程输送资源的内容和方式都发生了变化。而对话正是在大量线上、线下资源的支持之下，学习者潜移默化的知识建构过程。

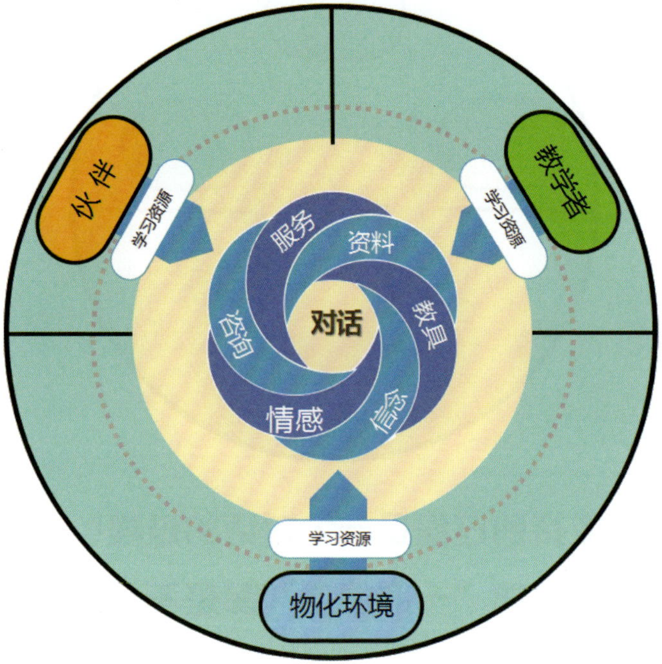

克莱·舍基[1]将全世界受教育公民的自由时间看成一个集合体，一种认知盈余，互联网是一个庞大的知识库，它更是连通着无数思想活跃、知识丰富的人。如果这种盈余可以高效转化为可资利用的教育资源，将会给世界带来多大的影响呢？

当前，以互联网为代表的诸多创新技术正涌入教学领域，使得广泛而深入地利用“认知盈余”成为可能。我想，与其“闭门造车”，不若将教学者、伙伴以及物化环境中其他各个要素置于新技术的情境下，开放性地重新思考如何构造教学的支持系统会更有意义。

注解

【1】参阅《认知盈余》（克莱·舍基（Clay Shirky）著，胡泳译，中国人民大学出版社，2011年12月）。

互联网化的人际环境

教学者的在线化已经成为趋势。一方面，在线教师并非仅仅在教学视频中表现出卓越的知识表述，通过直播课堂、VR、AR等先进技术的应用，在线教师与受众缺乏互动的刻板印象也正在改变。另一方面，应用各种社交工具，线下教师也可以转化为线上教师，甚至基于人工智能的机器教师也会以适当的形式进入教学过程。当然，互联网的平台作用使得学习者能够得以更方便地选择合适的教师，例如，对于某项体育运动的学习，学习者可以寻找网上教练、约陪练。

对伙伴而言，社交媒体迅猛发展，在线学习社区蓬勃兴起，人们方便地彼此结为学习伙伴，这种在线的伙伴关系正越来越多地与线下伙伴关系形成互补，促进学习者的知识转化。当然，在线伙伴中或许也不乏各类基于人工智能技术的在线学习机器人的身影。

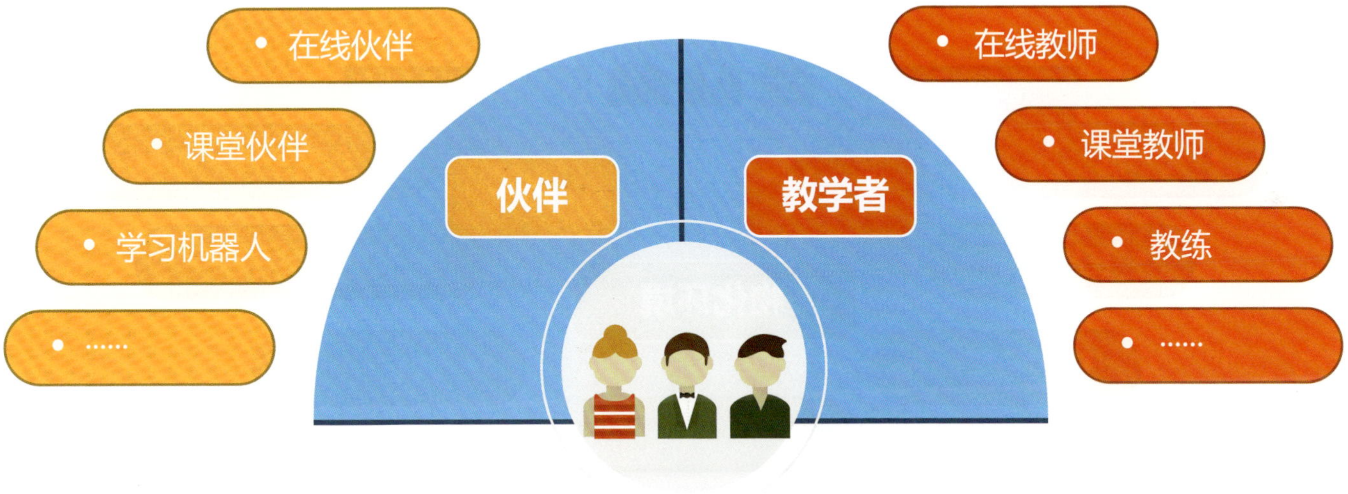

◇◇ 互联网化的物化环境

物化环境受到互联网的影响或许更为直接，以大学校园为例，教育信息技术不断更新渗透，教学者和学习者可以使用电脑、Pad、手机等终端设备随时接入网络，甚至教室中四面布有的白板也能连接到网络。通过接入网络，学习者能够将传统意义的书本和学习材料扩展为整个互联网的资源，这些资源不仅仅包含各种类型的在线图书馆、知识库，也包含支持虚拟实验的网络实验室；不仅仅包括MOOC运动及类似平台提供的全球顶级课程资源，也包含更具有草根性质的网络直播资源（网络直播使得每个人都有可能将自己放置在聚光灯下，从而将他们的行为转变成为教学资源，例如，示范如何拆装电脑，传授如何钓鱼，展示如何在网络游戏中取得胜利）。

4.3

驱动解释性支持的方法

有时，解释性对话的发生是如此的自然，似乎没有经历教学者特殊的准备就自臻其境，但更多的时候，学习者很难进入与教学者解释性对话的情境中，他们往往对教学者心怀敬畏，生怕暴露与之存在的见识上的分歧；或者又急于从教学者那里获取他们自己未必真正理解的某种答案；又有时他们倾向于善意地取悦教学者，营造一种未及思维核心的和谐对话场景。因此，考虑更为常见的场景，解释性对话的开展需要教学者更为专业的“孵化”和引导，特别是面对那些被分析性方法长期影响的学习者，切换教学方法和思维方式都是那么的不易。

教学支持中的解释性对话如何开展呢？我将吸取理查德·莱斯特和迈克尔·皮奥雷的方法[1]，他们曾用女主人组织鸡尾酒会来隐喻如何组织解释性对话，或许这种方法在教学的解释性支持中也能发挥作用。

鸡尾酒会的比喻容易让人想到课堂，好像策划解释性支持就只是需要考虑课堂组织一样，这显然还满足不了“为创新而教”打造泛在学习环境的要求，课堂教学或许只是在特定空间中教学者和学习者面对面对话的过程，这一过程可以承担起激发、支持、探索和分享的各个职能，但显然这些职能也可以跨越课堂来实现。因此，驱动解释性支持并不仅仅限于课堂的设计，相反，突破某种形式化的课堂反而是意义非凡的，关于这一点，我们可以从可汗学院的创新实践中得到启发。

注解

【1】参阅《破译创新的前端：构建创新的解释性维度》（理查德·莱斯特和迈克尔·皮奥雷著，寿涌毅，郑刚译，知识产权出版社，2006年1月）。

可汗学院

可汗学院（Khan Academy）是一家利用网络视频进行免费在线教学的教育性非营利组织，最早由孟加拉裔美国人萨尔曼·可汗（Salman Khan）通过在线视频给亲戚的孩子上数学课开始，迅速向周围蔓延，并从家庭走进学校，世界各地有不少学校正利用这些视频资源“翻转课堂”。现在可汗学院的课程已经涵盖了数学、历史、金融、物理、化学、生物、天文学等许多科目，向世界各地的人们提供免费的高品质在线课程，萨尔曼·可汗也被誉为是正打开“未来教育”曙光的人。

萨尔曼·可汗认为教学过程中课堂可以突破固定时长的制约，内容可以突破固定章节关联的制约。对两个“固定”的突破，使得学习者的需求被置于中心地位，他们认知的过程不再容易受到教学者或者书本的制约，也不会因为课堂的划分而被打断，大大突出了课堂的支持性特征，而非灌输的特征，这实际上将大大改变传统课堂的形式。

萨尔曼·可汗的另一建议是关于家庭作业的，他认为家庭作业是对知识的应用，是更具有价值的学习环节，因此不应当把这些作业放到远离支持者的“家庭”来完成。家庭作业对于内化知识和增强知识应用能力而言，是教学过程中相对低效率的环节，学习者需要在孤独中面对家庭作业的责难，他们无助、没有得到反馈，甚至怀疑这种“无聊的负担”并没有被认真地审阅过。其结果就变成是：精炼的理论、审慎的经验在课堂上抽象地灌输给学生，而真正内化和应用这些宝贵财富的时候，学习者们却是孤独而无助的[1]。

按照上述两点，教学内容因人而异，课堂重点在内化知识，那么翻转课堂的概念就出现了：在家按照自己的进度看教学材料和视频，在学校和老师同学一起完成“作业”。

这样学习者能够在遇到问题时及时得到老师和同学的帮助，发现困难，纠正理解的错误，而教学者也不用再年复一年地重复冗长枯燥的授课，而是将精力放到有针对性地帮助每个学生上面。其实，翻转一下，可能使得学习效率得到极大提高，特别是，当理论和经验不是被灌输的，而是由学生自我建构的，我们也埋下了创新的种子。由此，这一建议实际上把灵活运用知识的工作放到教学者直接的参与和监控之下，最大限度上为学习者提供支持。

从可汗学院以及翻转课堂的实践中可见，根据预先教学计划执行的课堂并不是唯一有效的“支持”方式，甚至也不是最为有效的方式。相反，在优化课堂交互的基础上，将课前、课后所有可能交互的机会都予以充分利用，将更可能形成对学习者的按需供应体系，从而对学习者发挥更好的支持作用。

注解

【1】上述观点由《翻转课堂的可汗学院：互联时代的教育革命》（萨尔曼·可汗著，刘婧译，浙江人民出版社，2014年5月）整理而来。

碎片化的“学”与碎片化的“教”

也许有人会担心，学习内容和学习时间都因人而异以后，教学过程的碎片化会加剧，看起来学习就会像浮动在繁杂日常事务之上的碎片，那么碎片化学习是可行的吗?

从某种趋势看，碎片化学习可能是互联网环境带来的必然改变，学习者应该能够找到合适的方法建立适应性的学习方法，只要学习者的思维建构是连贯的，内容的碎片和时间的碎片并不一定引致学习的失效。关于这一问题，中山大学王竹立[1]提供了一种新建构主义的学习方法，将学习过程分成“真实情景、提出问题、网络检索、积件写作、个性改写、创造改写、系统建构”几个过程，我想，这一方法就算是一种适应碎片化学习的方法吧。

再看“教”的一面，即使“教”的过程还是采取系统化的方式进行，由于学习者的需求不大可能完全同步，他们对教学内容和教学时间的需求还是趋向碎片化。那么作为“支持”环节的教学还是应该进行适应性的变化，以满足互联网情境下碎片化学习方式发展的要求。在我看来，解释性支持正是一种满足碎片化教学要求的方式。

注解

【1】参阅《碎片与重构：互联网思维重塑大教育》（王竹立著，电子工业出版社，2015年2月）。

解释性对话的空间与技术：鸡尾酒会的隐喻

再次回到“把教学过程的组织也看作就是组织一场鸡尾酒会”的想法，对我而言，光是想想鸡尾酒会的场景都多少让枯燥的教学工作充满了乐趣，或许学习者也会有相同的愉悦感。那么我们能从这一比喻中得到什么样的启发呢？

根据理查德·莱斯特和迈克尔·皮奥雷的观点总结，组织鸡尾酒会的过程包括四个环节：选择客人、启动对话、维持对话、用新观点更新对话。而女主人的技巧在于在这四个环节中都尽力创造解释性对话的可能条件。例如，酒会中，女主人需要确保对话能够继续，如果一群客人的对话越来越少，应该介绍新人过去；如果两名客人不知道他们有什么共同语言，她可以插进去引出一个话题；如果他们无话可谈，或者甚至爆发不愉快的争论，她还可以尝试拆散他们，将他们介绍到其他小圈子里[1]。

教学过程的组织在形式上可以学习鸡尾酒会的组织，但在解释性对话的内涵上，其复杂程度会更高，虽然对话的方式多种多样，例如，直接对话、辩论、讨论、协同工作等，但只有当对话过程带来的信息能不断刷新参与者认知，使他们能感受到思维和认知的发展，并感知收获，这种对话才能说是成功的。教学者可以学习鸡尾酒会的组织者，在整个学习过程中的各个环节上都注重营造良好的解释性氛围。

注解

【1】由《破译创新的前端:构建创新的解释性维度》（理查德·莱斯特和迈克尔·皮奥雷，寿涌毅，郑刚译，知识产权出版社，2006年1月）第三章总结而来。

参与者面对面交互的课堂是一种典型的解释性对话，下面我们将以课堂为背景探讨教学过程如何借鉴鸡尾酒会的经验。如前所述，虽然下面的方法以课堂组织为背景，却不仅仅限于课堂组织的情境。

我把组织鸡尾酒会的经验映射到解释性支持的情境中，关于构建解释性支持的四个要点分别是：对支持过程进行策划，并加强对学习者的组织；启动对话；促进学习过程中学习者的自组织；记录学习阶段并更新阶段成果。

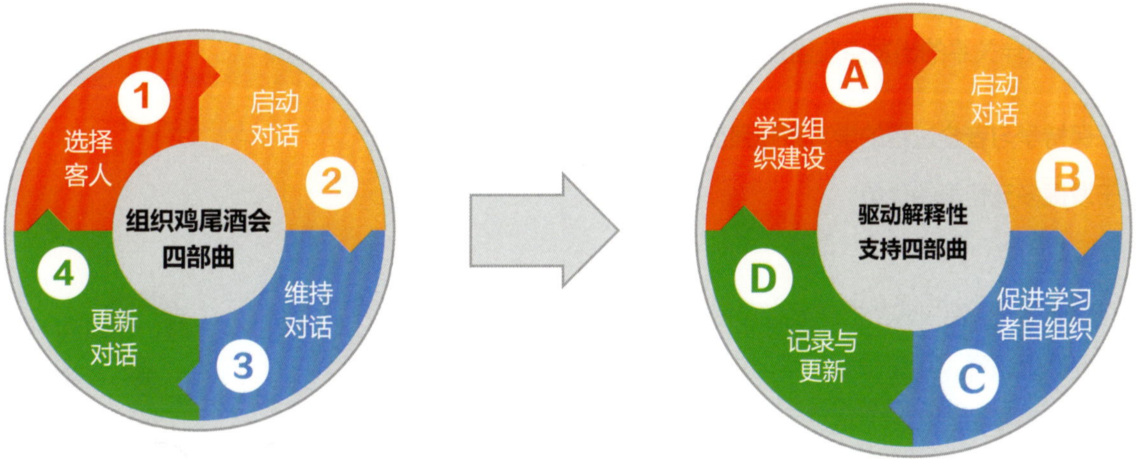

学习组织建设

大多数的学校教学中，我们不能选择学习者，例如，在大学中，学习者总是组成班级，不能也完全没有必要将其中一些学习者从课堂赶走，这不同于鸡尾酒会，我们不能对解释性对话的学习者进行选择，因此只能更加注重对学习者善加组织，使得他们之间建立良好的学习伙伴关系。正如前述，伙伴是学习支持系统中非常重要的构成要件，学习者伙伴之间的交互是“支持”活动的重要部分。但伙伴之间的互动不能由教学者与学习者的互动来取代，教学者只能通过“组织学习者”这一过程来间接实现“支持”的意图。

帮助学习者找到合适的伙伴并且建立良好的伙伴关系并不是一项简单的任务，我尝试过各种方法，例如，用六项思考帽的方法，让学习者设想自己戴上某种颜色的思考帽，确保每个小组都有六项思考帽。我还注意到有不少书籍专门介绍学生分组的方法，也许教学者各自有特定的好方法来完成分组的工作。我想提醒的是，就像鸡尾酒会的组织者在意鸡尾酒会的氛围一样，解释性对话的氛围也是建设伙伴关系时重点考虑的，我们需要将这种考虑延展到“为创新而教”的4个要件中，考虑这种团队的氛围能够不仅仅有利于支持活动的开展，也有利于激励、探索和分享。

具体而言，建立伙伴关系的出发点应当是：

- **有助于保持学习者全过程的学习激励强度。**
- **有助于发掘多元智能的优势。**

首先，为了保持激励强度，应当把学习者对待学习内容的“好奇心”纳入考虑因素中来，或者准确来说，尽量按照对学习内容的好奇心最大化原则来组建学习小组，这不仅仅为学习者带来完成作品的驱动力，也能更好地激发不同智能模式在小组内部协同。

在“激发”要件中，不管出于波尔、爱迪生还是巴斯德式的驱动，学习者对于学习内容应当是拥有某种程度的好奇心的，不过这种好奇心未必会完全在一个水平线上，也未必会在同一个方向上。好奇心往往受到过往经历、自身兴趣、自身的认知水平等内在因素的影响，还有一些好奇心也来自于压力，由此，为学习者建设伙伴关系时，要对“好奇心”这种稀缺资源善加保护，不能轻易让他们彼此消磨和对冲。

好奇心深藏于学习者内心之中，或许只有学习者自身才知道它的真实性以及它有多强烈，因此尊重学习者自己对伙伴的选择，有时候是不错的选择，教学者只需要判断这种选择不是出于学习者的随意决定。

其次，为了促进多元智能的交汇，学习小组的建设应考虑如下两点。

我们还不能确定是应该尽量将不同类型智能模式的人拉到一起，还是反之将相近类型的人拉到一起，这跟伙伴团队想要达成的目标有关，很显然，前者有利于创造新的想法，而后者或许有利于和谐地开展对话。但我们应当尽量通过测试、游戏或者学习者的自我表述等手段，对学习者的智能类型进行大致的判断，并且结合具体面对的问题来进行伙伴关系的建设。

团队成员的数量应该以完成“探索”任务的最少人数为标准，尽量不给团队中的角色留有冗余，每个成员都有独特的优势，都承担独特的任务，以此增进学习者的参与感，减少“搭便车”的机会。另外，也可以通过对学习团队内部的角色予以定义来增进参与，并减少冗余，例如，我总是会要求学习小组中有领导者、评论员、记录员、发言人等不同的角色，并定义他们的职责。

启动对话

鸡尾酒会有时也会陷入一种沉闷的状态，教学中解释性对话也可能出现类似的情况，参与者或者找不到合适的话题，或者又难以开启有意义的建构，或者还停留在空泛的条条框框的议论而难以深入细节。这也许跟学习者对新学习方法的理解和适应有关，另外，学习者也可能存在一些现实的困难，这些困难体现在：

- **找不到对话的焦点。**
- **受到权威、面子及学习者之间的竞争等社交或制度因素的阻碍。**

因此，鼓励学习者对话也是一件困难的事情，如果没有精心的准备，很多时候学习者不会或者不能把彼此视为参与学习的伙伴，他们更倾向于一起把脸朝向教学者，向教学者“索要”知识。作为教学者，我能感受到这种时候的巨大压力，这种压力常常迫使我忍不住就回到分析性支持的路上去，希望知道学习者需要什么，并开始着手解决，而此时的学习者可能已经成为学习的“旁观者”了。

(1) 设置焦点领域

教育学家奥苏贝尔曾提出先行组织者（Advance organizers）的思想[1]，认为为了帮助学习者建立先前知识和将要学习的知识之间的桥梁，应将一小部分知识先教给学生，这些比其他知识更一般、更抽象的知识可以作为“先行组织者”，然后学生就可以将其他更多的知识与这些“先行组织者”建立联系。组织解释性对话也需要有“先行组织者”，这或许不同于散漫的鸡尾酒会。根据这一思想，为了让学习者的交互触及思维深处和带有知识建构性，我把注入先行组织者的过程看作是为解释性对话“设置焦点领域”的过程，通过这一过程明确了焦点，分歧就可能围绕着焦点领域浮现出来，使得解释性对话突破表层形式化而深入知识交互的内核就成为可能。

注解

【1】参阅《学习、创造与使用知识：概念图促进企业和学校的学习变革》（[美] 约瑟夫·D. 诺瓦克（Joseph D.Novak）著，赵国庆，吴金闪，唐京京等译，人民邮电出版社，2016年7月）第89页。

目 标

相当于本次对话的论题。

边界约束

为避免对话跑题所设计的必要的约束，例如，设置不能涉及的话题或者不准使用的方法等。

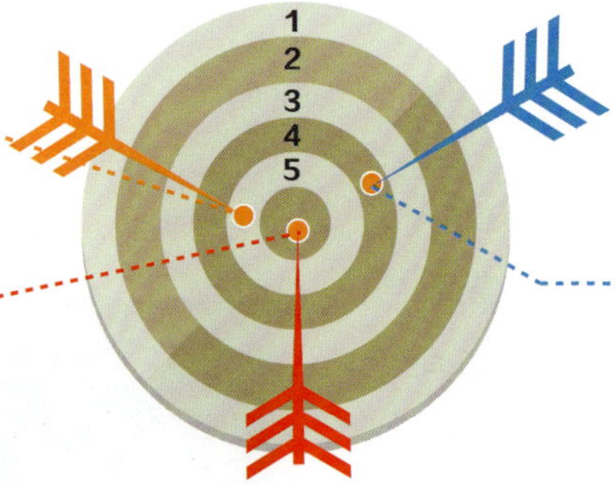

知识准备

为展开对话，参与者需要掌握的基本技能和知识，也包括提供方便切入对话可能涉及的知识库的可能。

“设置焦点领域”的工作可分解成三个部分

再次明确对话的目标

目标的描述应当尽量具体清晰，否则学习者就不知道有什么需要讨论的。“目标”可以来自激励阶段，也可能是更为局部性的，但在每次对话中应当对问题予以明确，正如商务领域中的各种谈判或者交流，如果不能针对问题，往往会让对话流于形式，我们不是要以统一观点来消除分歧，“目标”要能将分歧点展现出来。

为学习者做好足够的知识准备

帮助它们理解需要对话的问题的本质含义。“知识准备”是学习者展开对话的语言基础，在保证不同“语言”的差异不会过大到使得对话存在障碍的前提下，我们并不要求这种知识准备完全一致。对话进行的过程中需要方便使用知识库支持，使得参与者可以对某些问题即时求证，从这一点看，搜索引擎真是功不可没。

明确领域的边界约束

通过约束边界避免让对话成为泛泛之谈。“边界约束”是讨论问题的边界，虽然我们不一定能准确描绘对话的边界约束在什么地方，即使教学者和学习者之间就约束达成了最宽泛的约定，在对话中也总会提醒参与者不要将话题带入无意义的循环或者其他无关的领域。

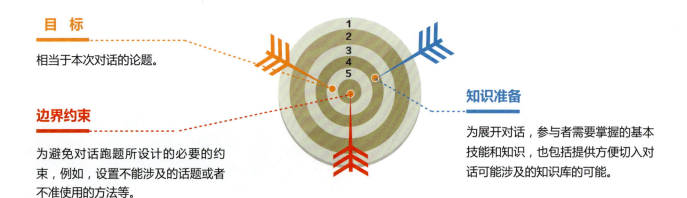

（2）突破社交和制度阻碍

让学习者将分歧摆上桌面来参与对话是有难度的，权威的影响、伙伴之间的不信任、竞争的压力以及参与者的性格特征、情绪因素都有可能使得对话难以开展。例如，参与者彼此之间存在不信任，会因为害怕泄露好的想法，从而在某种教学评价中失去对竞争性资源的掌控而处于不利地位，他们就倾向于不愿意就本质和核心的分歧进行对话，最终使得对话的结果不过是再次重复“普遍”而“接近真理”的书本概念。

这些问题的解决，既需要教学者具备一定的协调能力，更需要良好的制度设计，例如：

- 上文提及的“游戏化”因素可以充分应用，以刺激解释性对话的开展。
- 改变对教学结果的考核方式，使得参与者更多地通过成就感来获得回报。
- 教学者作为召集人，首先抛出高水准的关键性技术资源，例如上一届学生的作品，也能够吸引学习者在此基础上进一步对话。
- 让学习者明白，从分析性视角看，学习者个体的技术储备是为了需要的时候启用，需要好好保密；而从解释性视角看，技术储备的主要功能就是促进交互，以使其得到更好的提升或派生更多的创意。

促进学习者自组织

解释性支持过程中教学者、伙伴和物化环境提供的资源交汇在一起，教学者并不是学习者对话的唯一对象，但当学习者在某些环节中遭遇无所适从的困境，例如，他们无法按期达成阶段学习目标，他们眼中最切近的资源就是教学者，因为教学者具有知识上的优势，并且是学习过程的组织者和领导者，当然也是应该被寄予最大希望的人。

学习者这种急切的需求可能会激发教学者的情绪，使得他们更乐于把自己的学识倾倒给学习者，当然，这往往让课堂讲授更加精彩，例如，拥有更多的案例、更风趣的表达方式。坦率地说，我也很享受那种慷慨激昂和被学习者追捧的感觉，但这种努力会更加吸引学习者的注意力，使得他们沉浸在一种欣赏有趣“表演”的错觉中，这种沉浸容易使他们忘记最初的问题，忘记分歧，轻易缴械，全盘接受，这也就越可能偏离了“为创新而教”的目标。

因此，总体而言，这可能是有害的方式，正如在鸡尾酒会中对话难以为继的时候，很显然这并不是需要“女主人”站出来发表慷慨激昂演说的时候，它反而需要组织者充分协调以促进对话的深入。同样道理，解释性支持遇到一定困难的时候并不总是需要教学者来给出某种“答案”，这种时候更需要教学者细致地推动学习自组织的深入。

我们相信不同智能模式和知识建构的需求会在人群中形成各种形态的吸引力和排斥力，这使得学习的过程充满不确定性，团队内部经常会出现分歧，或者遇到知识上的巨大阻碍，这时，如果团队可以有“交换生”或者“访问学者”，让新鲜的思想能够进入团队中来，将有利于推动知识演化的进一步深入。如果能够坚持把教学者的中心地位让出来给学习者，教学者应当尽量尊重学习者重新组建团队的诉求，让伙伴关系的发展遵循学习者各自的内心导引。也就是说，自组织不仅仅发生在小团队内部，也能够发生在团队之间。

伙伴们的自组织

教学者对自组织的过程进行干预是十分必要的。一方面，学习组织协作的过程是围绕知识进行的群体自组织过程，是学习的重要组成部分，但是学习者并不一定熟悉这样的学习方式，他们容易在自组织的过程中犯各种错误，例如，特立独行、隐藏观点、搭便车等。另一方面，判定解释性对话是否实质性产生效果也需要教学者额外留意，以课堂讨论为例，有时一种热烈的场景常常让我们以为已经成功组织了解释性对话，但实际上热烈的场面并不一定等于成功，很多时候学习者的热烈对话并不能触及思维深处的认知，我们很可能被表面的对话场景欺骗，因此，从相反的一面看来，解释性对话也是可以发生在相对沉默的课堂的。

这正如鸡尾酒会中人们可以自由移动以重新寻找谈话伙伴，重新设定谈话的规则。教学者可以重新考虑学习组织的规制，例如：

- 调整学习组织的规模。
- 更换学习组织的领导者。

- 将学习组织进行重新组织。
- 进行组织间的比赛、辩论或者其他形式的交流。
- 为学习组织竖立某种形式的榜样，例如，以往学习者留下的作品。

这些改变最终会影响学习组织的自组织演化。这种自组织演化不仅仅是学习活动在组织形态上的演化，更深层次上也折射了群体知识的演化，因此这也是学习的一个部分。

记录与更新

奥苏贝尔曾写道："如果一定要我把所有的教育心理学总结成一句话，那么我会说：'影响学习的最重要的因素就是学习者已经知道了什么。认识清楚这个问题，然后相应地来教'[1]。"解释性支持本质上由学习者的需求驱动，通过学习者的个体体验而逐步建构形成独特的知识体系，因此我们需要引导学习者经常性发自内心的自省，以递进式地反复确认"我已经知道了什么？"

另外，如前文所述，教学过程带有碎片化的特征，学习者的知识体系是通过交互来逐步建立的，如果这一过程没有得到很好记录，并根据学习者的反馈来适时更新内容，可能会不利于学习者持续建构，而容易陷入原地踏步的困境。

基于以上两点，适时的形成性评价活动以及推动思维可视化的活动是记录与更新阶段的法宝。

注解

【1】转引自《学习、创造与使用知识：概念图促进企业和学校的学习变革》（[美] 约瑟夫· D.诺瓦克（Joseph D.Novak）著，赵国庆，吴金闪，唐京京等译，人民邮电出版社，2016年7月）第90页。

（1）形成性评价

我们视学习者内心知识建构为学习的目标，这一目标高度依赖于学习者的主观体验，因此，我们更加重视学习者的体验过程。“为创新而教”强调创新的过程，而非结果，虽然创新本身的失败率很高，但是从失败的体验中学习未必就会比从成功的体验中学习得差一些。

我想，教学者在整个过程中，一定要克制自己对于“成功”的渴望，避免因为这种“对成功的渴望”而给出急功近利的“支持”，又或者把这种渴望不恰当地传递给学习者团队，使得他们也更加“急功近利”。

既然，重点在于过程，那么基于过程的信息采集和评价就当然成为本环节的重点，关于形成性评价的理论和实践与“为创新而教”的观点和做法也就一致起来了。

结果重要还是过程重要?
爬上梯子的过程更重于爬上了梯子的结果!

形成性评价又称过程评价，是在教学过程中进行的评价。通过基于过程的评价发现每个学生的潜质，改进学生的学习，并为教师提供反馈。教学者和学习者能够从形成性评价过程中产生的信息中发现问题，并按照需要采取修正措施。

基于过程的评价在解释性支持中有着积极的作用，但这种作用还不仅仅限于“评价”，或者说重点还不在于“评价”，更在于对过程的“记录”，这些记录会成为学习过程的信息表现形态，是知识自组织的再现。

借鉴形成性评价的思想，但并不强化外在评价，从突出教学者的积极记录和学习者的自我评估相互作用的角度，我构造了解释性支持的形成性评价的架构。

A 记录

养成记录过程的工作习惯、提供记录过程的工具、为记录过程提供规则和方法。

形成性评价
教学者与学习者协同展开的基于过程的检测和内在评价过程。
A
B

B 评价

将评价与学习者知识内化相结合，让学习者对学习的过程形成自我认同。

• 记录

教学过程中所涉及的材料、场景等都应尽量予以记录和收集。大概有10年时间，我都使用一套开源的学习管理系统MOODLE（Modular Object-Oriented Dynamic Learning Environment）系统。在使用过程中，我经常要求学习者将他们的作业、草稿甚至课堂照片上传到学习系统中，即使课程结束了，他们还很愿意登录系统来看看。当前，我们可资利用的互联网技术和平台功能更加强大，例如，通过使用博客系统可以记录教学过程各种素材和学习者的心得体会；应用先进的输入法技术，还能直接将语音转化成为文本，以供后续编辑利用。

教学者应当为记录制定规则，也就是说“记录”并不是学习者的可选项，他们应当被要求这样做，这是解释性支持的必要手段。为了不因记录而占据学习过程中过多的注意力，学习者可以采用记录知识碎片的方式将各种好的想法记录下来，知识碎片的记录并不要求系统性和严格的表述，因而对于学习者而言并没有多大压力，为这些碎片做上标签可以方便学习者找到这些碎片，为其后的整理和应用提供方便。

• 评价

形成性评价的“自评”是我最为强调的方式，我常常在一天课程结束后，会要求学生发表“今日分享”，这种安排就是希望引导学习者反思自己一天的进展。进入形成性评估的过程还有很多适当的方式，例如，学习小组自评作品，小组回顾作品制作过程，对作品进行总结与体会反思、回顾不同学习者的贡献等。我想作为教学者为这样的过程提供时间、可能的规范等帮助就足够了，教学者给予的机会往往能够促进“自评”最终转变成为“自省”，使知识活动从形式知识层面转向暗默知识层面。

（2）思维可视化

可视化是指将可视性不够的文字、数据等信息用可视的元素，包括颜色、形状、符号等呈现出来的过程。知识可视化就是对特定领域的知识进行可视化表达。尝试对特定领域的知识进行可视化表达既有利于知识的建构，又能将分歧展现，从而有利于进一步的解释性对话。

在考虑“知识可视化”还是“思维可视化”两个术语的时候，我更倾向于后者，看起来思维可视化更为主观一些，也更为动态一些。将这些可视化的工具在学习的进程中持续使用，本身就体现了学习者在学习过程中的思维动态发展，而知识可视化则让人联想到形式知识的重新表述。

正如思维的过程因人而异，对思维可视化工具的选择也应当可以因人而异，思维导图(Mind map)、概念图(Concept map)、思维地图（Thinking maps）等工具也正成为一般教学过程中的通用工具。

• 思维导图（Mind Map）[1]

思维导图最初是20世纪60年代英国人东尼·博赞创造的一种笔记方法。东尼·博赞认为：传统的草拟和笔记方法有埋没关键词、不易记忆、浪费时间和不能有效地刺激大脑四大不利之处。尽管思维导图的初始目的只是为了改进笔记方法，它的作用和威力还是在日后的研究和应用中不断显现了出来，被广泛应用于个人、家庭、教育和企业。东尼·博赞认为思维导图是对发散性思维的表达，因此也是人类思维的自然功能。思维导图是一种非常有用的图形技术，是打开大脑潜能的一把钥匙，可以应用于生活的各个方面，它可以提升学习的效率，使思维更加清晰化，最终能改善人的行为表现。

• 思维地图（Thinking Maps）[2]

思维地图是由大卫·N.海勒（David N. Hyerle）博士开发的一种帮助学习的语言。在这种语言中，教师和学生一共可以使用8种图，这8种图分别是括弧图（Brace map）、桥接图（Bridge map）、起泡图（Bubble map）、圆圈图（Circle map）、双起泡图（Double bubble map）、流程图（Flow map）、复流程图（Multi-flow map）和树状图（Tree map），它们分别对应人们在思考时的8种思维过程。

注解

【1】关于思维导图的细节，可以参阅《思维导图》（东尼·博赞 (Buzan T.)，巴利·博赞 (Buzan B.) 著，卜煜婷译，化学工业出版社，2014年1月）。

【2】关于思维地图的细节可以参与网站：*www.thinkingmaps.com*。

• 概念图（Concept Map）[1]

概念图是由康奈尔大学的诺瓦克（J.D.　Novak）博士首创的一种组织和表征知识的工具，其理论基础是奥苏贝尔(David　P.　Ausubel)的有意义学习理论。概念图通常使用节点代表概念、连线表示概念间关系，形成“概念-连接词-概念”的三元组命题，相互交叠的多个三元组可以组合成一个完整的概念图。

概念图的优点在于对概念及其概念之间的关系进行表达，还突出表现了知识体系的层次结构。针对焦点领域的相关问题，随着解释性对话的不断推进，概念图也能得到拓展。

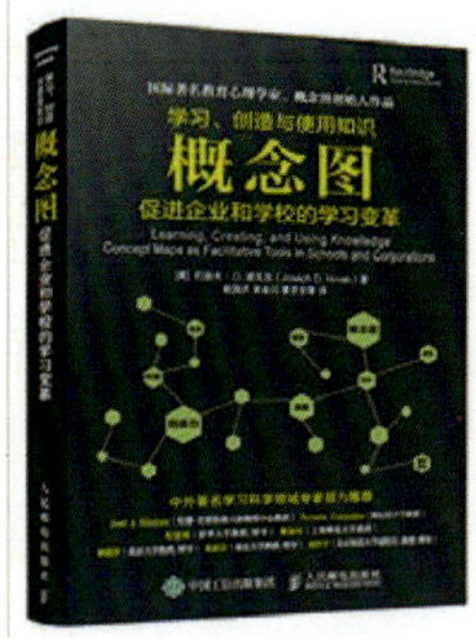

上述介绍的三种方法都有相关的软件支持，这使得可视化方法的应用能够在解释性支持中发挥更大的作用。从支持的角度看，对思维过程进行可视化，是为了将解释性对话过程的阶段成果固化下来，客观上，也让“分歧”可视化了，我们希望这种记录与更新能够起到承前启后的作用，既促进思维建构的效率，避免在原地转圈，同时又能让参与者理解分歧的所在，从而进一步推动解释性对话的开展。

注 解

【1】在《学习、创造与使用知识 :念图促进企业和学校的学习变革》（[美] 约瑟夫· D. 诺瓦克（Joseph D.Novak）著，赵国庆，吴金闪，唐京京等译，人民邮电出版社，2016年7月）中提供了概念图理论基础、制作方法以及大量实例。

4.4

驱动解释性支持的教学者

“为创新而教”的教学者应当擅长于促进创新，这或许与教授知识的传统理解有些出入，为了支持创新，我想教学者的几个定位应该得到更多的强调。

- 解释性对话的驱动者
- 情感的支持者
- 有限的支持者

在刚刚踏上大学讲台的那段时间，我曾梦见自己因为知识不够而被学生问倒在讲台上，那时我把自己看成课堂上的知识中心，虽然这也曾驱动我不断为我的知识大厦添砖加瓦，但试想通过经年累月的反复讲习，我已经完全熟悉了常常讲授的课程，是不是我就可以弛然而卧了呢？答案应该是否定的，随着教学实践经验的增长，我发现，仅仅在某个领域保持“先知”或者知识的优势还不足以成为一位好的教学者。特别是，当教学者的任务不是教会知识，而是促进学习者创新的时候，如果不能善用知识的优势，我们会成为扼杀学习者创新思维的凶手。

更重要的是，互联网可能已经在一定程度上取代了教学者作为知识中心的作用，教学者其他的职能变得越发凸显，也就是说，教学者是教学支持体系中重要的人际环境的组成部分，如果学习的过程就是创新的过程，那么教学者应该是支持学习者创新的人。

解释性对话的驱动者

我们已通过借鉴组织鸡尾酒会的比喻对驱动解释性对话的四个环节提出了建议，可以说，这些建议基本都是针对教学者的，也就是说，我们已经把教学者看作是解释性对话当然的驱动者。这或许本身也是互联网技术发展给教学过程带来的适应性变革，只不过教学者可能与学习者一样，还未必能完全适应“为创新而教”的教学情境。

我们可以按照面授前、面授中和面授后三种情境重新思考教学者的职能。

面授前

通过所有可能得到的学生和学习数据进行分析，精心构建环境、学习者伙伴关系。

面授后

引导学生自我探索。

面授中

积极与学习者进行交流，特别是面对面为学习者提供个性化的支持。

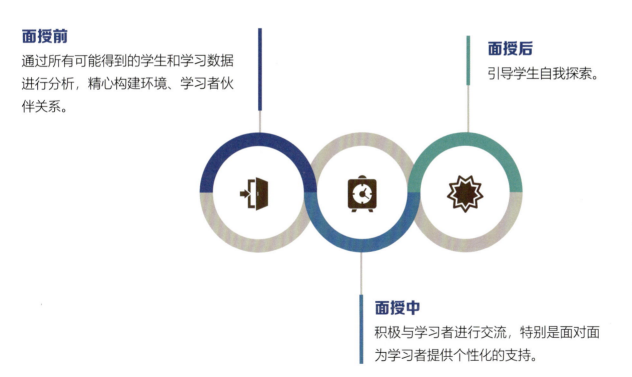

面授前

可能会加强的职能

- 接触学习者，对学生状态的预估，以及基于这一预估智能模式的教学设计。
- 敦促学习者了解学习背景和内容。
- 收集学习者的疑问和资源需求。
- 提供各种类型的学习资料（尽量利用网络的资源）。
- 增强学习积极性。

可能会减弱的职能

- 对课堂教学环节的预设、时间规划。

可汗学院、MOOC运动带来的网络教学模式在一定程度上提供教学者职能转变的机缘。例如，学习者往往提前很长时间进行网络注册，在线提供的信息可以变得丰富，利于教学者了解学习者，并为建立伙伴关系提供信息支持。

面授中

可能会加强的职能

- 与学生有针对性地交流。
- 回答问题，解释疑惑。
- 观察学习者，做好记录者。
- 正面激励。
- 跟随学习者的想法。
- 快速理解，快速检索。

可能会减弱的职能

- 按部就班地执行教学计划。
- 讲授知识点。
- 教导学习者，充当评价者。
- 负面激励。
- 主导学习者的想法。

面授后

可能会加强的职能

- 保持与学习者的交流（在线）。
- 收集学习者的问题和疑惑。
- 鼓励学习者持续探索。
- 响应学习者的支持请求。
- 推动面授信息及成果的共享。
- 准备下一轮的面授。

可能会减弱的职能

- 追缴作业（如果有的话）。
- 直接的评价。

情感的支持者

我们已经提到过概念图的创造者诺瓦克的观点，“任何教育事件都是在师生间交换意义和情感性的分享行为。当学习者从知识理解或情感感悟中获得增益时，他们的情绪是积极的，智力处于建构状态；反之，如果理解是模糊的或者感觉是空虚的，智力上的建构将是消极和无效的。从学习者和教授者的思考、情感和行动开始，如果教育事件本身是成功的，教师也同样会获得积极的情绪体验并感受到知识的力量。[1]”所以，在解释性支持的过程中，情感不应该是教学过程之外的变量，营造良好的情感氛围，使得学习者能够感受到情感上的支持，能够促进学习者的学习进程。回忆求学的经历，我想大多数人能够感受到课堂上师生融洽气氛带来的良好效果，课堂上教师的微笑、同学们的欢声笑语，即使多年过去还是能给人温暖，还能帮我们回忆当时的知识建构过程。

注解

【1】参阅《学习、创造与使用知识：概念图促进企业和学校的学习变革》（[美] 约瑟夫· D. 诺瓦克（Joseph D.Novak）著，赵国庆，吴金闪，唐京京等译，人民邮电出版社，2016年7月）第19页。

教学者与学习者的情感共鸣是教学的必要，除此之外，学习者的创新行为本质上也需要获得额外鼓励和支持。一般而言，创新者总是被人们看成另类，他们有着奇怪的想法；举止得不到理解常常使得他们感到沮丧、受挫。课堂上，我们鼓励学习者保留分歧，但当学习者将某种差异表现出来的时候，他们就必须面对由于这种差异而带来的社交反应了，或许是赞美，或许也是打击。所以说，基于学习过程是一个创新的过程，上述这些经历和委屈是学习者必然会面对的。

创新是一条充满着不确定性，遍地都是失败阴影笼罩的路径，也许大部分的差异性理解最终也会被“共识”所取代，但在此过程中的情感波动应当得到积极方向的引导，否则学习者常常宁愿放弃创新的诱惑，而回归相对稳定安全的旧事物中。例如，在群体性的学习中，从众心理会使得学习者放弃自我建构，反而选择机械记忆。

我在大学学习《数据结构》的课程时，老师似乎第一堂课就说明了“伪代码”（Pseudocode）的概念，伪代码是一种算法描述语言，必须结构清晰、代码简单、可读性好，并且类似自然语言。当然，伪代码也使得被描述的算法可以容易地以任何一种编程语言（Pascal、C、Java等）实现。期末考试的时候，一位同学因为用非常接近汉语的语言描述算法而未获通过。我的同学申诉认为：接近自然语言的语言是可以被接受用来描述算法的，而教师虽然有类似的陈述，但实际上只接受用某种约定的、更接近程序设计语言的语言来描述算法。很遗憾，这位同学的申诉没有获得认可，后来他完全丧失了对程序设计的兴趣。今天再来看这个故事，某种程度上，我觉得我的同学或许也是有创新性的，只可惜这种创新得到了严厉的惩罚，并最终在情感上打击了他。

作为教学者的我，常常提醒自己，学习者应当得到全过程的支持，这些支持包括有形的物质支持，也包含知识的支持、经验的支持，更应该包含情感的支持。有时情感支持的影响会更加长远和具有积极意义，相反，当这种支持缺失时，后果也会更加严重。在杨凯的故事中，作为父亲的他不仅是最大的资源供给者，也不仅仅是给孩子们知识、技能，更重要的是他一直给予爱和鼓励。

> 教育植根于爱。
>
> ——鲁迅

无论哪个领域，创新总是充满失败风险，即使成功的创新者也可能受到保守势力的嘲笑，因此当我们提倡“为创新而教”的时候，必须考虑到对学习者无私的情感支持，下面是“为创新而教”带给教学者朴素的建议：

- 在学习者困难的时候帮助想办法。
- 在学习者沮丧的时候送上鼓励。
- 在学习者低落的时候给予激发。
- 绝不嘲笑持不同观点的人。
- 绝不嘲笑失败者。

赞美　鼓励　激发　帮助　温暖

有限的支持者

韩愈在《师说》中认为：“师者，所以传道授业解惑也。”如果将“师者”狭隘定义为某个教学者，那么这就至少要求教学者可以传授道理、教授学业、解释疑难，然而，这或许是对教学者过高的期许。从“为创新而教”的角度出发，教学者与学习者更像是一个协同创新的群体，他们一起通过某种过程达成对事物的新理解，或者对问题提出新的解决方案，那么这一过程显然可能涉及超出教学者认知水平的规律、知识和技能，又如何能要求教学者对一切“创新”的准备工作负责呢？所以，“为创新而教”主张教学者坚守有限支持者的定位，不要试图去成为能回答学习者所有问题的全能者，这或许更符合创新的规律，更何况人们可以通过互联网的帮助让自己获得在某些领域的专长，这就客观上拉平了教学者和学习者的知识起点。总之，如果学习者可以自己解决的问题就不应当成为教学者过多考虑的问题，支持学习者自身寻找答案比给出答案要好。

传道
授业
解惑

另一方面，对于“创新”而言，现有系统所有提供的支持可能都算不上是足够的，正如熊彼特所描绘的创新，它总是需要对旧有的资源进行重新组合，那么新的组合总需要融合一些旧有组合中没有的东西。那么让学习者处于一定程度的资源缺乏是好的吗?

以色列人的系统创新理论（Systematic Inventive Thinking，SIT）[1] 提出“盒内创新”的观点，认为创新应当从既有系统的约束中寻找机遇，而不是寄希望于外部系统或者某种突发的灵感，“限制”可以成为创新的源泉。例如，以色列国土干旱，所以他们有了世界最先进的滴灌技术，并且能出口农产品；又如，以色列缺水，所以他们有了先进的海水淡化技术。

对于学习者自我建构的创新过程，“全能”教学者的支持可能就是属于系统外的因素，因此，“限制激发创新”的原理也支持教学者成为一名有限的支持者。不难理解，越是资源的短缺，越是给创新者带来焦虑，也越是激发学习者花费更多的精力和时间思考，而这些领域往往是需求最为迫切，也最有可能产生创新的地方。放到对知识点的学习上看，举例而言，不会微积分的学习者最会为微积分感到焦虑，因此只要环境得当，他们也就越想了解关于微积分的知识，受到智能模式限制，他们也越发渴望找到新的方式去理解微积分，有时，这种尝试比经典的微积分教程还要有效。经典的教程从来都是考虑大多数人，而针对特别的智能模式群体的微积分教程，带来了新的阐释微积分的方法，这本身就是一种了不起的创新。

限制激发创新!

我们没钱，所以只能思考。

——欧内斯特·卢瑟福（1908年诺贝尔化学奖得主）

注解

【1】关于SIT参阅《微创新：5种微小改变创造伟大产品》（德鲁·博迪，雅各布·戈登堡著，钟莉婷译，中信出版社，2014年4月）。

当学习者尚不能完全适应“为创新而教”的主动学习时，作为教师，我们更要克服“保姆病”，不能包办，要避免对学习者“喂食”知识，反而应当用饥饿去教会学习者获取知识，并不断创新。

因此，只要学习者能够顺利地在解释性的情境中建构知识，即使教学者提供了过多“知识饥饿”，而不是“知识面包”，这样的教学者依然是值得赞许的。此外，教学者在工作过程中通常需要达成许多复杂的目标，帮助学习者“创新”就是典型的复杂目标，这些工作的过程与成果之间的关系非常复杂，很难充分理解。在这种情况下，如果借鉴对“一线工人”的考核方式，用是否灌满了学习者的“空杯”的方式来考量他们的工作是不公平的，也就是说，不能以特定知识量的教授来衡量教学者的工作量。因为，教学者的工作是解释性的创新过程，它几乎不可能转变成为清晰的分析模式，教学者应当坦然地成为一名有限的支持者。

4.5

支持创新的空间环境

我的大部分求学经历和教学经历是在学生“排排坐”、教师“高高在上”地立于讲台之上的教室中度过的，在教室中清晰划分了教者和学者的区域，泾渭分明，甚至暗含某种对立。我不知道这样的教室布局来源于何处，起源于何时。在岳麓书院的正堂中至今保留了“朱张会讲”时的陈设，讲台上有两张座椅，据说在公元1167年的某日，朱熹和张栻分坐其一，堂下和院子里挤满各方学子，或席地而坐，或站立其中，听两位大学问家讨论当时流行的重要学术问题。我想，这是不是也可以算作一种证据，说明至少我们今天见到的教室的样子并不是古已有之的。

集体学习的空间环境对于学习的过程有没有影响呢？事实上，仅从我自身的经历而言，我觉得空间环境对于学习的进程有深刻的影响，当我开始尝试引导学习者进入以他们自己为中心的思考和学习的时候，我已经能感受到“以教师为中心”的教室布局的不利影响。如果我们更进一步希望“为创新而教”，那么空间环境就不能不被当作一个专门的话题来谈谈了。

◇ 咖啡馆的遐想

在思考“为创新而教”的物化环境的问题时，跳入我脑海的居然是“咖啡馆”，或许我还留在关于鸡尾酒会的遐想里。咖啡虽来自阿拉伯世界，却繁盛于西方社会，英格兰第一家咖啡馆于17世纪50年代开设，几年后的伦敦以及其他城市陆续出现几百家类似的场所。人们去咖啡馆不仅仅只是喝咖啡，还会读书，讨论最新的小册子与小报以了解社会上最新的流言和传闻。咖啡馆还能让客人们，无论是朋友还是陌生人畅聊，在这里他们忘记自己的社会身份地位，讨论范围也无科学、政治、文学、船运等学科边界。以至于今天“咖啡馆”还是和创新有着某种联系，单从名称上看，车库咖啡、创业咖啡等都暗示着这些地方并非某种高雅的享乐之所，它更像是人们交流思想，激发创新的地方。2015年5月，李克强总理走进位于北京中关村创业大街的“3W咖啡”就曾说道：“进来就闻到一股咖啡味儿！”[1]

咖啡馆确实是个神奇又带来启发的地方，被认为是一种平等的交流环境，是创意的发源地以及创意碰撞的平台，据说，全球知名的英国皇家学会发源于牛津大学附近一个名为“蒂利亚德”的咖啡馆，而且因为咖啡馆的入场费只要1便士（一杯咖啡的钱），它有时被称为“一便士大学”。正是几名科学家在咖啡馆中的争论促使伊萨克·牛顿写出了现代科学的奠基性著作之一《自然哲学的数学原理》。又如，对法国启蒙运动、美国政治进化有无法磨灭功劳的地方竟然也是法国巴黎一个

注解

【1】参阅人民网2015年05月07日报道"李克强考察中关村　你所不知道的细节和深意"一文，*http://politics.people.com.cn/n/2015/0507/c1024-26965741.html*。

叫作"普蔻"的咖啡馆[1]。

到底咖啡馆有什么隐藏的秘密使得它具有如此惊人的能量呢？美国学者奥登伯格认为：家庭属于"生活第一空间"，工作单位属于"生活第二空间"，在这之外，能够进行自由、畅快交流的地方属于"生活第三空间"（《绝好的地方》，1989）。第一、第二空间由于受到客观条件的约束，很难进行充分的、灵感闪现的学术交流，咖啡屋却可以满足这样的要求。当前，有人说"咖啡馆精神"正以互联网社交网络的形式回归人们的生活，因为互联网社交网络也正符合咖啡馆的特征[2]。

麻省理工斯隆商学院的荣誉教授阿伦提出了"沟通的灵感（communication for inspiration）"[3]的概念，这是一种创造性思考的交流模式，思想的火花在人们深入对话的时候才迸发出来。他说：

"这种创意什么时候出现是完全无法预测的，因为你根本不知道这样闲聊的两个人是否会产生创造性的思维，但你能够创造出一个让这种创意更易于形成的环境和空间。"

"大家都知道建筑实体布局会影响交流沟通模式，但是在我之前，没有人真正去衡量这种影响。"

除此之外，阿伦和学生的合作研究表明，一旦同事之间的距离间隔超过十米，那他们每周对话交流的概率会非常低。能否看到彼此对是否展开对话有着显著的影响，所以不同楼层上班的同事之间基本不可能展开对话。经常与他人交流的人是最好的创新者，经常只接触一两个同事的人，创新性就明显缺乏。对于新知识产生最有促进的空间不是会议室，不是实验室，也不是图书馆，而可能是具有"混沌的边缘"性质的咖啡机旁边，这或许就给咖啡馆现象提供了解释。

注 解

【1】【2】关于咖啡馆的资料转引自文章《咖啡屋里的知识创新》（王通讯，《光明日报》，2013年9月25日，第15版）。

【3】阿伦教授关于空间与沟通的研究参阅《研发组织的沟通》（[美]托马斯·阿伦（Thomas Allen）著，余江，李乐旋等译，知识产权出版社，2010年1月）。

如果，我们需要的教室就是可以“进行充分的、灵感闪现的学术交流”的场所，那么咖啡馆与教室之间的关联就不难建立了，而这样的要求恰恰是“为创新而教”以及解释性支持所追求的。创意是一种心流，人在产生创意的时候，脑内具备一种流动状态，但这种流动十分微弱，如果环境不能有效导流，那么它们就不会强大到可以产生创新，而是被阻挡消磨。即使今天我们所处的信息时代，一些思想交流的形式仍然依赖于实体空间的近距离接触。

MIT历史上的20号楼和微软研发总部的99号楼一样，都在空间的设置上把可能造成的“信息外溢”当作一种优点，这或许给我们带来教学空间环境设计的启发。

◇ MIT的20号楼：解释性公共空间[1]

生成语法（Generative Grammar）理论的创始人乔姆斯基描绘说：“20号楼是一个有着梦幻般感觉的环境，它看上去就像马上要散架。除了水管，你看不到其他任何设备，窗户看上去也要掉下来。”

MIT的20号楼正是这样一栋老旧的房子，因为一直想不到好的利用方式，就一直搁置着，由有需要的院系、实验室临时使用，但正是这种使用规则创作了一个混搭式的研究环境，人们觉得整个建筑是交互式的，语言学、生物学、计算机科学等不同学科背景的人可以经常在一起非正式地交流。走廊更是一个可以跟人讨论问题的神奇所在，“无尽长廊”（Infinite Corridor）就是能够产生“际遇”的好场所。

注 解

【1】关于MIT20号楼的资料来自于文章《麻省理工学院经久不衰的秘密》（彼得·迪奇克斯著，董金鹏译，麻省理工科技评论），转引自搜狐网，*http://www.sohu.com/a/138434130_618569*。

1990年到2004年担任麻省理工学院校长的查尔斯·维斯特（Charles M.Vest）说："我当校长的时候，所有参与学校项目建设的建筑师都曾为了连通到无尽长廊或设计出类似的结构而绞尽脑汁。"现在，20号楼已经变成了施塔特中心（Stata Center），这栋建筑力图通过蜿蜒的通道、两层楼高的休息室和其他形状古怪的公用空间来重现曾经弥漫在20号楼里的合作氛围。

Rosalind Williams是麻省理工学院前教学副院长。她刚刚当院长时，不断强化的校园风格是："这就是麻省理工学院，我们是工程师，工程师就是要解决问题"，很明显这是典型的分析性思维。

但是其后她说道："通过两年多的观察，我们可以看出麻省理工学院非常富有技术创造力——只要愿意，你就可以创新——因为有很多非正式组织、校园偶遇、特殊联系、漫游与白日梦。麻省理工学院的公共资源给我们提供了时间和空间去汲取养分……我们理所当然地认为，只有在时间和空间上加强与社会互动，这种创造力才能为技术或者其他方面带来变革，而这也是研究与学习的核心任务。"我觉得，她已经从麻省理工学院的实践中转向了解释性思维。

微软的99号楼[1]

微软位于华盛顿州雷德蒙德市的研发总部就是著名的99号楼，微软的99号楼前悬挂着各色的Microsoft Research 的竖幅，风格和MSR Asia的一样。每层的空间挺大，房间格局也不一样，全是办公室，由走廊相连。大厅，既学术，又休闲 。

注解

【1】关于微软的99号楼的资料来自博客文章《既学术，又休闲——记在微软雷德蒙德研究院的实习见闻》（宋鑫莹，2010年12月23日），转引自新浪网 *http://blog.sina.com.cn/s/blog_4caedc7a01017mxt.html?tj=1*。

墙是可以移动的，从而可以重组办公区域。

大部分的墙饰可以涂写、擦拭，这样去洗手间的路上可以写上一个创意在墙上，并且方便别人阅读。

茶水间被交流站（Mixer Stations）取代，员工可以聚集在一起分享各自的想法或者聊聊天。

某种意义上说，设计师拉克森是先在设计图上确定了各个茶水间的位置，接着以它们为中心，设计了一个新型的办公楼。

◇ 适应解释性支持的教室设计

“形式追随功能”是芝加哥学派的现代主义建筑大师路易斯·沙里文的一句名言，原话应该是“Form follows the function,This is a law”。“形式追随功能”理念认为设计应主要追求功能，物品的表现形式随功能而改变。所以，关于空间，“为创新而教”的结论就很简单了，如果教与学的“功能”已经不是灌输，而是创新，那么作为其“形式”的表现之一的教室环境就应当与之适应。教学的空间正是我们期待能够“进行充分的、灵感闪现的学术交流”的环境，这一空间的布局应当促进对等交互，从而有利于创意交流。事实上，人们思维的发展过程是如此微妙，我们不能用手去操作思维，特别是对别人的思维，那么通过改变环境去影响思维发展或许反而是直接的手段，至少不会是无效的手段。

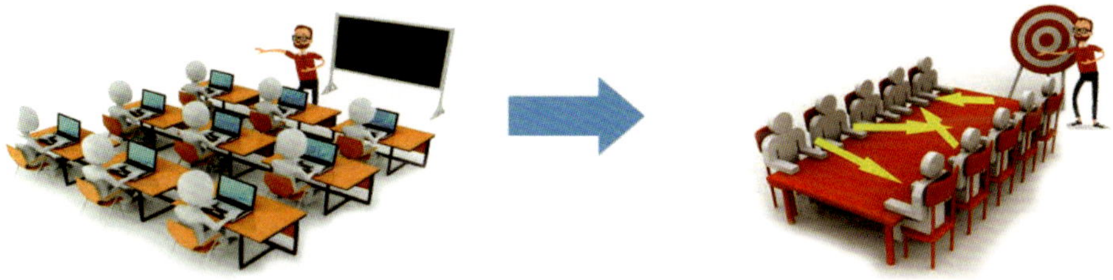

我们重新设计课堂，就是要让老师成为学生身边的“教练”，不是在讲台上的“圣人”。这也让我们想起爱尔兰诗人叶芝的那句名言，“教育不是把水灌满，而是把火点燃。”[1]

清华大学削尖课桌，削平讲台（网络报道）

我参观过不少的“创客空间”“创业咖啡”，很多次我都在想，如果教室能变成那样轻松而舒适，能够轻易让人联想起“鸡尾酒会”和“咖啡馆”的情境，或许也是能促进学习和创新的，由此，关于教学空间的构建，我想到可能的建议包括：

- 桌椅不能固定，要根据课堂的组织方式来进行组合，支持集中分享、分组讨论、协同工作、角色扮演、辩论等不同场景。
- 教室应当有互联网覆盖，提供方便的接入设备，为教学过程提供方便的知识准备。
- 多个“白板”式的书写空间，改变一个教室只有一个方向安置黑板的方式，从而使得各种创意可以得到及时记录，也方便多组分散工作，教室也可以有多个投影空间。
- 教室可以安排适当的舒适性设置，例如，根据需要可以有沙发、咖啡机等。
- 教室应当是明亮的，但也能在遮光情况下提供多种方便的内部光源。
- 教室可以提供必要的工具书。

注解

【1】引自公众号文章《清华大学：重新定义课堂，从“课桌变形”和“削平讲台”开始》（李纪琛，资料来源：清华大学小研在线公众号，2016年2月24日）。

第五章
探索: Search

> **“纸上得来终觉浅，绝知此事要躬行”**
>
> —— 陆游《冬夜读书示子聿》

每次把作业布置给学生的时候，我都感到松了一口气，我的工作似乎快要结束了，学生要开始自己的探索了，我可以静静等待结果的出现。正因为如此，当学生的作业不能符合要求的时候，我的愤怒之情油然而生，我怀疑学生没有认真对待作业，又或者他们根本就没有认真理解我所教授的知识。我对教学的效果感到沮丧，这种满怀期望却最终收获沮丧的过程还在课堂分组讨论、群体作业、实践教学等环节中屡屡出现。

在十二岁男孩制作机器人的故事中，情况是不相同的，不断出现的困难实际上是关于制作机器人知识的演化，它在最开始的出发点上向着四面八方各个知识维度上演化，给孩子和家长带来重重困难，例如：力学、美学、程序设计等。学习者唯有躬身探索才能看到那些问题在哪里，才有机会解决这些问题，才能真正去创新。

学习者如果没能将所学知识真正应用，就很容易游离在知识的表面，不仅仅看不清楚知识的全貌，更不能了解它的演化，教学者如果不能参与其中，也一样无法了解学习者的困境。当愤怒褪去，理性的思考代替了情绪。我渐渐意识到造成沮丧的原因或许在于我自己，我并没有真正有效地、系统性地支持和参与学习者的探索之旅！

由于暗默知识与形式知识不能融合，看起来知识和对知识的应用之间存在的鸿沟就益发明显，教学者如果只负责教授形式知识本身，而把融合暗默知识应用的探索武断地交给学习者，很难说是成功的教学，就像即使已经把关于建构房屋的知识教给学习者，学习者还是很难把建构房屋的材料变成一栋房屋。

一方面，学习者的探索不能只是跟随教师的指引前进，否则，学习者将一直在预设的情境中前进，创新当然也就悄悄离开了，这种情境中学习者或许也提高了自己，但主要还是“复刻”了教师的形式知识。

另一方面，出于应用知识和创新知识而展开的“探索”不应当完全成为学习者自发的行动，这种“探索”应当成为教学过程中的重要部分，而教学者当然应该谙熟如何与学习者共同探索的技巧，而不是仅仅会“布置作业”。

这是本章我将要提及的话题，即如何理解“探索”，“探索”过程中教学者的作用与技巧等。

我想从探索活动的知识运动规律谈起，我将构建一个三层知识运动框架，以类比的方式，将学习者与支持网络的接入，到建构个体知识网络，再到知识整合与创新的过程展现于其中。“探索”环节在其中所处的地位和作用变得显而易见，即：“探索”是一种知识整合和协同创新。基于这两个定位，我在本章其后部分，从教学者的视角就“作品导向”和“组织学习”（特别是深度汇谈）两个着重点予以阐述。本章的最后部分，我将回到“为创新而教”的主题，因为“探索”当然不是面向已知的，那么我要探讨的是教学者在参与学习者“探索”的过程中如何创新。

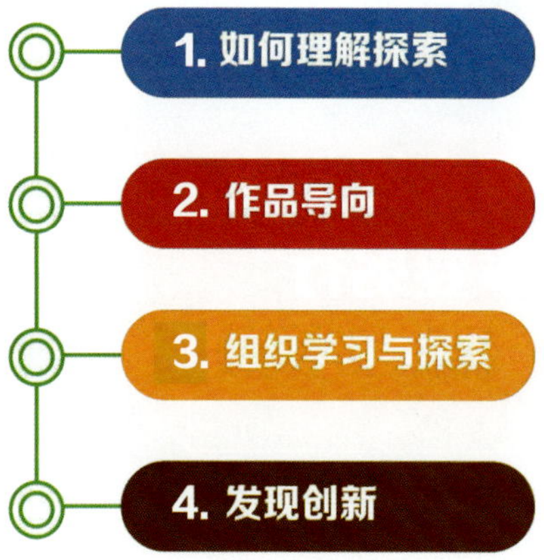

5.1

如何理解探索

最重要的教育方法总是鼓励学生去实际行动。

——【美】爱因斯坦

◇ 知识地图

上一章中，我将学习的过程与河流流淌的过程进行类比，正如2010年诺贝尔生理学和医学奖得主埃里克·坎德尔所描绘的，人们新的认知信息要被有意图且系统性地与记忆中已经完善的知识联系起来，那么继续这一类比，新知与旧知的联系过程仿佛就是在一张未知的土地上开疆扩土，如果我能将“开疆扩土”的过程记录于一张图上，我愿意将之称为“知识地图”。

我们真希望看到学习者在自己的知识地图上不断扩大领地，让学习者直观地了解到自己学到了什么以及将要学什么。但这是一张只存在于每个学习者脑海中、虚无缥缈的图，也许更甚，学习者与教学者都未必完全了解它在哪、有多大。

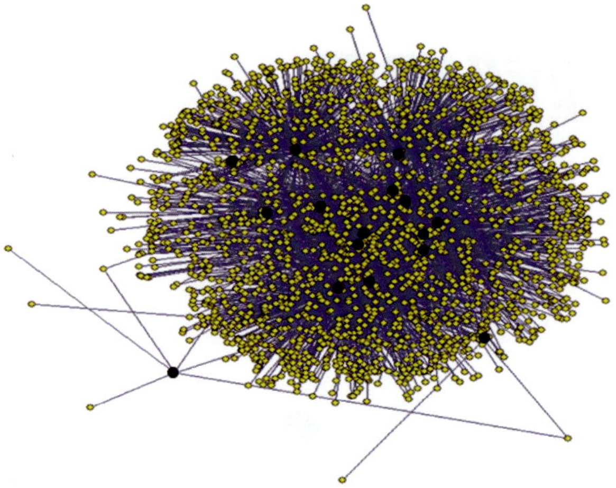

上图中，黑点表示的是几篇文章，我让一些学习者将他们读到的内容用他们熟悉的标签标记起来，以期尽可能记住这些文章的内容，图中黄点就表示这些标签。当我把这些点描绘到空间中时，就出现了图中这样复杂的图景，这实际上可以用来表示学习者对特定学习内容（文章来表示）学习后形成的知识地图（标签来表示）相互叠加的效果。

“探索”中的知识运动规律

从知识地图的假设出发，我把学习的过程看成三个层次：

（1）对知识点及其联系的记忆和理解，类似于在知识地图上发现新的“据点”及其联系。

（2）建立知识点之间的广泛而普遍的联系，类似于“按照自己的理解”将知识地图上的“据点”彼此连接。

（3）知识整合与协同创新，类似于突破知识地图的限制，对“据点”进行重新梳理和整合，以达成解决问题或者创造新知。

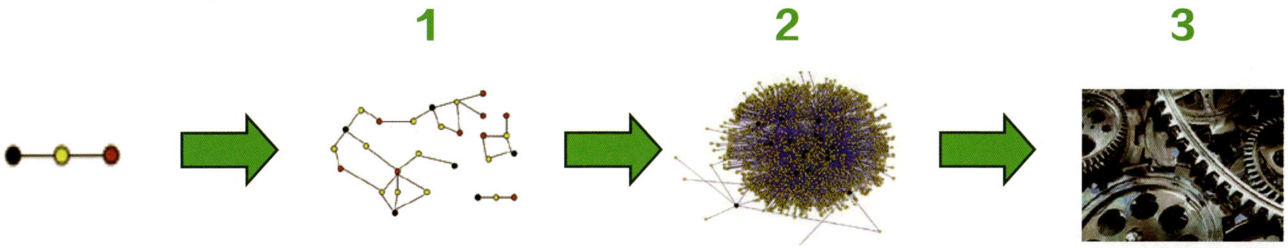

从了解一个事实开始！

对知识点及其联系的记忆和理解！

不断建立对事物及关联的理解！

知识的整合与创新！

从教与学的过程看，这三个层次对应的是“进入支持网络（接触教学内容）”“建构个体知识网络”和“创新”三个过程。本章要谈到的“探索”就是处于第三层次上。

探索路线图

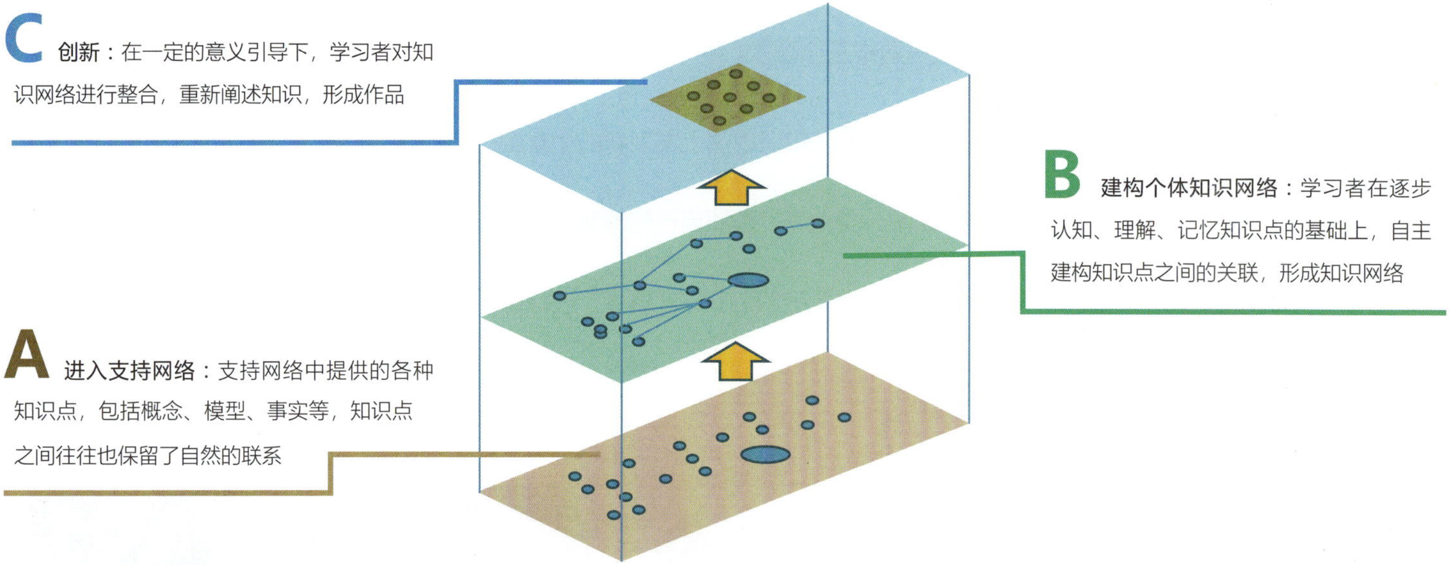
C 创新：在一定的意义引导下，学习者对知识网络进行整合，重新阐述知识，形成作品
B 建构个体知识网络：学习者在逐步认知、理解、记忆知识点的基础上，自主建构知识点之间的关联，形成知识网络
A 进入支持网络：支持网络中提供的各种知识点，包括概念、模型、事实等，知识点之间往往也保留了自然的联系

进入支持网络

学习者进入支持网络意味着它们开始接触一个知识网络，这是教学者为他们提供的“被证明相对可靠的”知识体系，正如在“支持”一章中所描绘的，知识网络并不仅仅指书本所描绘的体系，实际上，这一网络以不同的编码形式存储于人际环境和物化环境中，包括书本、教学者的大脑、伙伴群体以及其他物化环境，等待学习者以各种方式去获取。知识点就是知识网络节点性的细节，它们彼此关联，对于学习者而言，知识网络就像璀璨的星空，知识点就像星星一样闪烁，它们借由特定的关联又组成星系。

支持网络越丰富多样，就越能为学习者的智能模式提供匹配，学习者通过适合自身的方式在支持网络中获得对领域知识的认知，就更容易找到他们的“最近发展区”，这样也更支持学习者以“随机进入”的学习模式展开学习。

从支持网络汲取知识养分的时候，记忆起着十分重要的作用，知识点本身和知识之间的联系都需要通过记忆来保留，记忆是过去的经验在头脑中的反映，它是人类智慧的源泉，也是学习的核心环节。我们感知的事物，思考的问题，体验的情绪，操作的动作等都可能以某种特定的形式被人们记住，并且在一定条件下，人们还可以提取或者回味这些存储于大脑中的映象。在支持网络的影响下，学习者通过记忆会形成领域知识网络的初步结构，但这些结构并不稳固，因为构成他们的知识点和联系大都是照搬支持网络中的既有结构，还没有内化为学习者自身的体系，随着学习者与支持网络的不断互动，建构个体知识网络的知识活动才会不断展开。

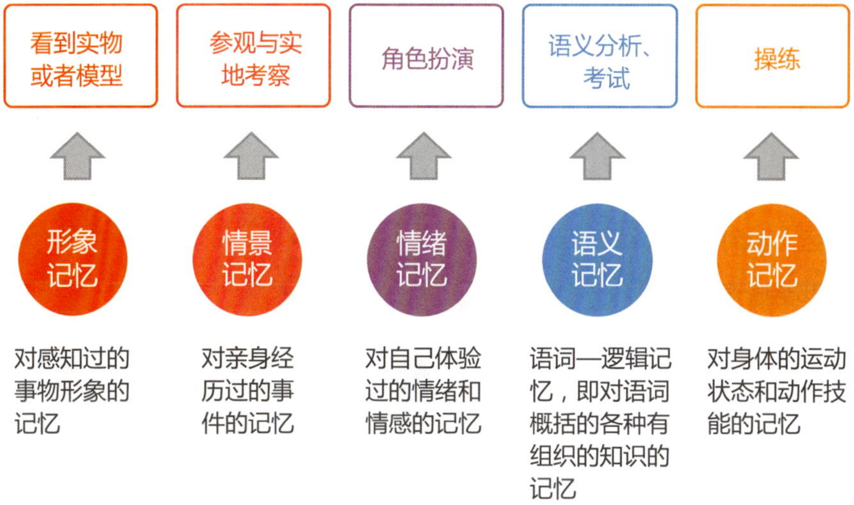

记忆是灵魂的书记官。

——亚里士多德

建构个体知识网络

将知识点联系起来的过程是学习的自然过程，学习者从记忆存储的知识体系出发，不断将新的知识点与之建立联系。好像知识点就是一个个城堡，我们需要从一定的路径走过，才能够一一到达这些城堡并进入其中一窥其妙。

- 有些城堡之间的路径宽广平坦，可能是因为已经有很多人由此经过，这正如学习者能看到知识点之间显而易见的联系，并轻易理解这种联系。
- 也有的路径看上去迷雾重重，或者是千山阻隔，这正如知识点之间的联系复杂，学习者需要小心探索，摸索前行。
- 还有的路径也许根本就不存在，学习者可能扎入其中不得归路，也可能通过披荆斩棘，突破重围在它们之间建构了自己独特理解的联系。

教学者应当鼓励学习者不一定完全按照支持网络中规划的固有逻辑路径前进，因为，这些固有逻辑只不过是前人发现和归纳的联系而已，学习者可以建立自己的独特联系，例如，为了记忆，学习者有时会在知识点之间建立一些缺乏逻辑的关联，这些关联可能基于学习者的理解、基于巧合、基于谐音、基于学习者的某种经历，还可能基于其他除学习者本人以外无人知晓的特定原因，无论这些关联看起来如何荒谬或缺乏普遍性，但建立这些关联对于学习者都可能是有意义的学习，也应当得到鼓励。

一般而言，随着学习的深入，学习者的个体知识网络扩展到一定程度以后，下一步的扩展会更为困难，因为显而易见的路径已经走过了，剩下的都是难走的路。学习者应当在什么样的方向上进一步扩展呢？关于学习的一般建议是由易渐难，循序渐进，但我想也许从困难入手也不失为一种智慧。

“由易渐难”地展开探索，常常可以给学习者带来快速入门的效果，但真正的困难来临的时候，学习者就非常容易败退下来。“由易渐难”的学习路径只是为了避免挫伤初学者的积极性，或者让学习者具备基本的入门知识的时候才选择的策略。我相信，较之建立联系的艰难境地，那些“半途而废”的学习经历可能更能伤害人们的学习积极性。

客观上说，在知识地图各个方向上扩展时，遇到困境的可能性是大致相同的，大多数时候，学习者感到阻力最大的路径方向，是学习者真正需求的方向。事实上，这些方向并不代表“不可逾越”，大多数“困难”是相对于学习者的智能模式的，突破这些与个人智能模式相关的“困难”也意味着对智能模式的重新认识，进而可能突破这种模式或者善用这种模式。另外，困难往往矗立在知识地图的边界上，学习者觉得无可逾越，主要是因为学习者可能已经处于一种临界点，在那些困难后面是更为广阔的未知，而这些临界点无疑就是创新的机遇。

知识整合与协同创新：探索的核心

斯滕伯格（Stermberg）1996年在著作《Successful intelligence》（New York:Simon&Chuster）中论述了“惰性智力”和“成功智力”的概念，他认为[1]：

“惰性智力是你在智商测试时显示的东西，或者是其他各种类型的考试中所展现的强大学术实力，但是这样的测试所测量的智力是惰性的——它不会直接引起目标驱动的行动或者行为。于是，这样的人最大的成就很可能就是他们非常高的测试成绩或者学业成绩，一个能够记住事实甚至能够用这些事实来作思辨的人，并不表示他能够真的运用这些事实，并且让这个世界——不管自己还是他人，有所不同。”

“成功智力，有的时候，被叫作商业意识。智商（IQ）完全不能测量商业意识。实际上，有很多人具有很高的智商但是没有意识到他们有顾客或者顾客的重要性。”

注解

【1】转引自《学习、创造与使用知识：概念图促进企业和学校的学习变革》（约瑟夫·D. 诺瓦克著，赵国庆，吴金闪，唐京京译，人民邮电出版社，2016年7月）第96页。

在教与学的过程中，如果存在学习者不断累积智力的过程，那么我觉得这些累积的智力首先的存在形式就是“惰性智力”，而“探索”的过程就是将这些“惰性智力”激活的过程，关于这一过程，我认为有两个方面的内涵：

首先，“探索”是一种将知识进行整合的过程。正如“惰性智力”所揭示的，知识驱动学习者产生行动，也就是知识在得到切实的应用时，才会真正开始发生广泛的连接，从而整合到学习者的知识体系中去。如果实践教学只是驱动学习者按照“实验指导书”完成的既定流程，就并不能真正激发学习者的自由感，带动学习者的创作，所以仅仅激励学习者“动手做”是不够的，还不能完成知识整合。在关于编导专业学生的案例中，要求学习者完成各类编导作品的实践，其实就是一种“行动学习”[1]，它不仅要求学习者行动，而且要求他们创造。

其次，“探索”是一种协同创新的过程。正如“成功智力”所揭示的，知识能够给学习者带来价值，并借由学习者将价值传递给他人，学习本身就是转化创新价值的过程。这类似于一种市场机制，斯滕伯格敏锐地将这一过程与“商业意识”建立了联系，的确，“探索”有时就体现为将好创意“兜售”给他人，然后又不断吸收他人智慧。这不仅仅是学习者个体的知识整合，也是学习者群体的知识整合，是一种组织学习，是价值实现的创新过程。

“探索”是学习者主导的知识整合过程，也是学习者协同创新的过程，但这一过程一般却不会自动发生，教学者需要为“探索”构建特定的情境，也就是说，教学者应当把这一要件作为教学设计的重要因素。

注解

【1】行动学习（Action Learning）产生于20世纪40年代，是“做中学”（learning by doing）的一种方式，它强调“用真实的人，在真实的时间，解决真实的问题并取得真实的结果”，详情参阅《行动学习应用：全球最佳实践精粹》（迈克尔·马奎特，罗兰·K.杨著，王云，王金帅，王培杰译，郝君帅审校，机械工业出版社，2015年1月）。

5.2

作品导向

在我刚刚成为教师的时候，对于驱动学习者在所学基础上展开探索远没有给予足够的重视，我常常通过布置作业的方式来推动学习者对教学内容的复习，虽然有时也促使学习者对知识进行整合和创新，但大多数时候是为了让学习者重复理解课堂内容，甚至仅仅是为了让他们记忆相关内容。我注意到，缺乏经验的教学者往往会严谨地准备上课时间内的内容和表现方式，但对布置家庭作业却往往缺乏这样的严谨性，作业被看作只是精彩课堂的附属物，对于他们而言，课堂上的挥斥方遒带来了教学的成就感，但家庭作业的批改就只能是无趣的负担。而看起来，未经深思熟虑的作业布置往往达不到效果，有时甚至会给学习者脆弱的学习动机带来毁灭性打击。

美术学院的教学过程中，学习者也是要完成“作业”的，只不过他们的作业是以“作品”的形态存在的，我发现这给学习者的知识整合和创新带来了完全不一样的效果，在我看来，触发学习者进行知识整合和创新的奥秘就隐藏在这一字之差里，受此启发，我把“作品导向”作为一种“探索”活动的核心目标。

作品而不是作业

在我的印象中，无论是学生时代的我还是教学生涯初始阶段的我，除了极少的情况外，对于“作业”都没有良好的印象。即使是对于能轻松搞定学习内容的“学霸”，有时做作业也变成对他们自身能力的“重复”应用而变得枯燥无味，更不用说那些对于内容尚有理解困难的学习者，他们在孤独中面对挑战，没有人帮助，还要不断担心在同伴们面前暴露“弱点”，成为被围观的后进者。

看样子，教学者做的那一套评定学生成绩的规则，期望用成绩去促动学生的投入，其实并没有完美地达到预期的目的，或者即使能达到一定效果，但学习者的“体验感”是比较差的。

我提到的“极少的情况”令我记忆深刻，曾经有语文老师布置了一篇作文，而当时的我似乎对那个话题正有一番“惊人之语”想找机会表达，于是以“语不惊人死不休”的态度奋笔疾书，慷慨激昂，然后忐忑不安地等待老师的评语，那种“作业”的感觉才真是妙。现在看来，其时我不过是把“作业”已经看成了是自己的“作品”，一字之差，却差之千里。

当学习者可以从学习任务中感受到价值和意义，感受到他们自身力量在作品中显现，他们对成绩的关注已经淡化，这种淡化显然和“无所用心”的状态明显不同。

学习的快乐
最近发展区
适度的挑战
学习的价值和意义
自身力量

作为教师，我常常对学生强调，作业是他们自己的事情，他们可以从作业中获得好处，但学生往往把作业视为需要交出去的差使，在其中我甚至可以读到学习者对我的敷衍和嘲笑。要改变这种境遇，并且认识到教学者和学习者们肩负的某种将作业转变成为作品的责任，我需要首先厘清“作业”与“作品”之间存在的显著区别。

- **受众**：作品是为了给所有人看的，而作业是为了给自己和老师看的。
- **出发点**：作品是为了表达自己，而作业是为了训练自己，当然也为了得到分数。
- **传播**：作品是需要并且必须去传播的，作业是完成教与学过程的一个内部化流程，如果没有特殊的理由，作业没有收藏价值。

作业
NO
作品
YES

- **重要性**：作品事关创作者的声誉，而作业只事关成绩。
- **生命周期**：作品会与他们的创作者一直关联，而且也是创作者建构的知识体系中的重要组成部分，而作业往往伴随课程的结束而成为历史。
- **自由度**：作业是规定的动作，而作品体现了创作者的自由意识，至少他们可以选择作品的内容、表现形式等。

作品导向：驱动以作品为载体的知识整合与创新

作品本身是整合后的知识的一种表现载体，它代表个人或者创作团队的独特想法和认知模式，它是独一无二的，是创作者原有知识体系与教学过程相互交融以后获得的新知识体系的集中表现。透过表面的作品创作过程，我们看到的应该是学习者建构和整合知识的过程。

考虑作品在公众认知性、传播性等方面的特点，创作作品将驱使学习者在自发状态下对知识进行重新整理，优化梳理，甚至重构知识网络。从知识地图的角度看，作品创作的过程中，学习者对知识地图上的据点和联系进行了大胆改造和扬弃，而不是小心翼翼维系一个知识地图，以期应对即将到来的考试。

“作品创作”的知识运动

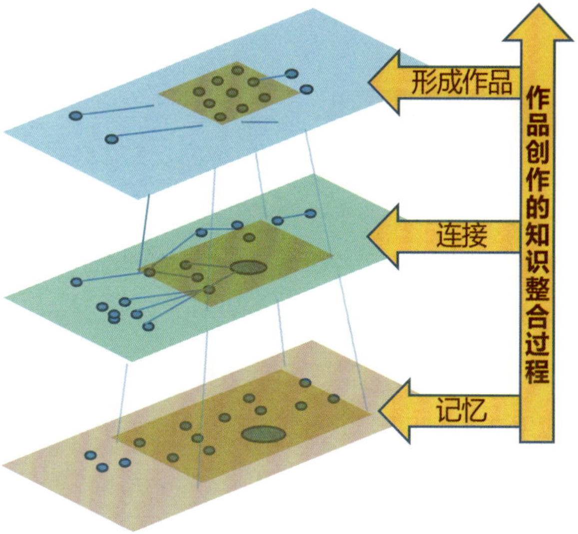

在“作品导向”的引领下，“探索”转化成为一种高强度的创新过程，不仅仅能促使学习者产生创新的成果，也进一步巩固了知识地图的可靠性，当然也是对学习者更为严苛的学习要求。

作品创作的过程可能会改变知识地图无差异分布的规律，使得有一部分知识更为紧密地联系在一起，其中的空洞也会减少，但另一些知识点可能反而远离了知识体系，甚至脱离了联系。我把这两种知识运动称为紧致和疏散。

关于这两种知识运动，我想起了萨尔曼·可汗关于瑞士奶酪的比喻，萨尔曼·可汗将人们大脑中的知识体系比喻成瑞士奶酪，他认为人们的知识体系中存在着各种空洞，就像瑞士奶酪发酵形成的内部空洞一样，奶酪看似是一个整体，但越深入细致地观察越会发现空洞。并且，个体学习者的差异使得人们知识体系中的空洞也是完全“个性化”的，就像统一包装的瑞士奶酪，印着同样的商标，标着同样的重量，甚至标榜着同样的味道，可是若论其间的空洞分布，却永远是如此的大不相同。

“紧致”就是将空洞压实，使得知识点之间关系更加有序和强化，而“疏散”就是将空洞拉得更开，拉开到足以使学习者意识到知识点之间的关联是弱的，或者还没有找到联系。

知识紧致

知识紧致的效果类似通过压制奶酪促使其中的空洞消失，使得固体结构更加紧致。在以作品为导向的探索过程中，外在的作品压力，加之内部对某些知识的反复应用，使得一定区块的知识联系更为显著，在学习者的脑海中形成更稳固的记忆。由于在“作品”中娴熟地应用过这些知识，并且对这些知识之间的联系进行了重新解释和编码，这一区块的形式知识和暗默知识形成了融合，这使得学习者应用这一区块领域的知识时就会显得得心应手，熟能生巧。这样，逐步

地，学习者具备了应用这一区块知识解决问题和创作作品的基本“能力”。

不过，也许人们不可能建立一个完全“实心”的知识体系，空洞的存在可能是客观的，但“空洞”的真正危害在于学习者并不能清楚地定位这些空洞的具体位置，正如你原以为有一位朋友可以向你提供帮助，但真正在你需要的时候却意外地发现朋友根本提供不了你期望的帮助，“书到用时方恨少”或许正说明了这种未知空洞给我们带来的困境，或许“紧致”的另一个作用就是让未知空洞存在的不确定性减小。

知识疏散

知识疏散的效果是将学习者不能很好理解或应用的知识明确地从知识网络中挑选出来，并将其置于松散连接的网络边界处。也许有人会为刚刚建立的联系就因疏散而剥离感到惋惜，但正如存储在计算机上的文件一样，如果我们都已经不能有效检索它们，那么继续存储它们可能也不过是浪费空间。也许一个人可资利用的知识并不是他们曾经见到过的知识的总量，而是取决于在这个总量中他们可以检索到的部分。

有些知识被疏散，使得知识网络中出现了“弱联系”。在社交网络的研究中，弱联系（weak ties）指的是人们联系较弱的人际交往纽带，表现为：互动次数少、感情较弱、亲密程度低、互惠交换少而窄等特点。强联系会传递行为，而弱联系则传递信息，在社会结构中弱联系是不同社会集群之间传递信息的有效桥梁。类比来看，知识网络中的弱联系也会成为学习者紧致知识区块联系其他知识区块，特别是他人所具有的紧致知识区块的联系桥梁。而且，这种“似懂非懂”的知识可以帮助

学习者与其他领域的专家进行交流，但又不会陷入专家的定势，从而为创新提供机遇，也许作品中出现的“跨界”元素就是这种游离于作品之外的知识联系带来创新的表现。

◇ 从作业到作品之路：三个重点

我尝试在《管理信息系统》《电子商务规划与实施》等课程中推动“作品导向”的实施，我的经验可以总结为三个方面：

- **激发多元智能**：作品导向并不与团队合作相矛盾，反而更依赖团队。
- **激发共同愿景**：建立学习者群体追求“作品”的深层驱动力。
- **倡导“工匠精神”**：倡导精益求精的精神。

激发多元智能

虽然听起来“作品”让人以为只是和学习者个体相关联，但在教与学的过程中，引入团体的因素会更好，即使教学者希望每个学习者个体单独提交作品，也应当将个体的创作置于团队协作的情境中，尽可能激发多元智能的综合作用。

“作品导向”使得学习者不能只单纯运用自己的智能模式来理解学习内容，而是需要考虑作品受众的智能模式，尽量寻找自身与受众的连接点和平衡点，从这一平衡点出发找到自己最满意的维度去整合知识。按照维果斯基“最近发展区”的理解，作品不仅会展现学习者的“最近发展区”，而且会鼓励他们从这一区域出发去了解全貌。也就是说，即使学习者会不自觉地使用自己擅长的智能模式来学习，但“作品导向”又促使他们从他人的智能模式考虑创作。

另外，如果学习者创作作品的过程置于团队之中，就会更有效地达成对学习内容的多角度、深层次的理解。协作分工能带来工作量的均衡，既能充分体现个体的特长，又有利于将团队的智能模式综合应用，提升作品的质量，当然也给学习者带来更高的成就感。

多元智能在作品创作中的直接反映就是作品形态的多样性。既然人的智能模式不是单一的，那么在不同的智能模式下，应当有不同的作品表达方式，从类型上可以包括：视频、音频、文章、图画、漫画、话剧、角色扮演，以及上述各种形式相结合而形成的聚合体，等不一而足。另外，不管是何种形式的作品都应当能够以恰当的形式保存并传播，例如角色扮演，虽然它们可能是带有随机性和现场感的表演，但其脚本或者表演的视频、音频也是合适的作品形态。

激发共同愿景

彼得·圣吉使用 “愿景” 一 词来表示人们受内心驱动而渴望某种东西或达成某种目标的状态，在学习者身上我们也希望看到一种 “内心” 的驱动，而 “目标” 所描述的则很可能是更为现实层面的东西，但越是 “现实” 的东西越可能是某种妥协的结果，我常常看到学习者因为害怕不能达到更好的效果而放弃更好的目标，或者他们宁愿花时间与教学者就 “作业” 的交付标准进行讨价还价，而不愿用这些时间去思考如何让 “作业” 进化到 “作品” 。

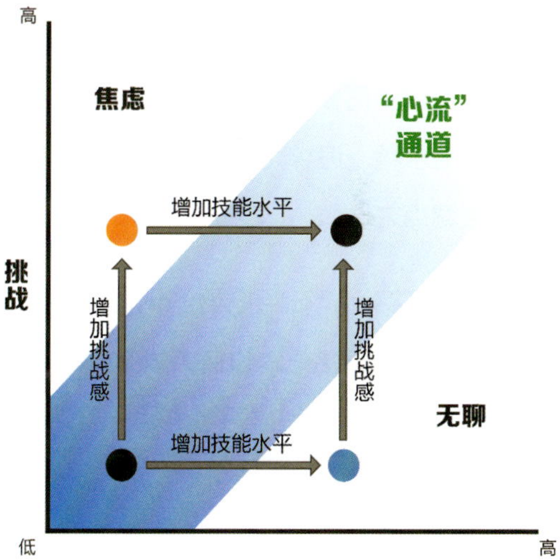

按照 “心流” 理论的理解，在挑战性和学习者能力两个维度下，由于学习者习惯了 “做作业”， “作品导向” 会增大他们内心认可的挑战程度，使得他们对自身能力的认可反而相对不足，因此，要想办法增强学习者对自身能力的信心，在团队层面上形成能够完成作品的决心，还要让团队建立关于 “作品” 的愿景 ，一种趋向完美的追求。

接下来，假定每个学习者都受到良好地激发，形成了个人愿景，或者具备进入“心流”区的条件，但并不等于这些激发会促成共同愿景生成，而我们也无法保证学习者是同步进入“心流”状态。因此，教学者应当想办法让学习者意识到，进行团队探索是实现他们愿景的必由之路，也就是说完成作品应当成为“共同愿景”。看起来，在“探索”中常常面对的是个人目标与团队共同目标之间协同的问题，但学习者大可不必感到困惑，而是应当被引导到更多地关注当下应该完成的“任务”，即使“任务”是萨尔曼·可汗认为的“在一起玩得开心并取得进展”，也可能比获取一个好分数这样的目标更能接近学习者的个人愿景。正是因为这种不协同的状态总是难免出现，应该不断强化“作品导向”的观念来促使学习者认可团队工作的愿景。

倡导“工匠精神”

大多数情况下，“创造”本身能够给人带来成就感，但如果一段时间的努力都还不能为学习者带来满意感，他们就容易感到受挫，甚至放弃。但纵观历史，许多伟大的作品都是创作者在经历无数暗无天日的挫败和沮丧之后，才豁然开朗而得到的，而指引创作者渡过这一难关的，很多时候就是“工匠精神”。“工匠精神”是一种以极致的态度对自己的作品精雕细琢、精益求精、追求完美的精神理念，可以说，“工匠精神”恰恰是“作业”得以升华为“作品”的关键点之一。

事实上，在互联网的情境下，学习者不仅仅是知识的吸收者和自身知识体系的建构者，学习者也是整个学习环境的组成部分，因此，通过创造作品，不断为大家共享的学习环境增添内容，这其实是学习者的另一层重要的责任。因此，学习者应当把自己当成创造作品的“工匠”，教学者也应当强化学习者这一责任，这种责任就是作为学习者常常忽略的，但其实又必须肩负的——“教别人”的责任和创新的责任，“工匠精神”正是承担这些责任的最好心态。

另外，教学者也应当以面对“工匠”的心态面对学习者，我们必须对学习者在作品上的付出给予足够的尊重，虽然，有时有些作品是显然不能令教学者满意的，或者完全不在教学者的理解范围之内。但这种不被认可的状态几乎和所有创新进入人们视野时面临的窘境是一样的，因此，教学者的态度也会成为学习者是否有勇气完成作品，是否有决心成为工匠的关键因素，我想，至少有两点是教学者可以参考的建议：

- **给予机会**：教学者应该创造宽松的创作机会，让哪怕是奇怪的作品也能被考虑、被创作。教师应当为作品提供良好的展示机会，让所有的作品都有机会被欣赏，学习者提交作品应该带着骄傲的心态，而不是交给教师一个私密文件的心态。

- **保存和传播**：教学者应尽可能提供方便的互联网工具帮助学习者保存和传播自己的作品。互联网已经提供了足够强大的机制让学习者可以长期保留他们的作品，无论学习的课程是否结束。

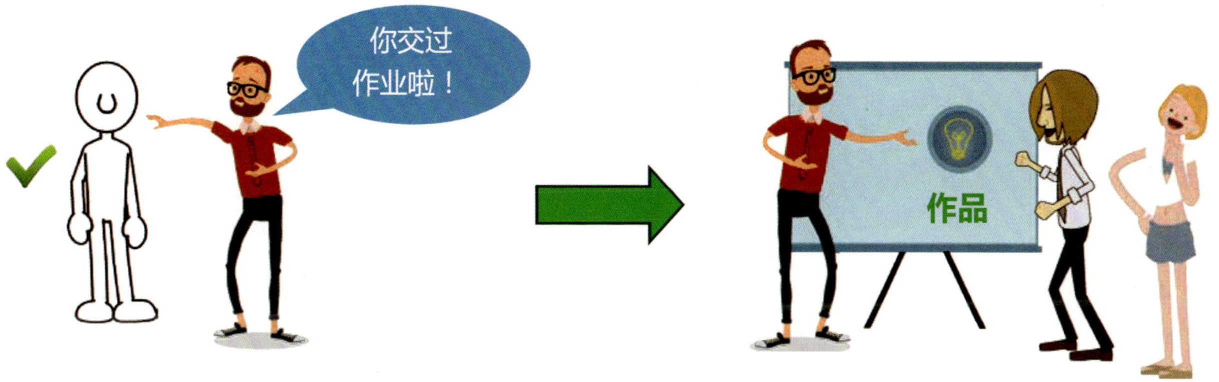

5.3

组织学习与探索

我曾经苦口婆心地向我的学生们解释“作业”与“作品”的区别，但学习者未必就能领会和接受，很多时候学习者会认为教学者要求的“作品”是不切实际的，即使他们接受了创作作品的要求，在遇到知识整合和创新障碍的时候，他们极易退缩。这使我意识到，学习者不能进入到“创作”的心流区，是因为教学者的赋能不足，也就是说，学习者没有被赋予足够的方法指引，其过程也缺乏相应的机制设计。

在20世纪60年代前后，管理学界提出了“组织学习”的概念，虽然有人说，“组织”并不像生物体一样具有神经系统和大脑，“组织学习”只不过是对个体学习的一种类比性扩展。但另外的观点却显示，个体的学习其实是就是一种社会化的行为。彼得·圣吉1993年出版了《第五项修炼》一书，对学习型组织的建设提供了乌托邦式的描述，这使得人们有机会开始真正理解组织学习以及学习型组织的理论、方法和实践[1]。

教学者和学习者（承担这两种角色的人往往不是单一的，他们都可能是某个群体）构成了一个复杂系统，教与学的过程是这一系统涌现的行为，彼得·圣吉的理论也适用于这样的“组织”，基于他对这一组织系统的内部结构和行为规则的描述，我们也可以对“探索”过程中的组织学习问题展开探讨。

如上一章所及，学习者应当彼此找到学习伙伴，组成团队展开学习，而基于群体展开学习，只要是涉及两个以上学习者交互完成的学习过程都涉及复杂的系统行为。一般情况下，我们习惯展开“单环学习”，也就是说仅仅根据学习的结果来调整输入和过程的变量，以期改进系统表现。在系统的角度看，这样的方式就只看到了系统中单一的反馈环，因为无法就造成学习结果的原因找到更优化的优化策略，更可能受到“防卫”[2]“症状解”[3]等问题的困扰。

注解

【1】 参阅《第五项修炼》（[美] 彼得·圣吉著，张成林译，中信出版社，2009年1月），后文相关内容引用或由此整理而来。

【2】 学习者没有努力解决学习中的问题，而是关注如何让自己不受伤害，因此宁可捍卫不正确的观点，也不会展开真正深入的思考和学习。

【3】 为了迅速缓解不良“结果”带来的压力，采用表面能缓解压力，实际掩盖问题，甚至选择导致问题更加严重的策略作为解答的现象。

我所希望涉及的是关于系统思考在提高学习者团队“探索”能力的话题，但为了不致引起写作上的困惑，我暂且把讨论的焦点放置在“学习小组”上，期望不要因为我们谈及的只是“学习小组”就使得大家认为我们的建议仅仅适用于“小组”情境。

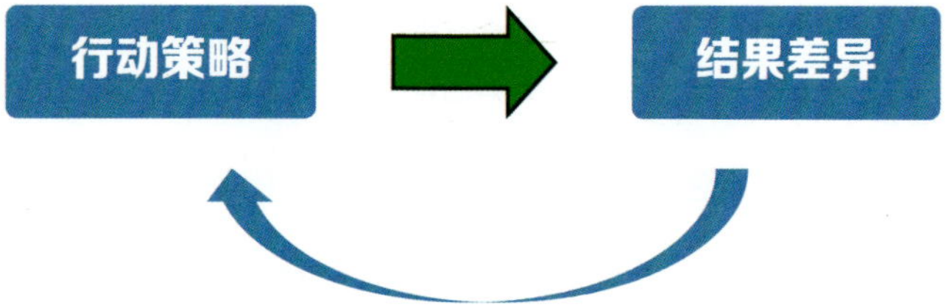

仅仅就产生结果差异的行动策略进行调节的反馈环

关于促进组织学习，彼得·圣吉或许并没有提供高深的理论，但是他将系统思维成功地引入人与人的交互之中，对于提升特定组织的学习效率确实大有裨益。

彼得·圣吉的基本观点在于，要打造有效的学习型组织，应当关注如下五个方面的修炼：

- 自我超越
- 打破心智模式
- 建立共同愿景
- 团体学习
- 系统思考

为了促进“支持”环节中解释性对话的开展，我们已经给出了学习者组织的建议，现在教学者必须放手让学习小组去完成他们的“探索”，正如前文所述，这是一种创新的过程，意味着学习者要尽量脱离教学者划定的知识边界，而一旦脱手，学习小组就真能变成具有丰腴产出的创新基地吗？我观察到的真实情况一般是这样的：教学者要么不相信学习小组的能力，而放弃基于小组的学习模式； 要么又面对小组工作的低效行为无能为力 ，放任类似“搭便车”等行为的发展。

关于如何增加团队工作效率的指导书不难得到，我也相信训练有素的教学者能够成功根据教学情境选择适当的方法。仅以我的教学经历为例，在《管理信息系统》《电子商务创新》等课程教学中，我尝试从团队思维方式、协作方式和辅助机制三个方面来保障协作创新团队的运行。当然这些方法仅仅适用于我所面临的情境，其正确性、有效性等问题就留给读者去甄别了。

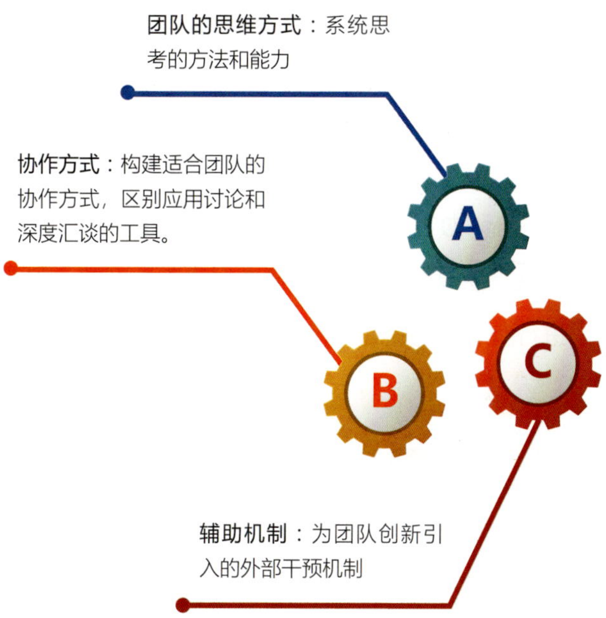
团队的思维方式：系统思考的方法和能力
协作方式：构建适合团队的协作方式，区别应用讨论和深度汇谈的工具。
A
B
C
辅助机制：为团队创新引入的外部干预机制

◇◇ 提升团队的系统思考能力

我一直建议能把“系统思考”作为一种基本的思维工具在教学过程中加以普及，从而提升教与学的效率，但真正谙熟和习惯按照“系统思考”的方式来展开教学却不是一件容易的事情 ，彼得·圣吉著作的中译本用的是“修炼”一词，可以算是准确传达了这种感觉，大概从了解系统思维方法，到拥有系统思考的能力还需要经历反复的“修炼”。

20世纪80年代，关注系统以及系统动力学、系统思考的研究者们在大量系统行为分析的基础上，对常见系统行为规律进行归类，并用系统动力学的方法将其通过图形的方式予以刻画，得到了我们称为系统基模的一系列基本图形。系统基模用以描述事物运动变化的机制，基模是复杂系统行为中的一部分，因此大多数基模之间相互存在联系。团队首先对系统基模进行学习，有助于学习者关注系统中某些特定的行为规律，帮助它们弄清各种复杂系统现象的本质，并导出正确的对策。

系统动力学看起来是一门令人生畏的科学，但彼得·圣吉在《第五项修炼》中介绍了9种系统基模，他结合各种案例娓娓道来，使得这9种系统基模变得易于被理解。因此，将这些系统基模介绍给学习小组，并引导他们进一步对系统思考的能力进行有意识地提高，将非常有助于在学习小组中建立一种导向创新的思维方式。

反应迟缓的调节环路	成长上限	舍本逐末
目标侵蚀	恶性竞争	富者愈富
共同悲剧	饮鸩止渴	成长与投资不足

协同创新的工作方式：讨论与深度汇谈

协作进行学习可以比个人苦行僧式的学习更有效果，团体的智慧可以远大于个体的智慧，只不过，要萃取高于个体智慧的群体智慧往往需要良好的学习技巧和团队协同创新的方法。

彼得·圣吉认为团体学习必须精于运用“讨论”和“深度汇谈”两种技巧。其中，讨论适用于汇聚不同看法，而深度汇谈则适用于创造性地探究复杂的议题，它们是两种互补的团队协同创新的工作方式。

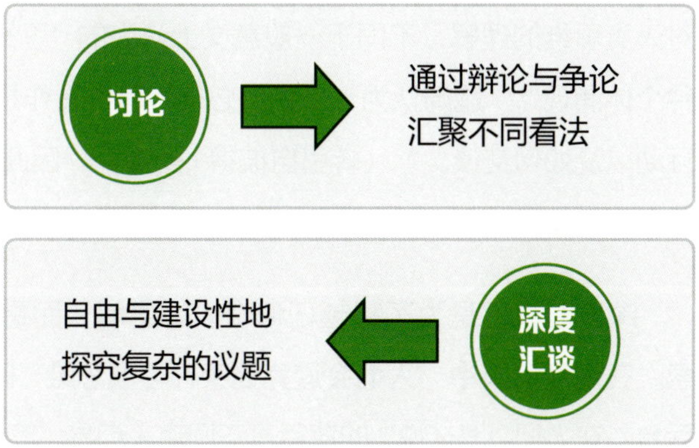

讨论

讨论一般意味着团体中存在不同的意见，通过讨论可以促使人们将不同的意见展示出来，但讨论存在着比赛的意涵，也就是说，总有一些意见看上去会更合理，而为了捍卫这种合理性，持有意见的个体会不断去防卫，而其他的个体或者会攻击这种意见，或者就直接妥协了。因此，讨论并不总是得到最优的结论，只不过有可能是选出了“最优”的意见持有者。

受到团体政治、情绪等因素的影响，更是有可能让“讨论”捉弄我们，创造性的意见被普遍性的、特别是易于表达的观点所取代，从而与创意失之交臂。因此，我更愿意将讨论看作是一种收敛性的工具，用它来换取意见的统一。

深度汇谈

彼得·圣吉推崇量子物理学家鲍姆提倡的“深度汇谈”的方法，深度汇谈基于对人类思维的理解，不同于一般意义上认为的“思维只是以人脑为物质基础的一种个体涌现”，鲍姆认为：“我们必须将思维看作是整体现象，起因于我们如何互动以及如何交谈。”（转引自彼得·圣吉），因此思维是一种集体现象，所以几乎不能仅仅通过个人加以改善。

深度汇谈不是为了超越任何个人的见解，而是以共同认知为基础的新的探索。在深度汇谈中，人们会避免让某种习惯思维“假装”在前台，而是希望进入后台，在人们“怎么说”的背后真正洞察人们是“怎么想”的。彼得·圣吉说：“我们的重点不在于强求某种抽象的默契，而是在共同努力增进全体参与者对于所有可能形成的‘不一致’的敏感度。”这样，人们可能更关注“不一致”本身，成为自己思维的观察者，而非被这种“不一致”推动到“不安”的情绪旋涡中。

鲍姆认为进行深度汇谈的基本条件有三个，分别是：

- 参与者将他们的假设“悬挂”在面前。
- 参与者必须视彼此为工作伙伴。
- 必须有一位“辅导者”来掌握深度汇谈的精义与架构。

在这三者中，关于第二点和第三点都在本书的不同地方有所涉及，而第一点却必须得到更多的强调。我想，大部分关于自然和社会的理论都是基于某种前提条件的，特别在管理学领域中，这种条件更是复杂而多样，可以说几乎没有错误的理论和观点，只要这些理论和观点被置于合适的前提之下。我发现学习者总是很关注“结论”而忽视“条件”，正如他们关注“怎么做”而忽视“为什么这样做”，但一种理论是否可能沦为一种“正确的废话”的境地恰恰就是由使用这一理论的“前提条件”来决定的。“悬挂假设”就是引导人们先把结论放一放，反而先把形成这一结论的假设展示出来。

如图中所示，在《管理信息系统》的教学中，关于“购买软件就能完成企业管理信息系统建设”的观点实际上至少包含了四个方面的假设。而教学者可能并不用去解释为什么有些企业能够通过购买软件完成建设，有些又不能，而是应当就四个假设进行讨论，看看哪些假设是与现实情况更接近的就可以了。仅就其中一个假设举例：关于“软件中定义了正确的行为方式和流程”，学习者就会思考：“什么是正确的行为方式和流程呢？有没有更好的方式呢？如何将这种正确的方式和流程展示出来呢？”等问题，而这些问题恰恰是信息系统实施中真正面临的问题。如果就这一问题展开深度汇谈，学习者就不会纠结于如何购买软件这样的简单决策，而是开始关注企业为什么要信息化，以及信息化真正的好处和障碍等深层次的问题上去。

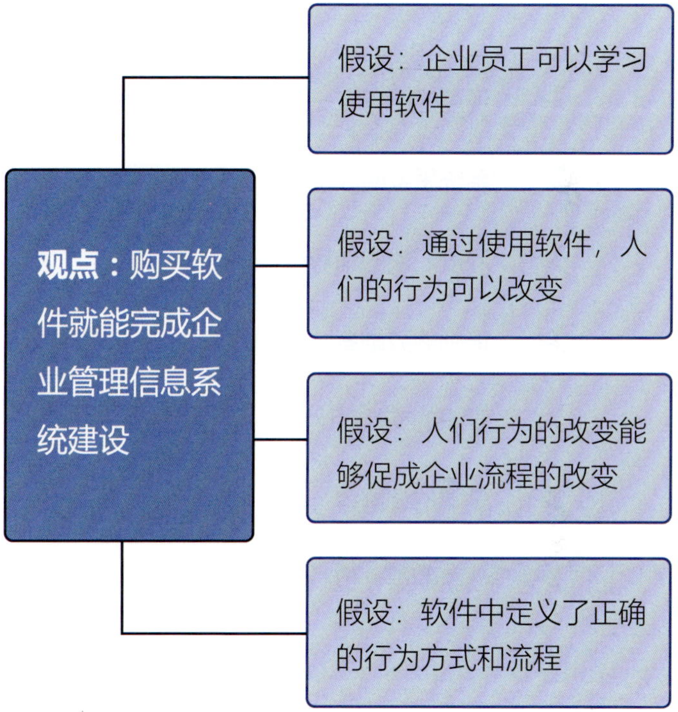
观点：购买软件就能完成企业管理信息系统建设
假设：企业员工可以学习使用软件
假设：通过使用软件，人们的行为可以改变
假设：人们行为的改变能够促成企业流程的改变
假设：软件中定义了正确的行为方式和流程

而如果这四个假设的前提都具备的话，的确“购买软件就能完成企业管理信息系统建设”这一命题正确的可能性就很高，实践应用的成功率也就更高。

◇◇ 辅助机制：教学者的参与

教学者不大可能在完成教授之后就能坐等创新成果的出现，他们必须参与到学习小组的探索中来，"教与学"的过程与创新的过程紧密结合。有研究表明，在学习者讨论的时候，教学者哪怕只是在其中游走穿梭都能使得他们的讨论更加有效，可见教学者在创新过程中的巨大作用。我想教学者的作用除了作为观察者，可以但不仅仅是：

- 观点的持有者
- 系统思考的教练
- 深度汇谈的辅导者
- 情感的鼓励者
- 学识的支持者
- 争端的调解者
- 创新的第一位投资者

5.4

发现创新

在“激发”和“支持”的过程中主要强调的是教师的驱动，而在“探索”这一环节中，学习者不可回避地成为主体，毕竟教师如何努力也不能代替学习者去学习、研究和创新。当然，作为事情的反面，教师也不能完全放任学生无助的探索，传统上我们给学生留超难度的作业就犯了这一类错误，因此，“为创新而教”认为教师应当尽量理解创意产生的环境，去营造这种环境，并且引导学生按照一定的思维方式去探索，做到既不一味插手，也不一味放手。

“为创新而教”在探索阶段达到了整个教学过程的高峰，学习者聚在一起就那些有趣的问题开始了探索，尽管有时学习者只是被要求把书本上某个知识点再次表述，而这种探索也是学习者多元智能模式与知识点的一次重新结合，对于学习者也是一次创新活动。在这个过程中，教学者经常会成为一些新鲜事物诞生的见证者，他们“发现”创新的眼光变得特别重要。

顾名思义，直观而言“为创新而教”希望能引导学习者进入创新的心流区，从而完成学习过程，并且这种学习过程也能带来切实的创新成果。在这一过程中，我认为教学者应该成为创新情境的塑造者，创意的发现者（不是产生创意的人），这类似于投资领域中的“天使投资人”或者“风险投资人”，他们能从过往的经验和规律中找到依据，从而看到产生创意的学习者甚至都看不到的创新前景。因此，教学者自身是否能产生创意并不是“探索”阶段的重点。所以，我想如果从创新环境角度来看，对人类创新历史中的案例和数据进行分析，去发现一些能够促使创新产生的环境特征，显然比相关的创新手册式的思维合集更能增进教学者对于“创意”“创新”的敏感性。

《伟大创意的诞生：创新自然史》[1]一书描述了一系列不断重复出现的创新发明的共有特点和发展模式。书中提到7种创意的源泉，将这些有趣结论结合到“探索”环节中，或许有助于推动师生共建一种探索环境和模式。

- **相邻可能**：创新就是一扇不断打开的门
- **液态网络**：在思想的大池中让信息外溢
- **缓慢的灵感**：好创意永远是时间的玫瑰
- **意外的收获**：机缘巧合的力量
- **有益的错误**：绝佳的创新实验室总是有“污染”的
- **功能变异**：让完全不相关变成相关
- **开放式“堆叠”平台**：在生态圈中不断成长

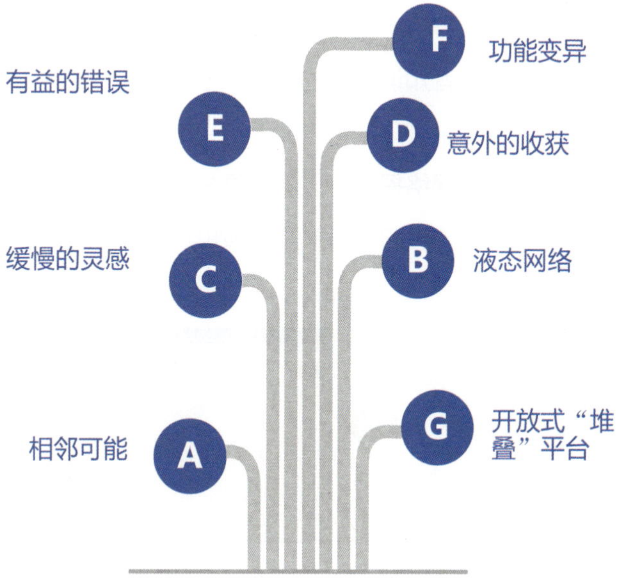

注解

【1】 参阅《伟大创意的诞生：创新自然史》（[美] 史蒂文·约翰逊著，盛杨燕译，浙江人民出版社，2014年12月），后文相关内容引用或由此整理而来。

A：对相邻网络的探索：关于扫雷游戏的思考

下图是微软Windows操作系统自带的扫雷游戏，在一定规则下探索雷区，就是从一个原点出发对与之相邻的部分展开探索的过程，只需要考虑一个点的四面和四个对角，共8个点的状态，从而推断隐藏的地雷。这正如学习者对未知领域的探索过程，只不过学习者知识网络的维度不一定是线性的或者二维的，因为维度是由学习者的思维和知识决定的，这就远比扫雷游戏要复杂。但如果碰巧学习者能够定义维度，在此维度上的向前探索就反而可能变得简单，因为，在类似扫雷游戏这样在确定规则约束下的网络探索可以看成是分析性的创新。更常见的情境是，学习者自己寻找维度、发现规则、展开试错式的探索，这种对新维度的感知，对未知的感知则是一种解释性的创新过程了。

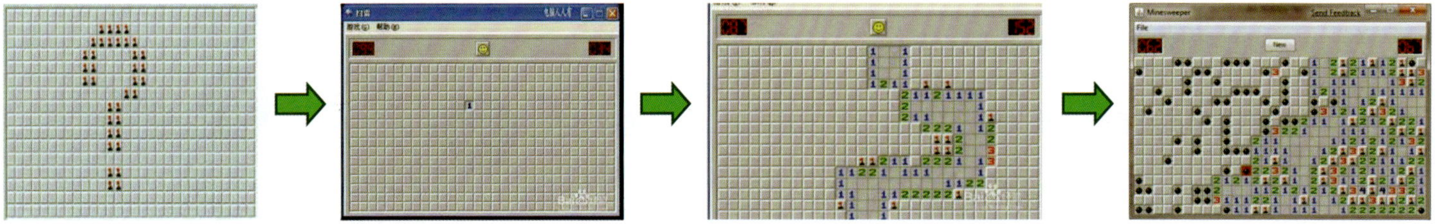

学习者的创意虽然有时表现为某种顿悟，看上去有人将某些完全不相干的事物联系在一起创造出新的概念、新的理解或者新的解释方式，但这种看似不相干事物的联系往往来源于人的经历，它是人脑的神经网络对相关事物的趋同反应而事实上产生的关联。正如史蒂文·约翰逊说的，按照普遍的趋势，人们通常会把突破性创新的产生过程浪漫化，想象一个个伟大的创意超越环境的限制，横空出世，天才的眼睛会从一些旧思想和僵化的传统中发现一些全新的创意，但实际上，**新的创意更像是一个个想法的拼接物，它们都是由思想的碎块拼组而成。**这些碎块是过往所有积累的知识的总和，也就是这些知识构成了可供探索的网络。

教学者支持学习者在尽量宽广的网络上不断探索，但很显然，“相邻网络”的思想也反对过分跳跃的思维方式，也就是说并不是鼓励学生通过过分的标新立异来获取注意。

B：液态网络

在探索的过程中，团队常常面临的既不是完全没有想法的状况，当然也不是想法非常明确的状况，而是处于往往存在着一些想法，但又不足以解决当前所有的问题的状况。这个时候，如果把这些想法置于一个可以相互连接，但这种相互连接又具有随机性的环境中，可能会产生各种想法的演化和拼接，最终有助于出现更好的想法。这种环境就是史蒂文·约翰逊所说的“液态网络”，将创意置于液态网络有利于产生好的创意。

创意像是从脑内出发的信息流，尽管开始时这种流动十分的微弱，如果不能尽快找到出路，这些流动就不会强大到可以产生创新，而是被阻挡消磨。液态网络带来的创新并非是群众的集体智慧，而是个体的独立智慧相互连接产生的表现，也就是说并非网络本身很聪明，而是因为个体与网络相连接而变得更加聪明。

史蒂文·约翰逊的研究表明，在液态网络中，想法进行连接的概率与网络的密度相关，因此教学者要保证团队的规模，一味提倡“小班制”教学可能在这些方面会带来负面问题，过小的群体很容易形成创意枯竭或者想法趋同。另外，想法连接的创新性与想法连接的随机性相关，也就是说，想法相互连接不应该是按照某种确定的规矩来进行。因此，在探索的过程中，教学者应高密度地将学习者置于团队活动中，不仅仅要激发学习小组内部的交流活动，还可以通过打破学习小组固定组织、设置一些临时性活动的方式来帮助学习者增加想法连接的随机性。

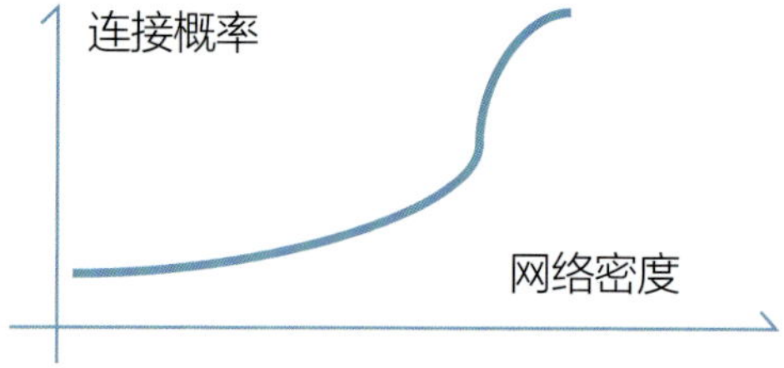

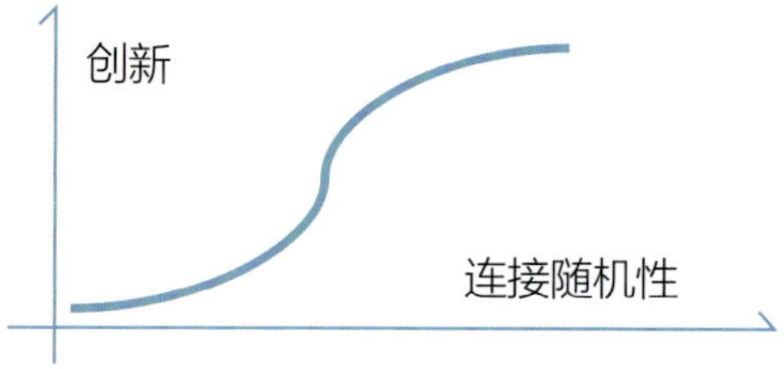

教学者还应当注意团队的探索氛围，看看他们内部这些氛围是否符合液态网络的要求，例如，团队内部应避免出现“权威”、压制、急于求成等不良的氛围。

“发散与收敛”的平衡也是教学者要注意的，探索的过程中，有时会得到很多发散的想法，这些想法可能看起来没有办法相互连接，这样就不能有效地收敛成为特定的作品形态；反之，过于执着于一个想法，急于将其转变成为作品，又可能变得循规蹈矩，与创新背道而驰。所以，维持液态网络的状态是十分有益的，液态网络不像固态的网络，每一个想法都会导向一定的结果，又不像气态网络捉摸不定，因此在一定程度上促进发散，又能在一定程度上确保收敛。

互联网本身就具有液态网络的特征，阻滞创意流动的中心化因素几乎被荡涤得干干净净。在互联网的文化意识里，创意不是用来带来市场成功的，而是用来分享的。互联网首次将隐藏在人类社交网络中发挥巨大作用的弱联系推上了创新的前台，如果弱联系在18世纪的咖啡馆能发挥巨大的作用，那么在满是弱联系的互联网超级咖啡馆中，它们对创新的推动会更加惊人。因此，互联网不仅仅被视为是为探索带来各种信息的途径，也可以被视为是营造更好液态网络氛围的工具。

弱联系

互联网超级联系

C：让“时间的玫瑰”得以绽放

史蒂文·约翰逊指出：“维持一个灵感的存活更多的只是慢慢地培育它，而并非是一种汗流浃背的辛苦耕耘。只需要给灵感足够的营养，并且让它生长在能让根须建立新连接的肥沃的土壤里，然后，给它时间，静待开花结果”。因此，好想法在开始的时候是极其微弱的，它要变成现实，就必须坚持下去并等待其他条件的成熟。史蒂文引述了博物学家达尔文的案例，达尔文经年累月地收集关于物种、地质和环境的各种笔记，直到这些博物笔记累积到一定程度，他或许忽然顿悟了这些笔记中的生物、地质之间的联系，从而让物种起源思想的玫瑰最终绽放。

在短暂的时间内，例如一个教学周期内，通过特定的信息输入，学习者不一定能生产对世界而言某种创新的东西（当然对学习者个人一定会产生创新的东西），但一定的教学过程还是像教学者为学习者组织的一场舞会“Party”，参与其中的人可能都已经经过了思维上的跋涉，他们带来的每一个好主意都经历了漫长的酝酿和迭代，我们需要让那些经常参加舞会的想法再次炫舞，也试图“邀请”那些一直躲在幕后的想法来舞池中央，而那些躲起来的想法或许就会成为用时间浇灌的玫瑰。

距离好创意还有
DAYS
32
HOURS
17
MINUTES
04
SECONDS
59
！

教学者如何浇灌时间的玫瑰？关于这一问题有两个建议：

其一，在教学过程中应试着建立一种持续性的记录系统，让学习者能够方便、即时把那些时间长河中的好想法记录下来，为了检索的方便，记录系统架构在互联网环境下最为合适。这样做的原因可以追溯到一种早期英国流行的阅读方式，相比一般从头到尾顺序阅读的方式，人们喜欢随性阅读，有时会在不同的阅读内容之间切换。他们把所读的文本分成不同的片段，然后根据自己的需求将一些内容记录到摘录簿中的不同部分，从而将那些摘录的信息拼组成新的形式，当重读这些摘录的时候，又会增加新的摘录，让这些共同拼组而成的信息地图呈现出新的图案，这实际上使得阅读与写作变得密不可分。

其二，对学习者的探索要有足够的耐心，在教学环节上也应当留足时间。

D：不可放过的意外收获

在史蒂文·约翰逊看来，“意外收获”就是液态网络中随机性连接中产生的令人惊喜的创意，我也常常能发现学习者偏离教师预设的程序而进行的种种尝试，对于学习者而言，这些可能都是弥足珍贵的，但对于教学“进度”而言，这些尝试可能看起来耽误效率，导致有些教学者会忍不住直截了当地告诉那些兴致勃勃的尝试者，他们的想法是多么的愚蠢。因此，承认“意外收获”的存在某种程度上要求我们放弃对教学进度的执着坚持，对探索本身就蕴含的不确定性采取更包容的态度。

史蒂文·约翰逊提到比尔盖茨和微软公司的继任者瑞·奥奇（Ray Ozzie）有个“休阅读假”的习惯。在这个假期中，他们会刻意收集大量的阅读材料（大部分与微软公司的日常业务无关），然后留出一两周时间对收集的内容进行深层次的研究，通过把阅读时间压缩到短短几天，他们更有可能建立起新思想之间的连接。

对于学习者而言，我们常常强调他们聚焦到当前的知识点上来思考问题，但反过来想想，发散性的阅读却也不失为一个好的探索方法。正如，有的教师激烈地反对学习者在课堂上使用手机，但“为创新而教”的实验显示，应用手机进行即时的查询以及随机性的阅读，可能会有助于学生的探索。被动式阅读，并且是大量的被动式阅读给我们带来了许多意外，例如，微信朋友圈中的很多文章是我们在没有微信环境下永远也不会去搜索查阅的。我认为，是否以及如何在教与学的过程中使用互联网工具，都还是与我们要追求的目标有关，“灌输”希望减少意外，而“探索”就希望增加意外。因此，即使互联网可能带来的错误更多，积极使用它依然是更占优的选择，事实上，从我的教学经历看，只有一个理由让教师们拒绝互联网，那就是：学习者过早对互联网上找到的东西感到“正确”，然后满意地停止探索。

E：有益的错误

某种意义上，“探索”的过程，甚至整个学习的过程是一种证伪的过程，学习者基于自身的认识，不断得到各种“假设”，并且他们会习惯性地捍卫这些“假设”，按照某种错误引导的方向扩展自己知识的殿堂。然后，当学习者触及很多业已被前序学习过程证明为某种“正确”的结论，他们才被迫修正这种假设，从而又进入到新的寻找假设的过程中。而如果没有错误，就没有了证伪的机会，正是在大量“有益的错误”中，学习者伴随着不断创新和突破前行。在这种意义上，“为创新而教”又是一种探求条件（假设）的学习，而不是追寻结论的学习。

教学者也要预防错误成为缺乏创意的安慰剂，因为错误并不会自动转化为创新。错误只是揭示了学习者特定的思维模式，如果错误能成为某种契机，学习者借此将这种独特的思维模式置入某种液态网络，从而让学习者之间的分歧变得明显，并且能够显性地促进他们的连接，或者错误与学习者脑中缓慢的灵感产生连接的时候，错误就能被导向积极的一面。如果说，创新都是以那些人们未曾记录的错误想法和做法来作为衬底而熠熠生辉的，就像我们需要黑色的背景来衬托明亮的画面，教学者也可以引导学习者在错误构成的衬底上建构光辉的知识殿堂。

“在综合考虑所有因素的情况下，人类的错误史也许比那些发明更有价值、更有趣。真理是千篇一律的，它一直存在，似乎并不需要那么多积极的能量，即使这么被动也能遇见。然而，错误却是变化莫测的。”

——本杰明·富兰克林（Benjamin Franklin）

F：功能变异

某种意义上说，互联网的历史就是一个持续发生功能变异的典型案例，因为互联网的很多基础功能都不是设计者原来所设想的，例如，美国军方希望建立一个可以连接的网络，结果诞生了最原始的互联网雏形；大卫和杨致远只是记录了自己写论文时查阅的网页目录，但这份目录促成了雅虎的诞生。

在“探索”的教学环节中，尽管不同的学习小组专注的任务是不同的，但往往他们会发现自己小组关注的解决问题的方式也能帮助别的小组，反之亦然，如果说一个小组的一种思维方式或者一个解决方案对于任务而言是一种“功能”，那么当这种功能转移到别的小组的时候，变异就发生了，这种变异的内涵在于：原本设计来解决我们问题的方案成了解决别人问题的好办法。而从一个领域移至另一个领域会迫使思维从新的角度考虑，从而打破视野盲点，促进创新。

“功能变异”是学习者在探索过程中惯常的“模式”，有可能是创新者惯常的模式，人们总是用他们熟悉或者被证明有效的方式来解决当下的问题，这就相当于把某种功能带到了当下的情境中。既然如此，教学者当然应当接受这样的模式，但有两个问题还是注意的：

- 其一，必须理解“变异”不等同于“照搬”，变异是理解了当前问题的内在逻辑以后，将原有的逻辑经过适应性改造以后形成的，因此，要预防学习者满足于某种解决问题的一般性“模式”，而忽略对当前情境的思考。

其二，必须结合探索中对相邻网络、液态网络、时间的玫瑰、意外的收获及有益的错误的综合理解来看待功能变异，因为这种变异的起源本来就可能来自相邻网络，来自液态网络中别人的想法，来自错误，来自意外，来自记忆深处，要避免在缺失前述因素的情况下做出直接规则的套用。

G：开放式堆叠平台

按照史蒂文·约翰逊的理解，河狸啃断杨树，为红冠黑尾啄木鸟利用杨树松软柔韧的腐木筑巢提供条件，鸟儿就不必自己推倒大树了。啄木鸟一年后离巢，燕雀可以使用这些巢穴，而无须学会在木头上钻洞。人类社会也有类似的行为，开源软件和开源硬件就是典型的例子，按照惯例，为了保持竞争优势，企业会尽量保护软件和硬件的知识产权，但开源运动反其道而行之，开源的软件和硬件演化成为平台，平台的建造者和生态系统工程师一样，不仅在融合的可能性方面打开了大门，更打造了全新的场所。“堆叠”平台的真正好处在于，你不再需要掌握所有的知识，坦然面对自己“紧致”与“疏松”的知识结构。这对于教与学同样是激动人心的观念突破。教学者如果能将知识分享与利益得失的关联打破，就能突出“教学过程”本身的“平台”效应，学习者应当可以在这一平台上充分贡献资源，堆叠创意。

第六章
分享：Share

当下，人们可以利用自媒体工具让自己成为一个强大的内容分享者，我从教室上课回来，经常能看到自己在讲台上讲课或者PPT内容被学生拍照发在了他们的朋友圈。然而，我们在本章谈到的“分享”却大体与此不同，我所说的“分享”是对暗默知识的共享以及学习者创新价值的确认过程。因此，除非那些分享学习场景或内容的学习者能够由此发动一场围绕学习体验的深度讨论，促动参与者暗默知识的共享，或者，分享者能够获得他人对自己作品价值的某种确认，否则，就谈不上本章讨论的“分享”。

有时，校园中一些有趣的展览却具备我所强调的特征，例如，小学校园教室门口稚嫩的画作，中学张贴的优秀作文，大学美术学院的毕业作品展、音乐学院的毕业演奏会，因为这些行为往往引致师生的围观，而且人们还常常聚成小团对这些作品讨论、观摩，这些都可能是自发性的解释性对话，承载着暗默知识共享和学习者创新价值确认的功能。

本章，我想首先阐述对“分享”在教与学过程中使命的理解。接下来，根据对暗默知识的分享以及对创新的价值确认两个定位，我将谈及教学观摩和解释性评价两个话题，在我看来，这两者恰恰就是“分享”的核心。

6.1

分享的使命

共享暗默知识

某人借给朋友一本书或朗读一本书给朋友听，或将这本书的故事讲给朋友听，这三者都可以被一般生活化的语境称之为：某人和朋友“分享”了一本书，但在知识的角度看，这三者可以说是差别巨大的。第一种情形，可以说是关于“产权”的变更，某人将一本书的使用权分享给了朋友。第二种情形，因为只能照本宣科地朗读，所以更像是形式知识的分享。第三种情形，则更可能涉及暗默知识的共享，以及“某人和朋友” 间的价值认同。

类比于教学过程中，教学者下发课本和讲义给学习者属于第一种情形，将上课的内容互联网化，例如，拍摄上课视频、将讲义PPT开放供人下载，这些可能也只能算第一种情形。教学过程中，如果教学者只能采用照本宣科的方式重复讲授课本知识，或者即使采用了别的方式，但效果上只能复刻书本知识，可能算第二种情形。当教学者能够促进学习者之间就相关内容展开深度交流促成知识内化与价值认同，这一教学讨论才算进入第三种情形。当然，上述第一种、第二种情形中教学者的行动都有可能转化为第三种情况，只要教学者能够意识到，他们不是知识的搬运工，他们是帮助学习者创新的人，并且在行动上予以跟进。

解释性对话有利于暗默知识的共享，并且贯穿于激发、支持、

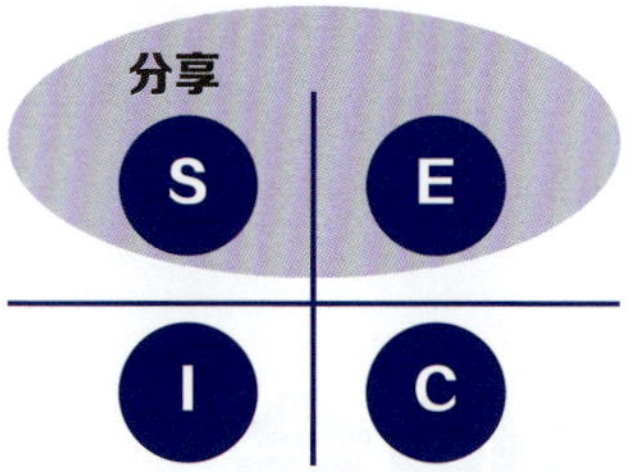

探索和分享的全过程，但在“分享”过程中，解释性对话可以聚焦于学习者的作品这一具体的载体，将更具有收敛性。“作品”是知识的复合体，如果可以将作品从知识维度予以分解的话，那么它至少是由两部分知识的凝结物构成，一部分是属于群体共识的形式知识，它是学习者群体都能够理解的部分；另一部分是学习者的暗默知识，它不容易成为群体共识，获得学习者一致性的理解，也就是说，不同的学习者对于这一部分知识会持有不完全一致的理解。

在“分享”过程中，教学者基于作品，引导学习者通过深度思考作品背后的逻辑，创造学习者与作品这一知识复合体及其创作者的解释性对话，将使得学习者能够以这些特定的对话作为知识（特别是暗默知识）传递的载体，达成学习者暗默知识共享的目的。

心智模式、秘诀和窍门两种类型暗默知识的共享，都可以改变学习者的知识体系结构，并且这些改变能将学习推动到新的层次上去：

- 心智模式是学习者知识体系中基本的框架，如果在分享过程中，学习者的心智模式发生了变化，有可能触发学习者在新的框架下对知识的大规模重组，这必然会激发他们进一步学习和创新。
- 秘诀或窍门类的暗默知识往往能够帮助学习者把形式知识提升为技能，因此，也能极大地提升学习者整体的学习效果。

按照野中郁次郎和竹内弘高提出的SECI模型的描述，“共享”暗默知识是知识创造螺旋中的触发环节[1]。组织的首要任务就是通过创造新的理念和理想，使个体共享暗默知识，进而推动形式知识和暗默知识相互转化，螺旋上升，在知识的转换中形成创新的原动力。同理，教学者不能局限于某一阶段的学习任务，即使下一阶段的学习并不一定由当前的教学者来进一步支持，也应当从学习者长远的创新价值考虑，对学习者未来的学习更尽一份力，因此，教学中推动“分享”依然是教学者肩负的责任。

◇ 创新价值确认与扩散

创意不等于创新，创意只有能够转化成为某种价值才能成为一般意义上的创新。如前一章所述，作品是学习者知识整合的产物，也是他们协同创作的产物，但人们还不能确认这种“新”的东西是有价值的。类比而言，如果有人制作了某种产品，他们需要拿着这一产品来到市场，看看是否有人愿意为它付费。而围绕“作品”展开的全方位的分享对于创新者而言，

注解

【1】 参阅《创造知识的企业·日美企业持续创新的动力》（野中郁次郎，竹内弘高著，李萌，高飞译，知识产权出版社，2006年4月）。

就好像他们的作品也来到了某种形式的知识“市场”，他们需要通过市场来确认所创作作品的价值。与市场规律类似，如果他人愿意学习、借鉴作品中的知识，就好像这种知识已经可以“卖”出了。虽然我们没有看到课堂中买卖知识的现象，但这种类似的相互借鉴可能是非常常见的。

从学习者知识运动的角度看，虽然他们尝试着将所学的知识整合运用形成了作品，但他们并不能确信自己对知识的应用，特别是暗默知识的应用是得当和合理的，是真正有价值的，因此，他们需要通过“分享”的环节，向环境求证。如果作品无法获得大众认可，则可能其知识的组合是有缺陷的，反之，他们可以确认新知识体系的价值了。

如果用X轴和Y轴构成的平面表示SECI的平面，用Z轴表示随时间而不断深入的知识活动，那么随着分享的不断累积，每个参与的学习者都得到一条螺旋式上升的学习曲线，这些螺旋就像一个个旋涡，在学习者的知识版图上不断升华，不仅扩展了知识地图的范围，也加深了知识理解的深度。无论是最终收敛到一个具体的创新成果，还是发散成更大的想象，沿着这条曲线，学习者不知不觉学习了知识，提升了能力，懂得了协作，收获了创新的欣喜感觉。

学习者作品的创作不是教学活动的终点，当学习者把创新的体验和成果分享以后，接力棒就交出去了，同时，他们也开始等待新的接力棒进入视野，伴随着创新价值的反复确认和暗默知识的共享，教学过程中人们的知识运动也螺旋往复。当这些旋涡彼此相遇的时候，他人的创意就会突然“跳”进学习者的脑海，或者一些悬而未决的问题的解决方案会触动学习者的神经，使得基于分享的创新过程超越了个体的创新体验，好的想法像接力棒一样在人群中传递，带来新的变化，彼此激荡。

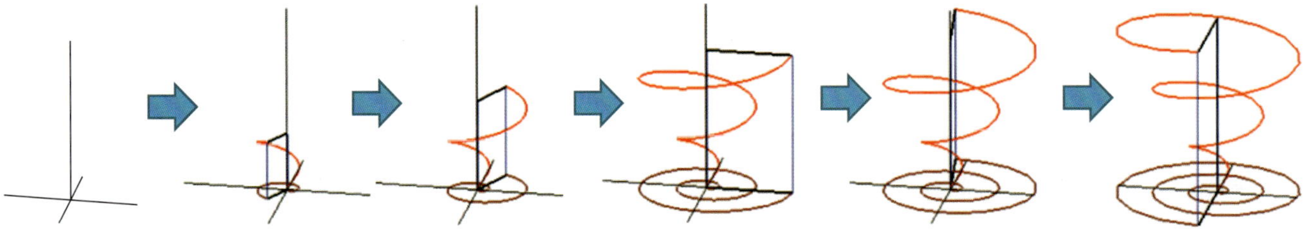

6.2

分享“体验”

群体中的暗默知识是如何共享的呢？野中郁次郎、竹内弘高认为获得暗默知识的关键在于体验，“体验”能将个体置于他人的思考过程之中，他们提供了一个关于获取揉面暗默知识的案例[1]：

体验

一家位于大阪的公司为了开发自动烤面包机，必须让机器能够自动揉面，但揉面过程基本上属于面包师暗默知识的范畴，要想跟面包大师一样做出美味的面包绝非易事，但是没人能够说出其中的奥秘，看上去机器能完成揉面，但总是达不到人类揉面的效果，研究人员甚至将面包师揉制的面团与机器揉制的面团进行了x光检验和对照，没有获得任何有意义的线索。软件部门负责人田中裕子知道在大阪地区最好的面包属大阪国际饭店烤制的面包了，为了获得揉面技能的暗默知识，他和几位管理人员自愿在该饭店首席面包师手下做学徒工，直到有一天，田中注意到面包师在和面时不仅拉伸面团，而且还搓捻面团，这个搓捻的过程被证明就是制作可口面包的奥秘所在。

制作面包的暗默知识可能是面包师也无法明确表述的，但带着特定目标的研发人员通过体验面包师的工作情境，却有机会将这些暗默知识捕捉到，并进而在SECI的推动下，将这些知识经由形式化、组合化、内化，最终转变成创新的产品。

注解

【1】 参阅《创造知识的企业·日美企业持续创新的动力》（野中郁次郎，竹内弘高著，李萌，高飞译，知识产权出版社，2006年4月）第四章的内容。

然而在教学的情境中，如何才能做到让学习者能够分享体验呢？应当说，大学中安排的实践教学在一定程度上起到了这样的作用。我就读中南大学的四年时间中，整个班级约30名同学有两次直接进入企业中的实习教学环节，一般都是利用暑假，其中一次被分配到一个铜冶炼厂，还有一次被分配到一个铅锌冶炼厂，学校制定了实习的工作纪律，但是工作内容就完全由工厂安排了。从今天看来，关于“工厂是什么”的暗默知识在这样的教学经历中的确得到很好地传递。

当前，越来越多的企业为大学生提供了各种各样的实习机会，应当说，在形式上已经为体验分享提供了极好的机会，但学习者或许并没有把共享暗默知识作为实习工作的主要目标，这使得实习的效果在学习层面上还不尽理想。虽然“体验分享”是一种好的教学方法，但这一方法很难形成明确流程和操作细则，也就是说，让学习者可以从体验分享上获得暗默知识的方法是一种非正式的，高度依赖教学情境的方法。

下面，我提供一个案例，或许有些启发。2007年左右我在英国Cranfield University访问时，参与到了一个关于流程再造的MBA课堂，教授要求学习者分组研究制作飞机纸模的流程，并对其进行优化。课程大致的进程是这样的：

- 学习者小组学习飞机纸模制作。（“支持”）
- 小组按照教学者确定的制作流程制作纸模，并参加纸模制作比赛。（“分享”）
- 研究自己小组的流程，按此流程重新参与到制作纸模的比赛中来。（“探索”）
- 总结各自小组的流程优劣，并向全班同学介绍这一流程，接受同学们的提问。（“分享”）
- 优胜小组重新演示制作过程，其他同学观察优胜小组的纸模制作过程。（“分享”）

教师指导者按照指导书来制作飞机纸模

优胜小组在介绍他们的纸模制作流程

同学们在集体观察优胜小组的纸模制作过程

直观而言，在Cranfield大学的例子中，教学者要求学习者先按照既定的流程生产飞机纸模，这样使得学习者可以分享制定流程的人的生产体验；接下来，学习者除了向大家介绍本组同学“研发”的纸模制作流程，还要求他们在大家的观察下重复制作纸模，甚至由其他的团队按照他们的流程重新制作纸模，这实际上提供了多次机会给学习者分享其他学习者的体验。事实证明，这些教学安排很好地促使学习者领会或习得他人在制作作品过程中的暗默知识。

我们当然承认学习者是自我知识建构的工程师，但教师常常被人们称赞为“人类灵魂的工程师”并非浪得虚名，不仅仅是教学者，所有在学习情境中出现的群体都会影响学习者知识的建构，因为学习者个体永远不可能脱离群体互动和情境来独自开展知识建构的工作。正如心理学家米哈里·希斯赞特米哈伊所认为的：“人的创造力不是发生在某个人头脑中的思想活动，而是发生在人们的思想与社会文化背景的互动中，它是一种系统性的现象，而非个别现象”[1]。即使读者不必完全赞同他的观点，也不难发现：面壁式的苦读苦思、题海战术等都可能是学习的一个环节或者一类方法，而融入集体、社会的知识互动，在互动中努力达成自身体验、感觉与群体中其他个体的共融互通，从而促进暗默知识的共享，或许是更为普遍的获得知识的方法。

注解

【1】 参阅《创造力 心流与创新心理学》（[美] 米哈里·希斯赞特米哈伊（Mihaly Csikszentmihalyi）著，黄珏苹译，浙江人民出版社，2015年1月）第22页。

前面提到的美术学院的教学观摩法也是典型的促进暗默知识分享的案例 。“观摩”语出《礼记·学记》：“相观而善之谓摩”，郑玄注：“摩，相切磋也”。因此，“观摩”的本意是指观看彼此的成绩并互相学习研究，正如叶圣陶曾在《线下·一个青年》写道：“对于前人的作品可以观摩，可以参证，但决不可专事摹仿”。观摩不是要求学习者对包括教师在内的既有对象的模仿，而是在批判中的领悟与创新。在美术学院的实践中，“观摩”是一种有效的暗默知识分享的方法，他们创造了基于作品的，由跨越专业、年级的学习者、教学者共同形成的解释性对话。这既不同于学习者直接提交作业，也不同于作品的展示，“对话”是这一过程的核心，在对话中为暗默知识的共享提供机遇和平台。在对话中看似少了教学者对事实、原理、准则等内容的传授，教学的进度变慢了，但更难以表达和琢磨的暗默知识却恰恰适宜于在这样的环境中传递。

现在，美术学院已经将观摩法广泛应用在各个课程之中，大型的教学观摩分期中观摩与期末观摩两次，这基本上取代了学生必须参加的期中考试和期末考试，观摩前学生将作品以展览形式布置在教室或美术馆展厅中，并提前张贴宣传海报，本专业全体教师被要求一同出席观摩活动，学院的管理者和教学指导委员会也会参与其中，不仅评价学生的作品，也评估整个教学过程。他们总结了观摩教学的好处在于：

A 刺激同学间的横向比较，增强学生间比、学、赶、帮、超的心态。

B 教师通过观摩活动发现教与学的问题，特别是深层次理解了学习者的行为，加之不同专业间教师的交流，既有助于学生眼界的开拓与灵感的点拨，也有利于教师协同改进教学。

C 学习者经过一段时间的理解，对教师讲授内容形成了自我认知，也积累了发现的问题，观摩带来了集体智慧的汇聚，有利于解决问题和获得价值认可。

D 学习者在期中的教学观摩，可以及时发现问题、肯定优势，可以增强学生积极性并少走弯路。期末教学观摩是对一个学期的学习总结，便于下一年学习计划的高效开展。

有人会说，观摩的方法比较适宜于美术这样的专业，在别的专业内容的教学上未必会有很好的应用，但在我看来，只要是能够以“作品”为导向，就应该能够提供类似观摩教学的对话机会，否则作品就可能沉寂于教学过程，再次变成学习者的“作业”。

6.3

解释性评价

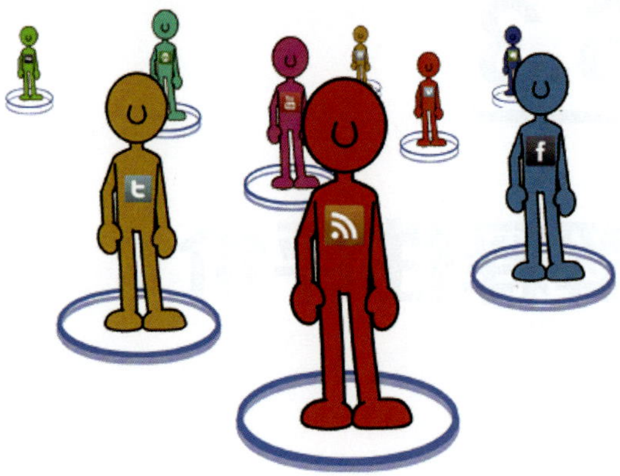

从另一个视角看，为共享暗默知识而创造的对话还可以承担“分享”的另一项使命，也就是说，帮助学习者和教学者对创新价值予以确认。

价值确认看起来是“为创新而教”带入教学情境的新概念，但或许就其承担的作用看，可以算作是“教学评价”在新情境中的表现形式，只是我们可能需要完全不同的评价方法和形式，原因在于：“为创新而教”的目标是创新以及学习者由此建构的知识体系，因此难以找到对教学过程进行评估的唯一尺度，学习者和教学者对于“收获”的定义也会多种多样，这种“收获”既是属于个体的，同时也具有社会性，也就是说，“收获”不具有统一标准，但又需要一个社会化的确认过程。

在“分享”所创造的以作品为中心、暗默知识共享为核心的解释性对话的基础上，人们或许能自动形成对整个教与学过程中产生的新生事物的价值判断。例如，即使没有某种一致评价指标，学习者还是可以通过解释性对话来予以确认：某种作品是好的，某种做法是有价值的。只不过这种评价的输出不一定是形式知识形态的“成绩”，评价过程的输入物是形式知识与暗默知识的复合体，评价过程的输出物当然也应当包含暗默知识的部分。因此，**我把这种通过解释性对话来让学习者对自身以及群体学习的状况进行价值确认的过程称为“解释性评价”。**

一个典型解释性评价的过程

我在一门课程中结合互联网应用，设计了一个解释性评价过程，通过将这一评价过程作为一个例子，我可以更容易地将解释性评价的细节予以说明，并就解释性评价的目标、评价的参与者与评价准则、评价的基础以及评价的过程予以讨论。

A 作品展示，圈粉

B 创造包括线上和线下，以作品为中心，以暗默知识共享为核心的对话活动。主要集中在作品的创作逻辑、疑问等方面，形式包含但不限于点赞、评述、比较、批评、建议等各种社交行为。

C 确保学习者对涉及的作品及创作者的想法形成了价值判断，并将从社交中得到的数据进行分析和反馈。

A: 圈粉

互联网的力量是巨大的，它像一个兴趣的漏斗，学习者把作品在互联网上发布就激发了这个漏斗，把有趣的人、事都激发起来，最终通过这个漏斗，让一些真正有兴趣的人再围绕作品持续交流。但同时互联网上的"注意力"又是极度稀缺的，谁都需要一盏聚光灯，特别是当学习者体验到创新的感觉，手握着一件得意之作之时。然而从另一个角度看，互联网环境下，谁都可能为你点亮一盏聚光灯，可是谁都很难持续为你点亮那盏聚光灯。因此，无论多么美妙的作品，创作者都要珍惜那些点亮的聚光灯，在它点亮的有限时间内，把作品最美丽、动人的部分展现出来。

在课程中，我推动学习小组为自己的“圈粉”（互联网术语，简单而言就是获取关注、赞同）。为了实现“圈粉”的目的，大多数学习小组首先将作品进行了碎片化处理，形成了适合互联网传播的、“短小精悍”的作品宣传，但这种碎片化处理并不是对内容的丢弃，而是对内容的提纯。学习者意识到太多的内容会干扰作品的主题性，使得作品所表达的内容缺乏针对性，他们考虑高度浓缩地展现作品，也就越发突出了他们作品的暗默知识部分。

为了实现学习者相互借鉴，小组之间被要求必须互粉，从而获取学习伙伴之间的作品动态。

B: 创造社交互动

仅仅获得“粉丝”的关注是不够的，我们看重的是团队与粉丝面对面的交流，因此，学习小组被要求召开“粉丝见面会”，尽管受限于条件，有时并没有很多的课程外的粉丝进入这一环节，但课堂内其他小组形成的粉丝群也已经能够形成高质量的对话，这些对话内容包含但不限于下面一些：

- 作者对作品的评述，花絮介绍，形成性评价的产物等。
- 团队与粉丝之间的提问的答辩，包括对作品中不理解问题的质问与答疑。
- 自由的评论。

粉丝最大的敬意表达在于传播创作者的作品。这就引发了更大范围基于互联网的互动，互联网拥有互动的良好氛围，既有的壁垒正在自然消退，例如语言、国界、大学的藩篱、权威等。互联网社交带来更大的多样性，不管多么特别的想法，或许总能找到欣赏的人，创新者不再是人们眼中的“怪物”。更大范围的网络也带来了更大范围内的文化、思想、技术的冲突和启发，也带来了更多支持和资源整合的机会，因此也变得更加的多样和富有变化性。

C: 分析与反馈

得益于强大的互联网工具，我们能够收集到包括点击量、粉丝数量、互动评价等数据，将这些数据进行整理和分析，并将其直接反馈给作品的创造者，这将帮助他们对自身作品的价值进行深度反思，并获得价值的确认。所幸，基于互联网的行为数据分析已经不是高深的工具，学习者都可以方便地获取和应用。

无论是在互联网的环境中，还是在线下的质疑与讨论中，喷涌而出的好想法都应当可以迅速地表达，我们不需要长篇大论的赞美和政治性的评说，教学者主观性的评价甚至也是多余的，真正值得记载的是那些好的想法，这正是解释性评价独特的魅力所在。

另外，从上述案例中，关于解释性评价还是有几个问题是值得讨论的，主要有四个方面：评价的目标、评价的参与者与准则、评价的基础、评价的过程。

关于几个问题的讨论

讨论：关于解释性评价的目标

一般认为，教学评价是依据教学目标对教学过程及结果进行判断并为教学决策服务的活动，是对教学活动现实的或潜在的价值作出判断的过程，这与我强调的价值确认的过程是一致的。虽然教学评价已经逐步发展成为一门专门的技术，关注过程的评价方法也益发受到重视，但现实中，“评价”本身总是让人想到某种优胜劣汰的竞争，强迫症似地推动我们获得一定尺度的排序结果，反而对价值确认的过程变得模糊起来。尤其是，当学习成绩与社会功利相结合的时候，人们通过展示“分数”能够获得他们想要的地位、工作岗位、他人的尊重等，这使得学习者很容易把评价结果作为终极目标，而学习本身已经不再重要。而教学者就又额外承担了某种裁判的职能，例如，有时他们被要求完成选拔优胜者的任务，这使得他们自身甚至也会陷入到“为评价而教”的陷阱中。我觉得这是不公平的，完全可以将这种裁判功能从教与学的过程中予以剔除，这样才能回归到评价本身的意义上来。

教学评价应该是教学过程的本质属性，由教学过程产生，同时也服务于教学过程。解释性评价不在意是否选出了优胜者，而是将“多元价值判断”是否形成作为评价过程是否有效的依据。无论参与解释性评价

为学习者评价!

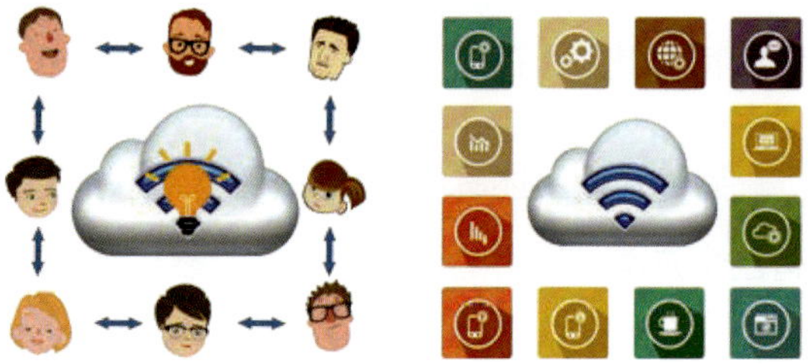

的学习者、教师、旁观者都应当注意到：解释性评价不仅仅让学习者和评价者关注评价的最终结果，而且是让双方都知道评价结果的原因是什么，包括对评价依据的解释。而且学习者能够通过评价中的解释性对话真正了解自己的知识缺陷和教学过程的缺陷，而这可能意义会更大！

在多年从事MBA教学的过程中，我发现一点无奈。MBA的学习者几乎都是Parttime（非脱产）的，因此，他们与教师之间的联系主要就是课堂，当一门课程结束以后，教学者和学习者就几乎很难再有交集，我给出的教学评价也几乎不会带给学习者更多功利性的回报。这种情境下，我倾向于给一个超出学习者实际学习绩效的分数，这样做的原因并不是因为我希望获得一个大家都高兴的局面，而是因为我已经没有机会对他们后续的学习策略提供帮助，因此只能尽量通过超出他们想象的分数来传递一种鼓励的信息。

我也碰到过学习者试图通过谈判来提升分数，只要不是无理取闹，我视这种谈判为机会，这给予我进一步与学习者展开解释性对话的机会，使得彼此都对学习的过程、后续的发展、甚至职业发展有了更多的理解。

讨论：关于解释性评价的参与者与评价准则

所有参与到教学过程中的人都应该成为评价者，越多相关者进入到评价过程，就越能对价值予以确认。参与评价的群体中，每个个体都可能存在自身对于待评价的作品的价值判断标准，将这些价值判断标准作为评价的标准，使得评价标准具备了充分的社会性，就像给评价过程准备了不同维度和标度的“尺子”，而增加“尺子”的好处是：价值不容易被忽略，因为，总有适当的尺子能度量某种成就。

由此，解释性评价主要依赖学习者内心以及学习伙伴的社交认同，但因为免除了评价的社会功利职能，所以不用担心解释性评价的主观性对评价结果的影响，以美术作品为例，虽然参与评价的人并不一定代表大众对作品的喜好，但还是局部地告诉了作者：作品在多大程度上可能被社会接受。

虽然参与对话过程会使得解释性评价本质不具备唯一性的评价依据，有时候我们还是可以提供一个评价指标体系，这一体系的目标是提醒评价者考虑评价的维度，但他们内心可以持有对指标的不同理解，也可以产生不同的执行范围。

讨论：关于解释性评价的基础

解释性评价的基础是暗默知识的分享。回到“为创新而教”关于学习的最初假设，学习不是为了消除分歧，而是通过分歧发现学习的本质，并激发学习者的创新，那么评价更应该让学习者看到分歧，并且能够通过解释性过程来理解分歧。因此，从全过程来看，评价者对作品给出评价的过程是一次认知强化；评价者与创作者的对话是对学习内容的协同内化，不仅有利于创作者，也有利于评价者；在针对同一学习内容不同的作品进行的评价中，有利于让多元智能模式的学习者彼此理解，从而减少各自知识体系中的“瑞士奶酪”空洞。

教学者往往认为，评价可以了解学习者的学习状态，从而优化下一阶段的教学策略。但如果学习者已经进入了暗默知识的领悟阶段，那么测量学习者对

知识的掌握本身就变得困难，因此为下一阶段教学策略的优化而展开的测量，并不是基于教学者作为一个置身事外者对知识程度的测量，而是通过他们自身深度参与学习者的对话活动，并从中获得感悟而展开的。

讨论：关于解释性评价的过程

解释性对话是评价的主体过程，这不同于一般意义上基于过程的教学评价，虽然对话也是一种过程，但出于“分享”环节的解释性评价已经处于一个教学循环的后面部分，也就是说，是作品已经形成以后的评价，若论过程而言，这已经是一种围绕结果（作品）而展开的评价了。

如果学习者知道了主观因素在评价中起到的作用，或许我们会担心他们会使用一些群体内的政治行为来改变评价者的想法。但即使如此，这些政治行为依然要通过对话来实现，这使得评价过程还是保持了解释性创新过程的本质。何况，当学习者习惯了解释性评价，他们也会逐步从追求评价结果为导向转向追求评价过程，因为解释性对话带来的收获要大于结果带来的收获。

你可以批评我的作品，
但你必须告诉我你的想法。

第七章 融合与创新之道

当前，我们所要面对的教学情境复杂多样，期望通过“以不变应万变”的策略，寻找一种固化的流程以应对情境的复杂性恐怕是行不通的。相反，只有根植于特定的情境，灵活地将“为创新而教”的方法和体系与情境中的学习者、教学者和其他要素进行融合与创新，营造出各具特色的“创新”情境，才能最终将“为创新而教”的理想达成。

在这一章中，我们希望就这种融合与创新的问题进行探讨，这种探讨基于如下三点认识：

首先，“为创新而教”的方法和体系并不是一套僵化的流程，4S可以根据情境进行组合，并给予不同的地位和重要性分配；它也可以有机结合到现有的教学方法中去。因此，它可以和现有的教学方法进行深度融合，同时由这些融合而引发创新。

其次，“为创新而教”的方法和体系基于SECI模型所描述的知识运动而设计，只要回到知识运动的视角来梳理，我们就能在技术层面上，发现它与日新月异的互联网教育技术之间的融合与创新之道。

最后，“为创新而教”的方法和体系也并非仅仅局限于微观的教学过程中，它也是更为宏大的教育系统变革的一部分，因此，它既在微观的方法和技术层面发挥作用，也会融入更深远广泛的教育系统的创新大潮之中。

7.1

方法的融合与创新

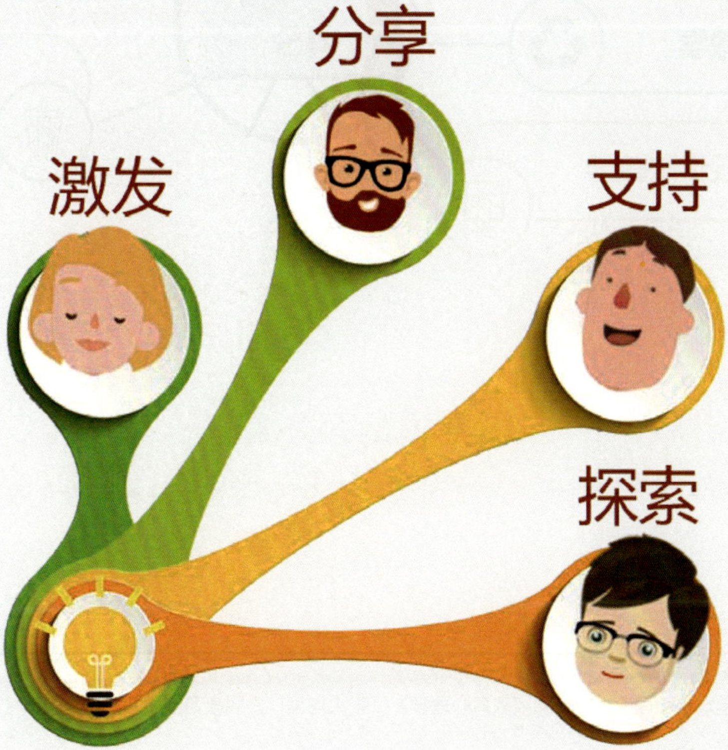

4S并非因为“为创新而教”的理念而被创造，但4S要件通过各种方式的组合可以形成独特的教学过程设计，我希望将它们与教学者熟知和应用自如的各种教学模式[1]进行深度融合，和读者一起构建和应用“为创新而教”的体系和方法。

注解

【1】 下文涉及的相关教学方法和理论主要参阅《教育心理学》（张大均编，人民教育出版社，2015年6月）。

4S与锚定式教学

锚定式教学模式（Anchored instruction）由美国温特贝特大学匹波迪教育学院认知和技术小组开发，又称为情境教学模式。它通过将知识锚定在一定的情境中，例如，一个故事、一段历险，一个案例的情境，以此激发学生的好奇心，提升解决问题的能力。

锚定式教学模式的5阶段

1. 介绍学习目的，学习内容
2. 将“锚”分发给学生
3. 识别问题、分解问题，制定解决计划
4. 学生分组，进行问题解决
5. 教师整体评价

4S与锚定式教学的联系与区别

在谋求情境这一点上，4S与锚定式教学高度一致，但4S认为情境应当结合学习者的认知去寻找，一般无法事先设定，并且把知识点埋藏其中。“激发”的目的就是寻找问题情境，可以说4S的“锚”是学习者自己找的，自己抛下的。

4S的“探索”要件对于锚定式教学的阶段3和阶段4形成良好的补充，只不过需要解决的问题可能不是教学者预先设定的，因而更需要采用解释性的方法。

4S不主张单一由教学者来进行整体评价，而是采用“分享”的形式展开解释性的评价。

◇ 4S与随机进入教学

随机进入教学（Random access instruction）思想源于建构主义的代表人物斯皮罗等人提出的“弹性认知理论”。指学习者可以随意通过不同途径、不同方式进入同样的教学内容的学习，以便学习者从不同角度理解学习内容，建构所学知识的意义。

随机进入式教学模式的5阶段

1
呈现与学习内容相关的情境
2
随机进入学习
3
思维发展训练
4
协作学习
5
效果评价

4S与随机进入教学的联系与区别

“随机进入”考虑了多角度进入学习内容的好处。客观上，4S更进一步地支持学习者对学习内容的选择，提高了学习者的主体地位，自然也就形成了学习者从不同角度进入学习的情境，从而与随机进入式教学形成一致性。

4S的“支持”要件与随机进入教学的“思维发展训练”环节在功能上异曲同工，也就是说，并不是强调对学习内容的灌输，而是对获取和理解学习内容的途径提供帮助。

4S在鼓励学习者建立良好互动关系，形成学习共同体的角度上与随机进入教学的强调协作学习的观点一致，充分认可教学，特别是学校教学，是高度社会化的过程。

由此，随机进入教学法许多成功的做法和经验能够为4S的实施提供支撑。

◇ 4S与支架式教学

支架式教学（Scaffolding instruction）思想源于维果斯基的“最近发展区”理论及“辅助学习”（assisted learning），借用建筑“脚手架”（Scaffolding）作为基础知识概念框架的形象化比喻。欧共体“远距离教育与训练项目”（DGXIII）的有关文件定义支架式教学为：“支架式教学应当为学习者建构对知识的理解提供一种概念框架（Conceptual Framework）。这种框架中的概念是发展学习者对问题的进一步理解所需要的，为此，事先要把复杂的学习任务加以分解，以便把学习者的理解逐步引向深入”。

支架式教学模式的3阶段

1. 进入情境
2. 搭建支架，引导探索（帮助学生确立目标，为学生提供探索概念框架，将其置于学习者的“最近发展区”，通过演示、提供问题解决的原形、提供反馈等形式等引导探索）
3. 独立探索

4S与支架式教学的联系与区别

“支架”的比喻非常形象，并且这种支架是因人而异的，以学习者的最近发展区为依据，这些思想都被4S在“支持”要件中予以吸收。但4S并不强调预设达成学习者目标的整体支架，学习者可以在探索和学习的进程中改变兴趣，改变“最近发展区”，支架并不是固化不变的，它更是一个柔软的资源系统，在学习的全过程中柔性支撑学习者。

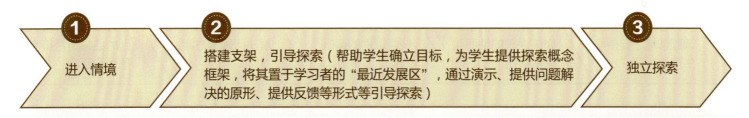

◇ 4S与杜威五步法教学

“五步教学法”由美国实用主义哲学家和教育家杜威提出来，杜威认为真理和生活分不开，探求真理不能脱离实践经验。基于这种实用主义认识论，杜威主张“教育即生活、即生长、即经验改造”，强调“从做中学”。“五步教学法”简明地概括为：情境、问题、假设、推论、验证的五步。

杜威五步法教学的5阶段

1. 为学生创设一个与实际经验相联系的课题情境，促使学生产生兴趣
2. 学生在资料的支持下观察、分析，研究该课题的性质和问题所在
3. 学生提出解决问题的假设，或一些尝试性的解答方案
4. 学生进行推理，求证，以期获得解决问题的方案
5. 进行实验验证，动手去做，以检查达到的结果是否符合预期的目的

4S与杜威五步法教学的联系与区别

实用主义就是引导学生为现实寻找解决方案，巧妙地把需要学习的知识隐藏于情境中，但这种情境是解决问题的情境，也就是说是分析性的情境，与4S强调的解释性情境不同。

5步教学法形成了一个完整的假设，推论和验证的循环，有利于发现新知，这与4S“探索”要件的要求是一致的。

4S以分享代替验证，因此并不强调学习者对知识的验证，更加让学习者挣脱“学习目标”的束缚，更强调学习的过程。

◇ 4S与非指导式教学

非指导性（Nondirective）教学模式是20世纪中期，美国心理学家罗杰斯将其心理治疗观推广到教育中，形成的一种教学模式。非指导性教学主张教学者通过与学习者间的非指导性谈话，帮助学习者创设一种适宜的学习环境，从而使学习者积极主动地完成学习任务。其中，教学者是学习的促进者，隐性地指导学习者的学习与发展。

非指导式教学模式的5阶段

1. 确定辅助情境，通过师生交谈，对共同关注的问题设立一致意见的目标
2. 探索问题，教师鼓励学生明确问题
3. 发展学生洞察力，在学生发表对问题的看法的基础上，教师促进学生能力发展
4. 学生对有关问题作出规划和决策。教师引导学生开始积极的行动
5. 学生通过汇报他的行动、规划积极的行动，实现知识与行动整合

4S与非指导教学的联系与区别

“交谈”的方式与4S的解释性对话的概念语出同源，通过对话获得对学习目标和方法的一致意见，但4S也主张在对话中保留“分歧”，并将分歧导向后续学习。

4S的“探索”要件与非指导性教学促进学生行动观点一致，学习者是主体，不能作为懒惰的吸收者，而只有通过行动才能完成学习。4S认为学习者的行动是一种社会化的探索，而不是对学习内容的记忆、阅读。

非指导性教学强调“整合”，在4S中这种整合是通过以作品为导向的“探索”和“分享”两个要件来实现的。

尽管我们在第二章中也使用到流程分析的方法，但那仅仅是对所涉及的案例进行的方法上的分析，实际上，在与上述各类教学方法相融合的过程中，“为创新而教”并不强调独特而固化的流程设计，以保持足够的灵活性去应对教学情境的复杂多变。

即使SECI模型已经足够清晰地描述了知识运动的过程，但当这种知识运动在人群中、在不同的教学情境中展开的时候，它就像各种各样的河流一样复杂多变（正如本书反复提到的这一比喻）。“方法”应当根植于事物本身发生和发展的规律，而4S的方法和体系正是基于知识运动的基本规律，所以，如果知识运动像河流，那么4S就只能灵活地适应它们流淌。

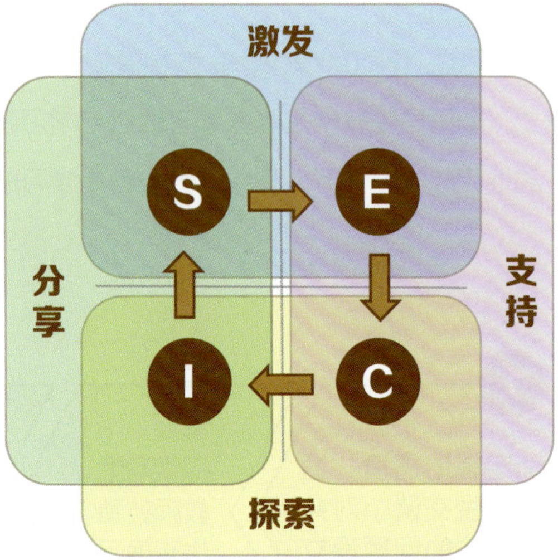

下面，我将就4S要件和方法的组合形态及与不同教学情境的融合展开讨论。

◇ 4S的线性组合

4S四个部分的活动可以按照先后顺序线性组织，也就是说，激发、支持、探索和分享是四个先后执行的流程。这种模式可以顺畅地应用于一些具有良好组织的课堂教学，例如，大学课堂。

教学者通过课堂激励、问题风暴等方法，通过充分沟通，使得学习者乐于承担在学习领域内的某种创新性任务，并形成学习目标清单。

根据学习者的目标清单，通过课堂讲授、提供文献图书清单、视频、在线数据库等资料，为学生完成任务提供支持。

学生分组或独立对任务进行探索，力求完成相应的任务，并提交作品。

学生完成的作品按照一定形式进行展示、分享，老师及共同学习的其他群体进行反馈、交流。

探索过程可以与激发和支持形成多次循环往复

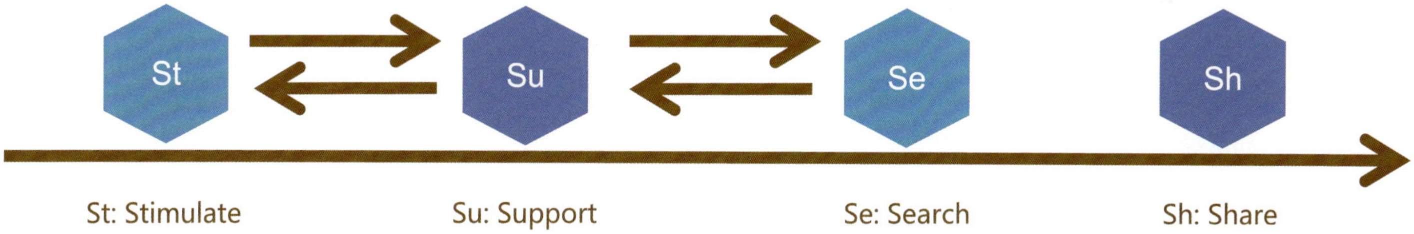
St
Su
Se
Sh
St: Stimulate
Su: Support
Se: Search
Sh: Share

事实上，我所经历的大多数大学课堂都是按照这样的结构来组织的，只不过，因为“为创新而教”的理念没有得到深入，或者解释性方法没有得到足够重视，教学者容易将支持部分看成教学的主体环节，这使得课堂被大量的知识宣讲和灌输所占据，而激发、探索和分享的环节成为某种形式的附属，变得可有可无。

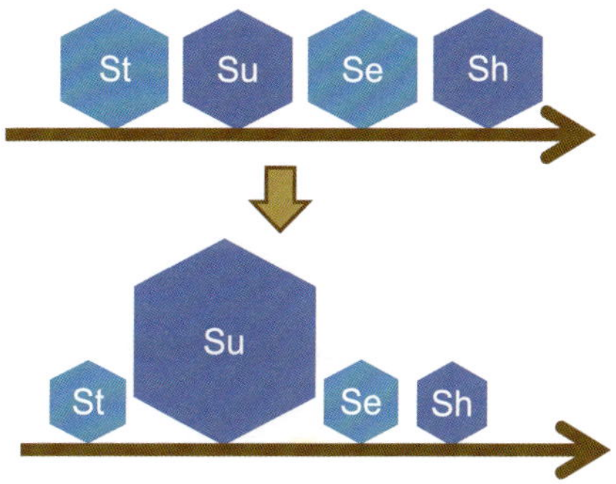
St
Su
Se
Sh
Su
St
Se
Sh

◇ 4S的非线性组合

与SECI的螺旋结构相似，四类活动彼此之间并不排除循环和往复，也就是说，它们可能彼此交错，形成非线性的连接关系。

在群体参与的教学情境中，团队之间的4S更是可能彼此重叠交错。例如，激发可能使得学习者发现知识上的不足，进而寻求支持，但这种激发可能来自另外团队的探索。因此，从教学者的角度看，这些活动的广泛链接增加了教学组织的难度，也益发对固化的教学程序形成挑战。

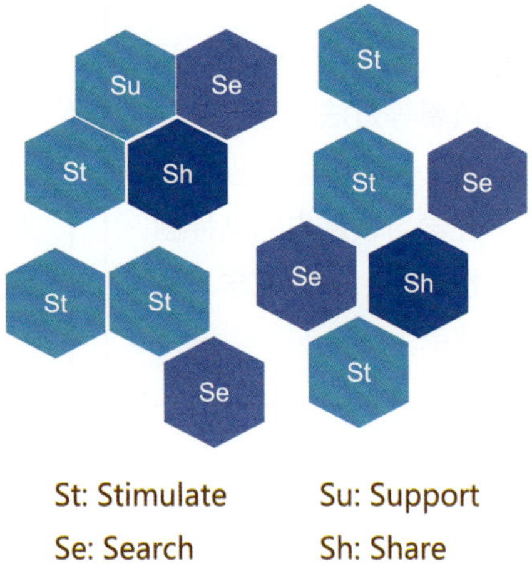

在坚持解释性支持的前提下，如果将4S中的“支持”要件单独提取出来，将支持活动贯穿于激发、探索和分享的过程中。这样在教学的程序上就主要体现为激发、探索和分享三个部分，支持成为泛在学习环境的一个部分，这里“泛在”指的是能够在教学程序的全过程中尽量提供不限地点、不限时间的支持。

在互联网教学资源空前丰富的形势下，把互联网资源，例如MOOC资源、教学视频、直播资源等作为对学习者的支持，这就形成了一种类似“云课堂”的模式，因为学习者需要看的资源都放在了云端，随时可以看，完全不受课堂时间的限制，也不受课堂章节内容的限制。很显然，我们不能把这种支持看成是教学过程的全过程，教学者还需要激发、探索和

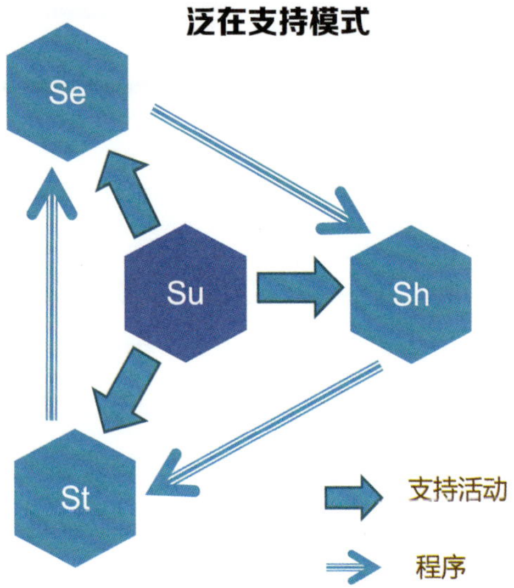

分享的教学流程，才能达成效果。因此，若说互联网技术、大数据和人工智能技术将取代人类教师，我看这一道路还很漫长，除非，这些技术能够被应用于激发、探索和分享的过程中，与支持融为一体。

又或者利用互联网，将分享作为一个单独的要件提取出来，创建开放分享的社群，而将激发、支持和探索作为教学程序，则形成了一种基于共享社群的学习组织。如果将这种模式应用于企业或者非营利组织内部创新培训中，有利于激发全组织的人群参与其中，形成组织的创新文化，并建立长效的创新社群机制。也可以说，这一模式更适合于在特定的组织中来推行，或者说借此来增强组织的创新能力，好处体现在：

- 分享成为核心，由此带来的暗默知识的共享和价值的确认能够推动SECI的螺旋运动。
- “组织”使得暗默知识互通具有可能性，而组织中的部门、机构容易成为在共有的知识空间中展开探索的具体实施单位。
- 统一的组织价值可以成为激发各个小组展开学习的动力。

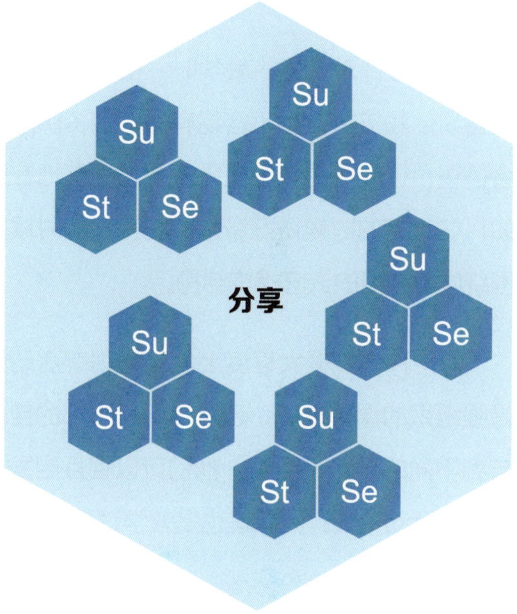

St: Stimulate　　Su: Support
Se: Search　　Sh: Share

由此，我们也建议在企业组织中，建立类似创新学院的机构，专司建设以分享为中心的“教学”，这将不同于将员工培训置于人力资源部门下辖职能的模式，也不同于建立组织内部的实验室或者创客空间。

◇ 4S的嵌套

根据情境的要求，四个要件也可能会相互交织嵌套，形成复杂的螺旋，甚至更为复杂的形态。有两种情境会典型地出现4S嵌套：

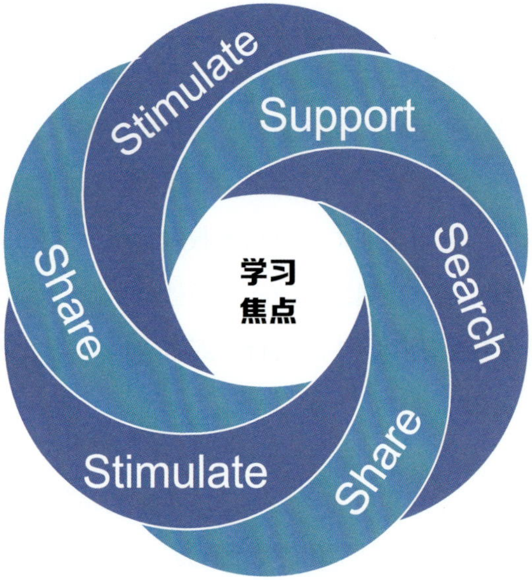

在进行针对孩子的教学时，由于年龄和知识积累的原因，他们更容易依赖支持，也不容易有足够的资源展开探索，分享的能力也会偏弱，这就使得教学者需要更加频繁地在这些活动之间切换，例如，在支持的时候做好激励，在探索的时候又关注分享，从而形成围绕学习焦点的嵌套螺旋结构。

另一种情境很大程度上是因为创新活动的社会化造成的，无论是强组织的课堂教学，还是在组织内部的自由学习，学习者可能参与到不同的学习小组中，他们可以相互启发，嵌套进入不同的学习和创新活动中去，因此这也是教学过程的一般性的微观结构。

7.2

技术的融合与创新

我参与过一场关于应不应该让学习者在课堂中使用手机的讨论。一方面，有教学者要求学习者将手机锁在教室外的箱子里，希望学习者把注意力集中到教学者的身上；另一方面，反对者认为手机是学习者接入互联网支持系统的接口。争论的起点源于不起眼的手机，但是却分明把我们引入到一个重大的关于互联网与教学关系的思考中去。以互联网为核心的技术发展给教学过程带来巨大变化，而先进技术的应用必定驱动当前教学模式的变革，然而，我们该如何理解如此复杂的技术涌现呢？它们是否改变了关于教学的基本逻辑？是否颠覆了教学的理论？甚至说，教学者是否将退出历史舞台，由具有人工智能（AI）功能的网络机器人取代其职能呢？

关于技术引致的变革不仅仅屡屡见于各种情境的讨论中，也以各种实验性的尝试在全球各地艰难推进[1]，例如，萨尔曼·可汗（Salman Khan）用自己创办可汗学院的经历说明了一种变革的可能性[2]，而克里斯坦森等人甚至给出了当前教育被颠覆的可能路线[3]。

注解

【1】 读者可以通过网络找到诸如：斯坦福大学创立“开环大学”；美国Altshchool；美国Thinkering School；芬兰Me&My city沉浸式体验学习；印度河滨学校等内容，还有国内大量在线教育的平台，等这些都可以视作是一种教育变革的尝试。

【2】 参阅《翻转课堂的可汗学院：互联时代的教育革命》（萨尔曼·可汗（Salman Khan）著，刘婧译，浙江人民出版社，2014年5月）。

【3】 参阅《创新者的课堂：颠覆式创新如何改变教育》（克莱顿·克里斯坦森（Clayton M. Christensen），迈克尔·霍恩（Michael B. Horn），柯蒂斯·约翰逊（Curtis W. Johnson）著，李慧中译，中国人民大学出版社，2015年9月）。

若论波澜壮阔的互联网技术革命及其对教学的影响，或许需要更为恢宏的著作来展现，但我想仅仅从教学过程中的环境变化来观察，是不是就也能够感受到技术变革的端倪呢？按照在“支持”一章中提到的物化环境和人际环境两个维度来看：

- **物化环境：** 从把课本数字化开始，到各类课件的制作，到联网提供种类繁多的数据库服务 、文献服务，再到VR（虚拟现实）、AR（增强现实） 的应用，直至可以基于大数据和人工智能（AI）为学习者提供的完全专属性的内容，随着技术的综合应用和不断演进，学习者可以接 触到包括但不限于网页、图片 、视频 、音频，VR、AR等的各种形式的内容，并且这些内容不再受到空间距 离、组织藩篱的影响（MOOC运动就把世界顶级名校的内容开放给了普通人）， 一个泛在的学习环境 正在逐步形成。

- **人际环境：** 互联网、物联网等技术的应用 ，使得教学过程中师生之间 、学习者之间以及教学过程参与者与整个外部世界的联系变得复杂而多样，例如，通过远程视频 ，更多的人可以进入到课堂中来；通过VR和AR技术，课学习者甚至可以在课堂中亲临“历史事件”。

从“知识运动”的视角，教学系统是一个知识运动系统，这一系统将社会、个人、群体的知识相交融，一方面完成知识的传承，另一方面也创造独特的新知。互联网带来了学习环境的巨变，而环境又影响了参与其中的学习者和教学者，使得知识运动变得空前的活跃和流畅。

互联网技术“涌入”教学领域，让人目不暇接，它们对教学有什么影响？该如何应用它们？这些问题经常将教学者带入一种理解困境，但如果按照“为创新而教”的体系，将教学过程回归为一种知识运动的本质，技术似乎就各归其位了（当然，这里提到的“技术”并不是严格意义上的技术，对于教学过程而言，有些互联网平台、模式等也是承担着技术的作用）。因此，我试图把各类与互联网相关技术投射到SECI模型中，根据它们所承担的功能，我发现这些技术可以被分成四类：

- **形式化技术**：服务知识的表出化
- **平台技术**：服务于联结化
- **协同工作技术**：服务于内在化
- **社交技术**：服务于共同化

SECI中的互联网技术

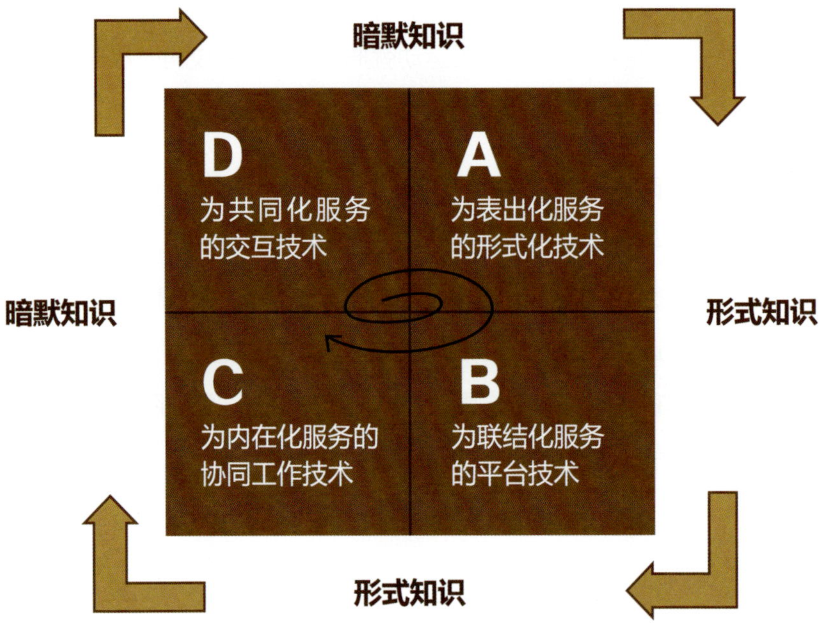

D 社交技术

Facebook、WeChat 等社交平台和软件提供了延伸的社交情境，使得人们通过分享体验而共享暗默知识的可能性得到极大扩展 。虽然从暗默知识的特点 、人类交互受到的心理 、情感上的影响等方面上看 ，这些技术还不足以完全取代面对面的交互 ，但随着虚拟现实（VR）、增强现实（AR）、直播平台和游戏化、人工智能 、机器人等技术的不断演进 ，虚拟情境下暗默知识共享的效率还是得到了并且更可能得到进一步提高。

A 形式化技术

随着UGC（用户生产内容）模式的流行，人类在互联网诞生后的近30年时间里已经生产了远远超过人类之前5000年历史以来所有信息的总量。网民的自由时间不仅仅用于内容消费，也可以用于内容创造和分享，这些自由时间将成为人类的巨大财富。

而这些内容之所以能够大量产生，就是得益于互联网提供的低门槛的"形式化"技术和工具。人们可以随手拍摄照片、录制音频和视频、在线制作PPT、设计和生产网页等，由此看来，UGC的核心就是让人们将知识轻易地实现形式化，而这些形式化的知识中适合的部分可以让我们几乎不用花费太多的成本，就纳入教学的过程。

C 协同工作技术

WIKI、CSCW（计算机支持的协同工作）、开源软件、开源硬件等技术和潮流，使得教学中可以尝试通过"干中学"来内化知识的可能性空前增大。从前昂贵的教学实验、实践教学现在都有可能通过互联网协同工作来完成，例如，开源软件不仅仅为软件学习者提供了完全的学习样本，而且可以任由他们将自己的想法添加进去。另外，依靠大众化的设备和技术，人们就可能生产出高质量的数字产品，例如，在2013年，影片《寻找小糖人》被提名为第 85届奥斯卡最佳纪录长片，除此之外，它还获得世界电影单元的评审团特别奖、世界电影单元的观众奖等提名。然而最令人惊讶的是，这部电影号称全部由iPhone5手机拍摄。学习者没有多少缺乏软件或硬件方面的理由来拒绝"作品导向"的要求。

协同工作的技术使得"知行合一"的教学理念得以真正实施，课堂与创新以及借由这些创新改变人类生存的境遇或者知识版图的实践不再泾渭分明，知识的内在化就隐藏在各种网络社群、创客空间的复杂协同中。

B 平台技术

云计算为教学平台的搭建准备了存储和运算的基础，而搜索引擎可以看作是最大的平台黏合剂，还有分布式数据库、文献服务的广泛应用等，这些条件都使得搭建促进知识相互联结的平台变得更为简易。基于这些技术，搭建教学平台也成为现实，例如，MOOC运动就是通过将形式化的视频、资料等放入平台，吸引人们在平台的基础上完成学习。

不仅仅是专门的教学平台，一些出版集团的文献数据库、Google学术、Baidu学术、知乎、甚至一些网盘都以平台的形态支持人们对知识的联结。在人工智能和大数据技术的支持下，相关的形式化内容还经常会出现在同一个浏览页面内，提示学习者进行知识联结。

对于教学而言，平台就是功能强大的知识聚合技术，是帮助人们完成知识组合化的帮手。

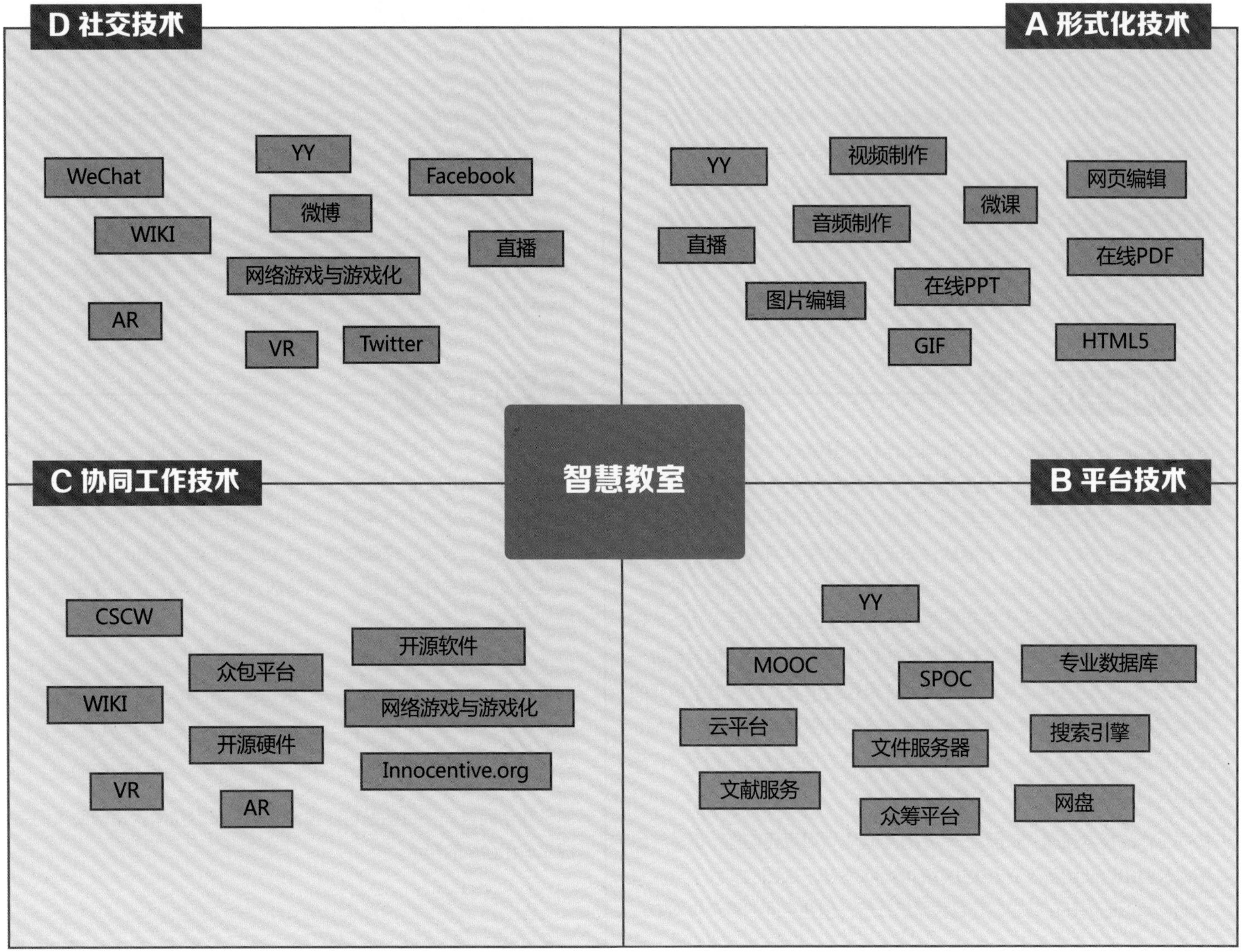
D 社交技术
A 形式化技术
WeChat
YY
Facebook
WIKI
微博
直播
网络游戏与游戏化
AR
VR
Twitter
YY
视频制作
微课
网页编辑
音频制作
直播
在线PDF
在线PPT
图片编辑
GIF
HTML5
智慧教室
C 协同工作技术
B 平台技术
CSCW
开源软件
众包平台
WIKI
网络游戏与游戏化
开源硬件
Innocentive.org
VR
AR
YY
MOOC
SPOC
专业数据库
云平台
文件服务器
搜索引擎
文献服务
众筹平台
网盘

我将一些典型的互联网技术罗列于图中，其中，有些技术根据使用的方式可以在教学中扮演不同的角色，例如：

有的学校利用虚拟现实（VR）和增强现实（AR）技术来完成诸如焊接模拟的实践操作，通过数据手套和头盔，学习者在虚拟环境中可以感受到焊接操作的温度、手感，还能看到焊接结果中的砂眼等。但同时这项技术又可以通过远程连接，使得学习者能够与他人更好地分享体验，甚至跟数字世界中的“古人”产生互动，从而共享暗默知识。所以VR、AR既可以是协同工作技术，也可以是社交技术。

网络游戏可以帮助学习者内化知识，也可以帮助学习者之间分享暗默知识。

斗鱼TV等直播平台既是直播课堂的形式化工具，同时也是多种课程聚合的平台。同样是各类直播平台，既可以直播讲授课程，也可以让学习者直接观摩修理汽车、美容、推导公式等过程。

另外，有一种技术趋势是将各种技术综合应用于教学过程，形成线上、线下（O2O）相结合的综合教学情境，例如，给学习者配备类似iPad的设备，在这一设备上可以接入多种互联网平台，使用多种互联网工具，而教室中的墙壁、黑板也是具有数字化功能的新型物联网设备，等等之类，我统一将其归入“智能教室”一类，它们是一种综合应用技术的模式，但并未改变技术在教学过程中的定位。

聚焦在教学领域，仅就知识传承与创新而言，将当今互联网时代的技术变革与历次工业革命的技术变革来比较，我们所面临的困境恐怕要复杂得多，因为只有这次“革命”（可能需要后人去定义是否是革命）是从人们处理信息的方式上开始并主导的变革，而不是机器、能源或者其他。也就是说，互联网时代，从计算机、网络技术开始，到机器学习、人工智能、大数据科学等技术主流一直都与信息和知识相关，它们正深层次地改变人们认知世界的方法。在电影《超体》和《阿凡达》中，人类通过某种器官或者感知能力能够建立与自然和世界万物的知识链接的科幻场景引人入胜，我想电影或许夸大了这一技术趋势，但我们正面临一种广泛连接的知识世界的到来却是不争的事实。

据我的理解，信息技术虽已强势涌入教室，但大多数学校教学过程的基本逻辑还没有系统地改变，“排排坐”的教室布局还是主流，教师的讲授还是主流。如果维持课堂“教师讲授—学生吸收”这一框架不变，信息技术引入课堂或许只是在一定程度上提高了“讲授”的效率。但稍微突破一下这个框架，说不定学习者可以在他们舒适的环境和时间阅读书籍、观看全球汇聚（MOOC、各种公开课、自媒体、百科全书等）的教学资源，吸收的效率会更高。事实上，技术并不是只能带来细枝末节的改变，技术赋能的后果应当是驱动教学过程的全面变革，也就是说，技术与知识运动的规律必须深度融合，使得教学成为“对话”的过程，成为“支持”的过程，成为学习伙伴、教师和资源交汇的空间，这样我们才没有必要纠结于原有模式下所谓的“效率”，而应该更关注于思想交流的效果，知识建构的创新了。

“为创新而教”的想法根源上是对互联网影响下的教学的一种探索，它或许离答案还很远，但我还是希望“为创新而教”能成为互联网教学的一种解决方案，一种可以引致更多思考和讨论的观点和手段。“为创新而教”与互联网技术变革的融合体现在：

- “为创新而教”以创新为导向，因此，技术赋能的物化环境将成为真正的支撑，我们不强调教学者对内容的制作和准备，反而是让他们成为学习的激发者，帮助学习者发现自我；成为学习者内容的过滤器，帮助学习者选择内容。

- “为创新而教”以解释性方法为主导，因此，技术赋能的人际环境将成为支持解释性对话开展的重要支撑。例如，“为创新而教”不会纠结到底视频辅导好还是课堂当面答疑好，因为无论何种形式，只要有利于“分歧”在解释性空间中的酝酿、生发，并最终导向创新，都是可以采用的技术。
- “为创新而教”以知识运动为基本出发点，如前所述，技术正为SECI知识螺旋赋能，使得它们能自然而然地与“为创新而教”的体系和方法相融合。

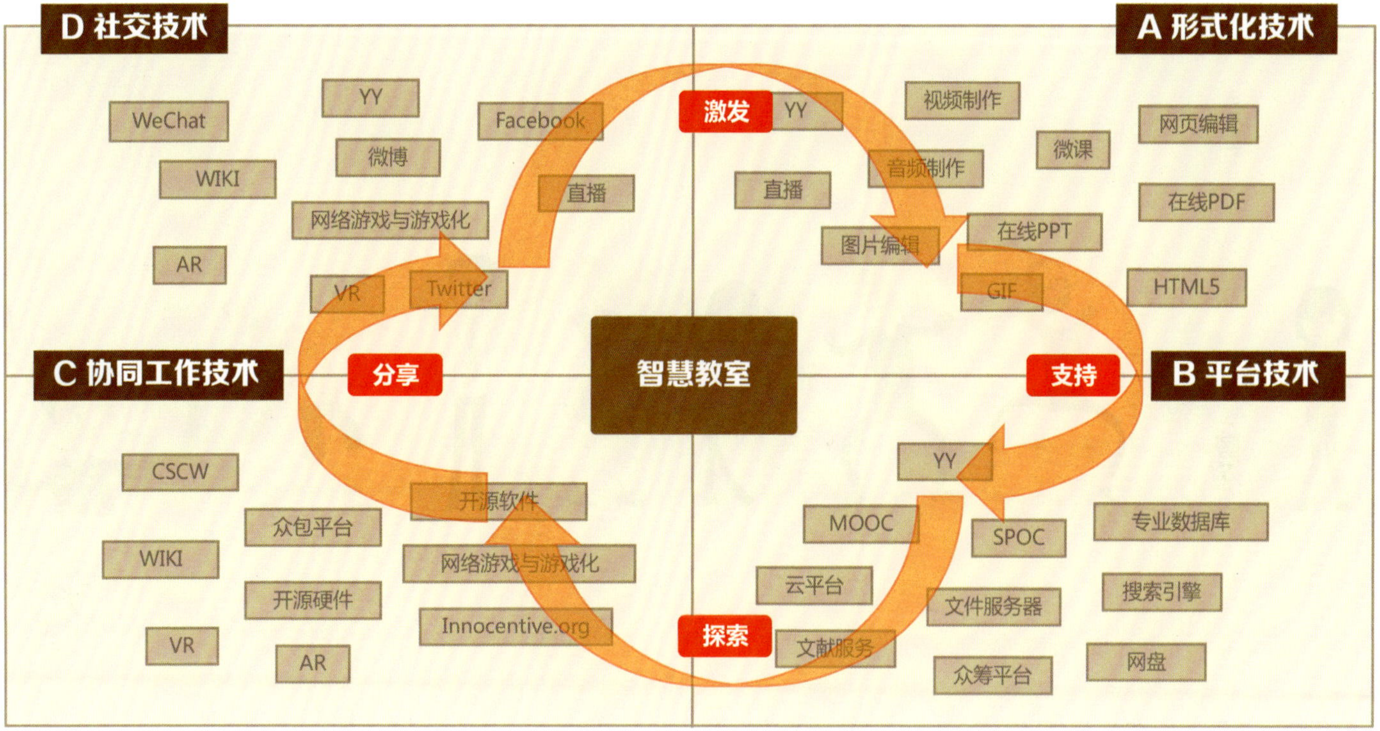

7.3

系统的融合与创新

1873年3月德国《教师报》刊登文章《德国校长大获全胜》，将普鲁士在1871年取得普法战争胜利以及德国的重新统一归功于执行了近一个半世纪的义务教育法。其后，文中盛赞的普鲁士教育模式得到欧洲各国的效仿，其影响力波及大洋彼岸的美国和日本。这都源于1763年8月12日，普鲁士国王签署的世界上第一个义务教育法，某种意义上说，普鲁士义务教育法所界定的学校教学模式适应了当时的历史条件，能够在社会的知识供给、需求与个人传承、创造知识的模式之间搭建桥梁，从而使得教育系统中的知识运动高效、流畅，因而能够获得成功。

在当前历史条件下，信息技术与教育教学正处于深度融合的过程中。一方面，社会、经济发展的日新月异、人类对自然探索的不断扩展，客观上演化成超大规模的知识供给。知识的供给经由社会知识运动又转化成为下一阶段更为宽广、深远的知识需求，在供给与需求的相互作用下，人类社会正被推动进入一种全新的知识时代。另一方面，人类个体传承、创造知识的方式也从适应这种知识时代的需求开始，逐步演化进入一种创新主导的全新模式。

也就是说，社会系统和人类个体都准备好接入到一种更为高效、流畅的知识运动体系中，我所说的“准备好”是基于这两个系统就像两股知识的洪流，如果教学过程不能成为它们融合汇聚的管道，它们就可能在新的地方汇聚，爆发出对传统教学过程而言摧枯拉朽的力量。

那么，新的历史条件下教学应该如何与这种变革相适应呢？在急于得到大尺度上的解决方案之前，我们应当把视角投向教学过程所处的系统之中，将教学系统的复杂构成、运行机制以及其历史与现状综合起来考虑。我们需要一些系统思维，借此跳出教学的具体细节，跳出基于教学过程本身而产生的各式各样的“症状解”，以更宏观和复杂的视角看待这一问题。

在这里我需要引入九屏幕法，它是TRIZ理论中的创新思维方法五大方法之一，是系统思维的一种方法[1]。它把问题当成一个系统来研究，不仅关注系统的整体性、层级性、目的性，而且关注系统的动态性、关联性，即各要素之间的结构。按照九屏幕法，我试图将学校教学系统按照时间和系统层次两个维度进行展开，在时间维度上，考虑系统的过去，现状和未来；在系统层次的维度上，考虑系统所关联的超系统（比教学系统更大的系统）、系统本身以及构成教学系统的子系统。

- **超系统**：涵盖焦点系统的输入和输出要件，对教学系统而言，生源以及社会对人才的需求、使用机制属于超系统的主要内容。
- **子系统**：涵盖保障焦点系统功能和运转的要件，对教学系统而言，教学者、教学内容、教学场所、教学方法、教学管理等属于子系统的主要内容。

注解

【1】 TRIZ是指发明问题的解决理论（Theory of Inventive Problem Solving，TRIZ是其由俄文单词开头字母组成）。它由苏联发明家、教育家G.S.Altshuller（根里奇·阿奇舒勒）和他的研究团队，通过分析大量专利和创新案例总结而来。详情参阅《创新算法：TRIZ、系统创新和技术创造力》（根里奇·阿奇舒勒 (Genrich Altshuller)著，谭增波，茹海燕，Wenling Babbitt 译，华中科技大学出版社，2008年10月）等相关书籍。

以教学为中心的系统的关系及演化

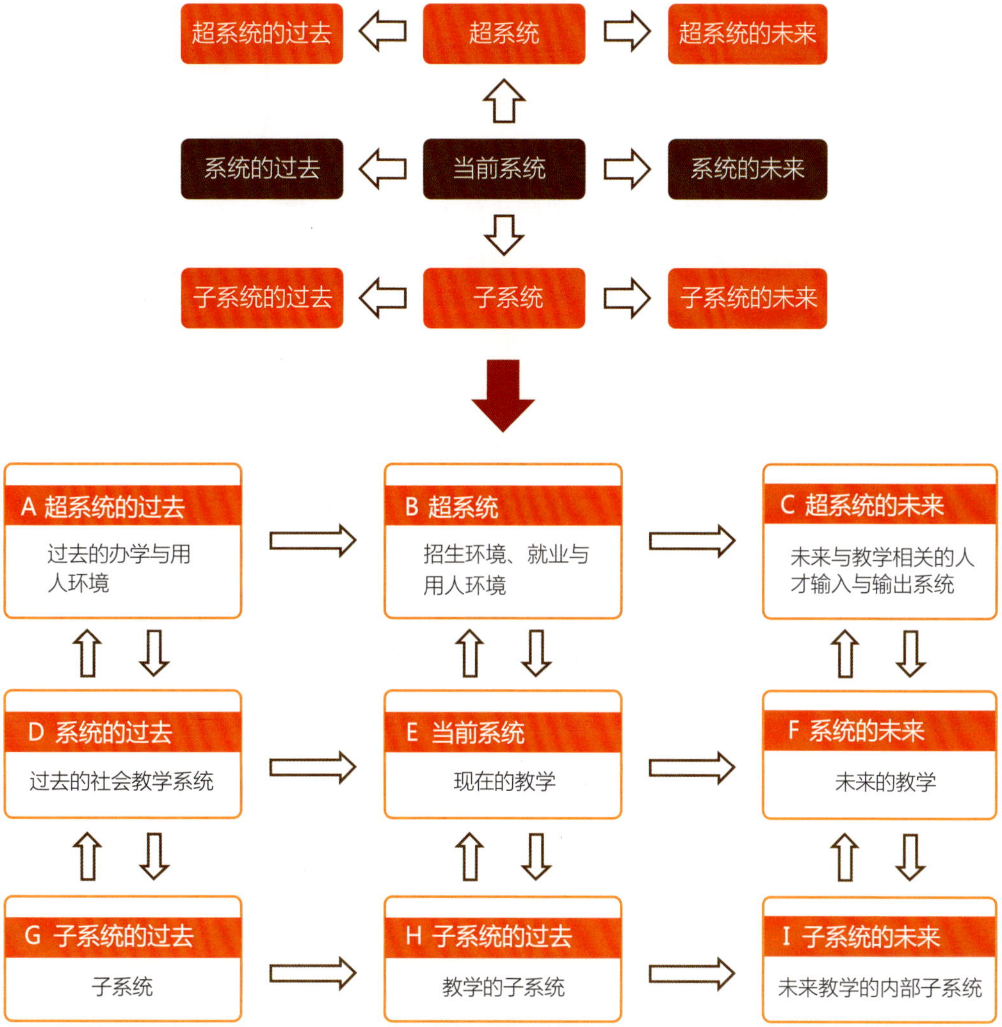

更进一步来看，社会系统是一个复杂嵌套的巨系统，九屏幕图中刻画的只是整个社会系统的各类子系统，如图所示，图中的A、B、C就是分别以标红的三个系统为研究焦点的三个9屏幕图。用这样的视角来看，C块中的超系统层次是B块的子系统层，而B块中的超系统层次又是A块的子系统层，这恰恰就揭示了系统之间的相互嵌套与关联，也说明了事物是普遍联系而向前发展的。系统演化存在不同步是普遍的现象，并且系统组成要素越是多就越是会形成超系统、子系统的复杂关联，那么这一系统的演化也就受到越多因素的影响。

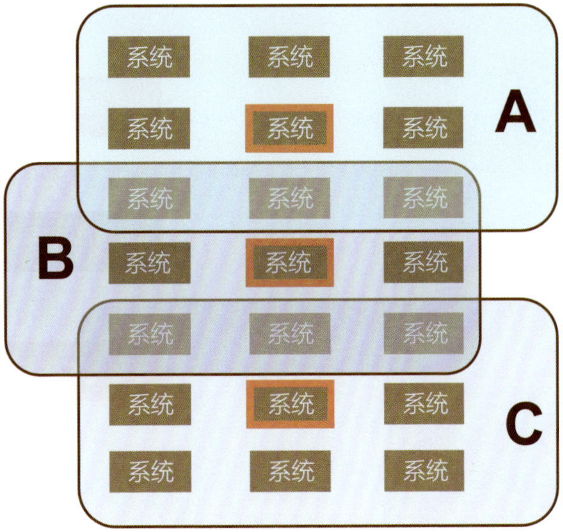

教学系统正是属于这一类复杂的高关联度的系统，在时间维度上，它远可以回溯到人类诞生之初，近可以回溯到现代义务教育诞生以后；在系统层级维度上，它又几乎和社会、经济、文化的各个系统构成系统和子系统的关系，也就是说，它的演化受到极其复杂因素的影响。从它自身的子系统构成看，一方面学校的围墙还保护着我们从历史系统中承继的各种“成功因素”，另一方面围墙外的种种新兴技术、新兴模式又昭示着系统优化的巨大可能性。

◇ 九屏视角下的教学

按照TRIZ方法的原意，在考虑对当前系统进行优化的时候，可以先在系统内寻找资源，再在系统关联的超系统和子系统寻找资源，再考虑过去系统和未来系统中的资源。我对九屏幕法的应用另有目标，我希望借用九屏幕图工具，使得读者能和我一样进一步看清与教学系统相关联的各种事物。因此，我把教学系统置于研究的焦点位置绘制九屏幕图，将各个系统的典型事物标注于其中，“为创新而教”发展演化的秘密就隐藏在它与其他系统之间的互动之中。

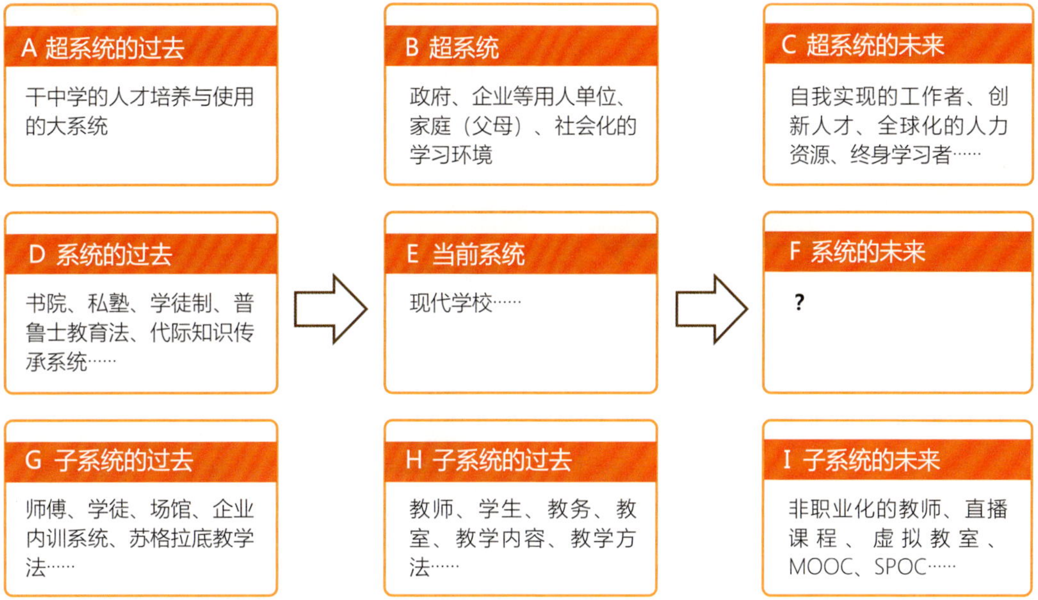

正如九屏幕图所提供的信息，系统会在复杂的影响因素下演化，虽然这些因素来自不同的系统，发展也不平衡，但总的趋势却是相互融合的。当前，未来教学系统的主体基因还是承继着业已存在的由过往“成功因素”主导的系统（图中E部分），而它的子系统（图中I）已经提供了更多的变革可能性，超系统（图中C）也已经提出了更高的需求。“为创新而教”的体系和方法体现的是教学过程的主动变革，一方面它将支撑超系统的需求，另一方面又与子系统变革相适应。我们还无法就此展开面面俱到的分析，我将以来自子系统如火如荼的MOOC运动和来自超系统日新月异的创新人才需求为例，观察超系统的需求、子系统的支撑与约束的共同作用，它们仿佛为我们打开了观察未来的窗口，而“为创新而教”或许正在窗前招手。

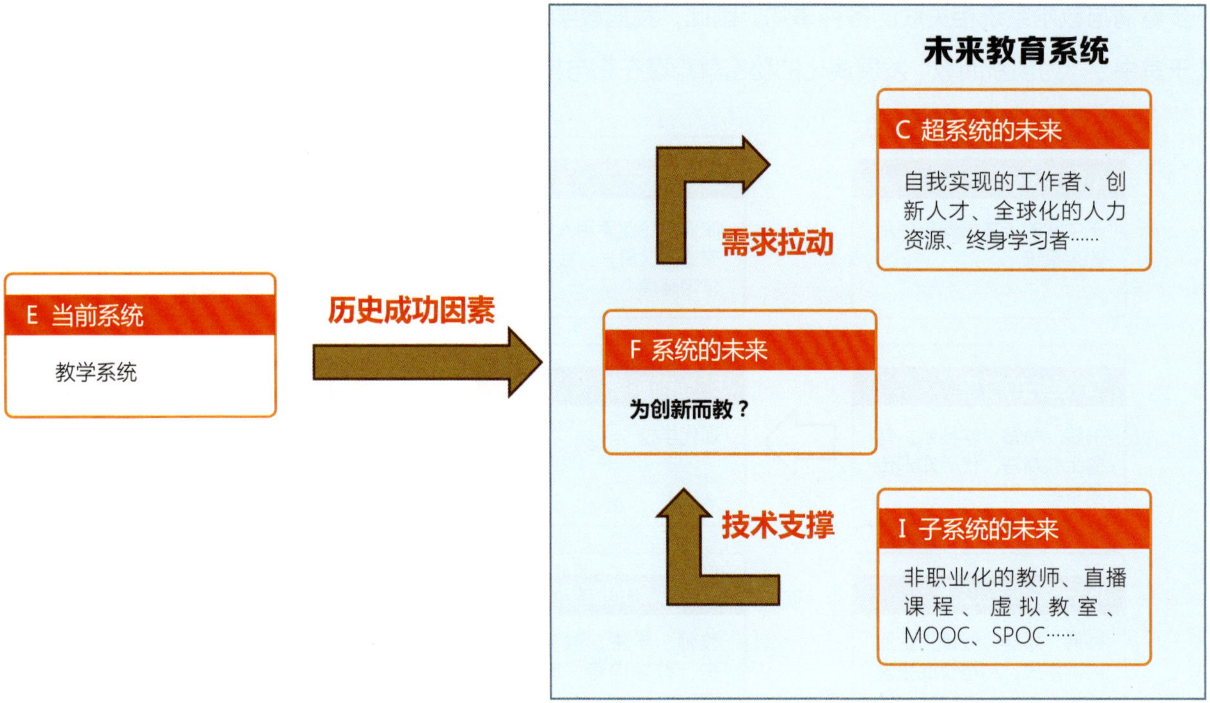

子系统变革的例子：MOOC运动

从MIT的开放课程开始，到MOOC运动的兴起，学校作为课程体系的供给方，其稀缺性地位逐步下降，学习者通过互联网获得更多、更广泛课程资源的可能性日渐增大，这使得学习者自主选择学习内容的诉求也越来越强烈。例如，我的学生中，有些人认为反正可以通过网络获得与教学内容相关的资源，仅仅为了应付考试他们游刃有余，那么如果课堂没有提供比看视频和网络资源更好的学习体验，他们就选择逃离课堂。他们甚至会说："老师，您可以把课堂直播不？如果可以，我就可以在宿舍上课了……"

但是很显然，课堂面对面的教授与MOOC的远程视频还是存在某种差异的，认识到这一点，人们或许就能给出关于教学系统优化的方案，例如：很多大学根据MOOC等互联网课程系统的发展，也积极推动基于本校的MOOC或SPOC（Small Private Online Course）课程建设，大有与国际平台一争高下之势。教学者以不懈的努力提高他们的产品质量，创造出更加有趣、更加令人信服的课程、教材和多媒体资源，但是，当缺乏动机的学生“顾客”购买网络上的课程产品时，结果却难以令人满意，我们期待有成千上万的学习者选择MOOC课程，可是，除了一些被网络热炒的明星课程和教师，大部分的MOOC课程鲜有人问津。

子系统：MOOC运动的兴起

事实上，问题可能并不是单纯出在产品的“供给方”，而是因为“供给方”无法有效与产品的“消费者”达成价值上的共识，所以需要解决的问题看起来并不是改进网络课程的质量。正如当数码相机逐步成为大众时尚的时候，柯达公司还在精益求精地生产大众用途的感光胶片，而对他们自己的数码相机专利不闻不问，由此，越是把感光胶片做得好，公司在错误的战略上就走得越远。当前的教育或许面临同样的情况，互联网带来了新的学习需求，而教学者可能还在执着于原有的产品形态，他们可能精之于“术”，而失之与“道”。

我不能说一些学校为适应MOOC而选择的做法就完全不正确，但总体看来，它们大都还是一种基于现象给出的解决方案，像是“头痛医头，脚痛医脚”的方案，正如彼得·圣吉所描绘的“症状解”，它可能缓解症状，但说不定会在另外的地方起到反作用。而造成症状解的原因在于没有洞悉系统的运动规律，因而一方面看不到MOOC运动给教学带来的真正好处，另一方面又忽视了关联系统给予MOOC的各种约束。

正如本书前述，“为创新而教”将知识运动视为教学过程的基本行为规律，因此，结合知识运动，MOOC的优质视频课程资源、学习时间的自主性、随机进入学习内容等特征就会凸显其优势，并且，教学者也能结合自己的课程，游刃有余地使用MOOC的资源来支持教学，例如：在学习者的探索过程中，引导他们修习相关的MOOC课程，以增强探索能力；又如，可以将自己的课程与MOOC课程配合起来，互为补充；还可以将自己的MOOC课程结合线下课堂，让线上学习者和线下学习者结成团队。

“为创新而教”将暗默知识的共享视为教学的核心，因此，如果通过MOOC视频不足以支持学习者与教学者以及学习者个体之间暗默知识的共享，我们就需要辅以其他的手段，例如解释性的线下课堂。

“为创新而教”以学习者的价值实现为导向，因此，我们能够认识到学历学位的管理制度、既有课程体系、学习者的学习习惯、管理系统等方面对MOOC的约束，也就不会落入一种激进的态度中，要不固守约束方，认为MOOC必亡，或者又站在反对约束的一方，认为MOOC必定消灭学校。

超系统变革的例子：赶不上时代的“专业”

在线商务的兴起对相关的人才产生了巨大需求，然而这种来自超系统的需求并不能即时转化成为大学的课程，例如，过去10年，我所在的电子商务专业的学生所学习的课程大多就落后于业界的需求。然而，当学校开始广泛吸收业界成功经验，将其转化为课程体系的时候，业界的需求又发生了变化，业界甚至提出了所有商科教育向互联网方向转型的要求，他们才不关心“电子商务”还是“非电子商务”。也就是说，从社会需求的角度看，电子商务到底是什么并不是那么重要，重要的是，一个新的经济和交易形态正在逐步形成，需要大量能够创造历史的创新人才。

很显然，电子商务的兴起并不是因为从事这个行业的人在学校里曾经学习过电子商务专业，但教学系统还在延续既有的分析性思维，教学管理者希望能为这个专业制定清晰的培养目标，并由这些目标出发构建足够详细的知识列表，然后再把这些知识武装到学习者身上。事实证明，除非学习者自身具备足够的创新性，在这个领域中，教学系统提供的知识似乎总是难以支撑超系统迅速发展的需求。

超系统：赶不上时代的“专业”

这并不是“电子商务”这一个专业的困境，很多瞄准社会前沿发展的专业都具有类似的困境，甚至这也并不仅仅是新兴专业的困境，很多历史悠久的专业也有类似的问题。我把这样特征的专业称为“无效专业”，所谓“无效专业”看起来具有完备的知识体系，具有一定专业性，但这些知识体系并不代表社会的需求，而且教学过程沿用分析性思维，只注重知识传递，忽视分歧，使得社会大系统的知识和需求不能有效融合进入学校的教学体系。而无效专业或许就是“一毕业就失业”现象的直接根源。事实上，这种困境产生的原因并不是教学管理者缺乏远见，而是我们构建的教育系统内在的矛盾，因此只能从主导矛盾的教学过程中寻找系统融合演进之道。

正如本书前述，“为创新而教”以创新为导向，使得教学系统突破了分析性思维的限制，也就是说，并不一定需要清晰定义教学系统和超系统之间的所有细节，只要在教学过程中创造解释性对话，就更有利于将业界知识与教学知识的分歧展现出来，从而推动创新人才的培养，既解决业界的需求，又促进专业的发展。

“为创新而教”以作品为导向的思想推动学习者去面对真实的知识应用情境，解决业界的问题，并且，作品与学习者价值实现相关联，使得学习过程与创新过程实现融合的可能性增加。在电子信息和互联网领域中，比尔·盖茨（微软）、戴尔（DeLL电脑）、乔布斯（苹果公司）、大卫和杨致远（Yahoo），扎克伯格（Facebook）等，都有过终止学业的经历，大概也体现了学习过程与创新过程的融合。当然，这也正好厘清了关于先学习还是先创业的争论，事实上，对“先后”问题的争论不必再拘泥于某种未来的可能性，而是着眼于学习者当下的作品和价值实现。到底作品有多好，到底价值能获得多大的认可，这些问题的答案就蕴藏在“为创新而教”的体系和方法之中，这些问题的答案才是回答“先后”问题的依据。

教学系统处于系统要素变革相互影响的核心，来自超系统、子系统的变革需求在此汇聚激荡，保守势力与新兴技术和思潮彼此冲击，新的实践不断涌现。“为创新而教”的体系方法作为其中之一，既是教学系统演化的产物，也是超系统和子系统演化协同影响的结果。

“为创新而教”根植于教学过程的知识运动，特别是暗默知识运动，将创新作为最终的导向，突出学习者的创新价值实现，充分融合分析性方法和解释性方法，无论是技术进步的异军突起，还是系统演化的错综复杂，我相信“为创新而教”的体系和方法是具有生命力的，它将更紧密地结合技术，并不断突破系统的约束，从而发展演化成为更具科学性和可靠性的教学方法。

后记

从有了本书写作的念头，到今天已经四个年头了，寒暑易节，我在一次次的纠结中前行，今天面对这本书，依然不觉完美，但一时又无从修改，看着一堆书稿，就像饱受爱情与婚姻折磨的年轻人，分不清是苦里来，还是蜜里去，最终却得到一个丑丑的孩子，孩子不能言语，只静静的看着你，于是我忽然意识到，是不是到了应该写一个后记的时候了？

原想本书的写作就是把一些不吐不快的话记录下来，那应该是一件愉快而又迅速的事情，但三年下来，事情根本不是这样。有时，你想说的话像泉涌般冒出来，但当写下来再去看时，却又不堪入目。有时，灵感像划破夜空的流星，你想抓又抓不住，只能气得像个孩子一样，捡块石头扔向天空。有时，你的思想像走进了死胡同，四面都是高墙铸就的黑暗，你连来路都看不清楚。有时，你被引入一片观点和论据的丛林，看不到边际，你沮丧，恐惧，又拍案惊奇。有时，各种生活与生存的重大而无关的事情充斥于前路，你无奈又无力，对于写作，你像个上瘾的烟鬼，生怕有人将手中的一点烟火掐灭，而你再无勇气将它点燃。

所幸我一直不是一个人在战斗！有一个人，当我写下一堆废话的时候，我会强迫她去读；当我抓不住灵感的时候，我会拉着她一起仰望星空；在四面的黑夜中，我会指着某个方向对她说，那里就是即将旭日东升的方向；当我深陷于观点与案例的丛林之时，她也会陪着我披荆斩棘；当我感觉无力护住那坚持的火星时，她会像没事一样熟练地递过来一个打火机。直到有一天，“为创新而教”五个字从她的嘴边滑落，我瞬间理解了自己正在做的事情，或许，我内心正渴望的就是将来某日在某个角落里，有人拿起这本书，用发现的口吻说道：“瞧，这里有一本关于‘为创新而教’的书”。所幸有她，她是个发现者，是一个点亮者，她就是我的妻子！

照例，有人会在扉页上写上将本书献给某人，我却只愿将感激书于后记。我首先感谢书中涉及的每一个人，他们被记载或被涂鸦了。这当中有内蒙古师范大学的周越和徐继红老师，他们是真正的教育学博士，饱学而富有经验，他们不吝直接为本书提供了各种观点和案例，而且常常用各种未必真实的赞美，浇灌我虚荣的心灵，在无形中增加我前行的勇气。这当中有王睿志老师，他承担了全书卡通人物的设计和全书的绘图，使得这个丑孩子终于还是具备了美的特质。

如果真的可以把本书献给谁，那么我首先将它献给自己，一个桀骜不驯的书呆子！他将承担书中一切由于武断、学识短缺而形成的错误所造成的后果。献给付费购买此书的人，感谢你们将宝贵的注意力搭上钱财来看我的小书，最终我将它献给世间某个角落，感谢这个角落用它的包容，将一本书，一位作者的内心激荡与无声岁月默默收留。

有人会在扉页上写上将本书赠予某人雅正之辞，但我不会。在我看来赠书大有风险，一则有洗人大脑之所图，二则有进一步谋人钱财之图，三则可能有夺人时光之图。这些都与“图财害命”无异，所以，我想倒不如放一个闲云野鹤的钩子，愿者上钩。

我笃信“知行合一”，在我看来，如果觉得所想的有道理，就不如把它们写下来，而如果我能够写下来，就不如把它们做出来，所以接下来我会拉上我的一帮老伙计（他们是何卫华、黄锦、袁剑钢），或许还有更多的人，一起去做一件关于“为创新而教”的事情。我们已经开发了基于互联网的支持平台（www.innoschool.org），在这里，我们用“知识卡片”记录灵感，促进人们暗默知识的共享，从而更好地激发学习；我们用“知识分析”和“创新社群”支持“为创新而学，为创新而教”，用“知识专题”的生产促进“作品为导向”的学习探索；用打赏机制和创新研习社，推动暗默知识的进一步共享。“Innoschool”是一个为创新而教的平台，不仅可能教我们身边的人，更不断的教会我们自己，希望它也能成为一个帮助人们思考的平台。所以，丑孩子不会一直躺在摇篮中，而是会慢慢长大，绝不放弃一丝化身美丽的机会。

我们的人生不会在某个时点或某个事件上稍有停留，成书之际，白纸黑字，留下了当时感慨，也留下了谬误和遗憾。我写了一本书，可能也被某种力量“书写”了，在本书写作的三年中所遇见并业已喜爱的那种生活方式悄然改变了自己。什么都不能阻止我们的思想不断前行，或展翅高飞，或风驰电掣，有敬畏，也有批判。在思考的岁月中，我相信自己会坚定地走向我心的光明，也一定会在这所有的过程中心怀感激，不忘初心！